Mit Montessori durch das Jahr!

300 kreative Ideen für Kinder von 2–6 Jahren

NICOLE ZIMMERMANN

Inhalt

Vorwort

Mit unseren 300 kreativen Ideen für zu Hause und die Natur haben Sie einen hilfreichen Begleiter für alle vier Jahreszeiten zur Hand. Wir hoffen, dass Sie hier zahlreiche Anregungen für Übungen finden, die Sie mit Ihrem Kind durchführen können, um für Abwechslung zu sorgen – und nebenher seine Fähigkeiten zu fördern und seine Stärken auszubilden. Unsere Anregungen haben alle einen saisonalen Bezug, um die Verbundenheit Ihres Kindes zur Natur zu stärken und ihm ein gutes Allgemeinwissen zu vermitteln.

Vielleicht mag Ihnen beim ersten Durchlesen nicht jede Übung zusagen und so manches Mal denken Sie womöglich: „Das interessiert mein Kind nicht!“ oder „Das kann mein Kind noch nicht!“. Doch laut Maria Montessori ist es wichtig, dass ein Kind so viele Interessen wie möglich entwickeln kann, weshalb Sie mit unserem abwechslungsreichen und breitgefächerten Ideenpool einen guten Beitrag zu seiner Entwicklung leisten können.

Zögern Sie nicht, mit Ihrem Kind etwas Neues auszuprobieren, wenngleich es Ihnen anfangs doch außergewöhnlich oder schwierig vorkommen mag. Erweitern Sie den Horizont Ihres Kindes und helfen Sie ihm, zu einem selbstständigen und wissbegierigen Menschen heranzuwachsen. Im letzten Abschnitt dieses Buches haben wir noch ein paar Tipps für Sie zusammengestellt, die Sie dabei unterstützen, unsere Tipps und die Montessori-Pädagogik zum Vorteil Ihres Kindes einzusetzen.

Was ist wichtig für die Umsetzung der 300 Übungen?

Wichtig ist, bei der Umsetzung der Übungen immer den Montessori-Ansatz im Hinterkopf zu behalten: „Hilf mir, es selbst zu tun“ war das Motto von Maria Montessori. Berücksichtigen Sie es auch, wenn Sie die Aktivitäten aus diesem Buch mit Ihrem Kind ausprobieren. Das bedeutet im Klartext:

Respektieren Sie Ihr Kind als eigenständige Persönlichkeit. Es ist ärgerlich, wenn Sie eine Übung vorbereitet haben, Ihr Kind aber schon nach kurzer Zeit keine Lust mehr hat. Doch genau wie Sie oder Ihr Partner hat es eigene Interessen und Vorlieben, die sich nicht immer mit den von Ihnen vorbereiteten Übungen decken. Schlagen Sie die Aktivität einfach in einigen Wochen noch einmal vor.

- Lassen Sie Ihr Kind so viel wie möglich selbst erledigen. In diesem Buch haben wir einige durch Montessori inspirierte Bastelideen sowie Inspirationen zum Kochen und Backen vorgeschlagen. Auch hierbei gilt das Motto: Ihr Kind darf gerne alles selbst ausprobieren. Halten Sie sich zurück, auch wenn es anfangs Schwierigkeiten hat. Schafft es die Aufgabe dann doch allein, stärkt dies sein Selbstwertgefühl und seine Motivation, weiterzumachen, in höchstem Maße. Helfen Sie erst, wenn Ihr Kind dies aktiv einfordert – oder fragen Sie nach, ob Ihr Kind Unterstützung benötigt.

- Zeigen Sie, statt zu erklären. Wenn Sie möchten, dass Ihr Kind eine bestimmte Aufgabe im Rahmen einer Übung erledigt, dann demonstrieren Sie, was genau Sie von ihm erwarten. Sprechen Sie nicht oder nur sehr wenig, denn gerade kleinere Kinder haben Schwierigkeiten, sich auf das Sehen und Hören gleichzeitig zu konzentrieren. Führen Sie die Bewegungen vor – ganz langsam, fast schon in Zeitlupe. Dann wird es ihm am besten gelingen, die einzelnen Handgriffe nachzumachen.

Wie finden Sie die richtigen Übungen für Ihr Kind?

Aus unseren 300 Übungen die Anregungen zu finden, die für Ihr Kind von Interesse sind, kann eine echte Herausforderung sein. Um die passenden Ideen auszuwählen, können Sie sich zunächst an den Altersangaben orientieren. Hierbei schreiben wir ganz bewusst *orientieren*, denn es handelt sich hierbei nur um Altersempfehlungen, die nicht in Stein gemeißelt sind. Manche Kinder sind in bestimmten Disziplinen viel weiter als ein durchschnittliches Kind – und interessieren sich für ein anderes Thema noch gar nicht. So benennen manche Zweijährige schon sicher die wichtigsten Farben und langweilen sich bei einem

Farbzuordnungsspiel, während andere eine solche Aktivität noch mit dreieinhalb Jahren als Herausforderung empfinden – aber dafür vielleicht schon erste Buchstaben lesen können. Wichtiger als die Altersempfehlung zu beachten ist daher, Ihr Kind zu beobachten. Das klappt am besten, wenn Ihr Kind spielt: Womit beschäftigt es sich am liebsten? Wann ist es schnell frustriert? Woran verliert es schnell die Lust, was fesselt es so richtig? Versuchen Sie, die Aktivitäten den Interessen Ihres Kindes entsprechend auszuwählen, denn dann werden Sie Ihr Kind am besten damit fördern können.

Wie können Sie die Montessori-Pädagogik über dieses Buch hinaus anwenden?

Natürlich können Sie die Montessori-Pädagogik auch fernab dieses Buches mit Ihrem Kind anwenden. Das gelingt im Alltag im Prinzip nebenbei: Versuchen Sie Ihrem Kind, wann immer es möglich ist, die Chance zu geben, Aufgaben selbst zu erledigen. Das klappt, indem Sie möglichst viel auf Augenhöhe des Kindes anbieten. Mit einem Lernturm kann Ihr Kind selbst an der Arbeitsplatte der Küche stehen und mithelfen und sich selbst die Hände waschen, ohne dass Sie eingreifen müssen. Auch der Kleiderschrank und das Spielangebot sollten für Ihr Kind erreichbar sein, sodass es seine Kleidung und sein Spielzeug selbst auswählen kann. Beim letzten Punkt gilt: Weniger ist mehr. Bieten Sie lieber etwas weniger Spielzeug an, wählen Sie dieses aber immer den aktuellen Interessen und Fähigkeiten Ihres Kindes entsprechend aus. Achten Sie darauf, dass alles einen festen Platz hat, damit Ihr Kind seine Sachen schnell finden kann. Auch das Kinderzimmer kann nach Montessori gestaltet werden: Unterteilen Sie es in feste Bereiche nach den unterschiedlichen Tätigkeiten – eine Kreativecke zum Malen und Basteln, ein Bereich zum Bewegen wie ein Kletterdreieck oder ein Hüpfkissen, eine einladende Fläche für das freie Spiel und eine Kuschelecke neben dem Bücherregal. Und zu guter Letzt: Verbringen Sie viel Zeit in der Natur. Bewegen Sie sich im Freien, entdecken Sie neue Materialien, sammeln Sie ein, was Ihrem Kind gefällt und überlegen Sie daheim, was Sie damit anstellen könnten.

Einleitung

"Das ganze bewusste Streben des Kindes geht dahin, sich durch die Loslösung vom Erwachsenen und durch die Selbstständigkeit zur freien Persönlichkeit zu entwickeln. Unsere Erziehung trägt diesem Streben Rechnung: und unser Bemühen ist es, dem Kind zu helfen, selbstständig zu werden." (Maria Montessori)

Für eine gesunde kindliche Entwicklung ist es wichtig, die Jahreszeiten mit allen Sinnen zu erleben. Die Jahreszeiten haben eine feste Abfolge und einen immer wiederkehrenden, verlässlichen Rhythmus, der Kindern Halt und Orientierung bietet – gerade in der frühen Kindheit von zwei bis sechs Jahren. Das sind gute Gründe dafür, Frühling, Sommer, Herbst und Winter gemeinsam mit Kindern spielend zu erleben und ihre Wahrnehmung der Jahreszeiten gezielt zu fördern. Das klappt hervorragend mit den Ideen und Materialien nach der Montessori-Pädagogik. Sie schafft die besten Voraussetzungen dafür, Kinder selbstständig und frei durch den Jahreskreislauf zu führen – und genau darum soll es in diesem Buch gehen. Wir stellen Ihnen hier insgesamt 200 Beschäftigungsideen und kreative Aktivitäten für die einzelnen Jahreszeiten vor, die durch die Montessori-Pädagogik inspiriert sind. Schlechtwetterideen für daheim sind ebenso dabei wie Anregungen für die freie Natur. Eines ist sicher: Langeweile kommt mit unseren Montessori-Aktivitäten bei Kindern zu keiner Zeit des Jahres auf.

Montessori: „Hilf mir, es selbst zu tun!"

Wenn Sie sich dafür entschieden haben, dieses Buch zu kaufen, kennen Sie sicher die Grundlagen der Montessori-Pädagogik. Nichtsdestotrotz möchten wir gerne mit ein bisschen Theorie in das Thema einsteigen. Wir sind der Überzeugung, dass sich unsere späteren Spiel- und Bastelanregungen mit dem entsprechenden Hintergrundwissen besser verstehen und umsetzen lassen. Wer also war Maria Montessori und auf welche Säulen begründen sich ihre Überzeugungen?

- Maria Montessori zählt zu den bedeutendsten Pädagogen in unserer Zeit. Das Prinzip der Montessori-Pädagogik prägt die frühkindliche Erziehung bis heute und ist in den vergangenen Jahren wieder topaktuell geworden. Sie lebte von 1870 bis 1952 und beschäftigte sich bereits während ihres Medizin-Studiums mit der Kinderheilkunde. Mit ihren Ansichten widersprach sie dem damaligen Zeitgeist: Zu jener Zeit galten Kinder als unfertig. Man ging davon aus, sie erst nach den Vorstellungen der Erwachsenen formen zu müssen. Sie jedoch betrachtete jedes Kind als einzigartiges Individuum mit einem eigenen Charakter, der respektiert werden müsse. Mit ihrer Pädagogik verfolgte sie das Ziel, Kindern von Anfang an Selbstvertrauen zu vermitteln und sie zur Selbstständigkeit zu erziehen. Ihr Konzept basiert auf sieben wichtigen Bausteinen:

- Freie Beschäftigungsmöglichkeiten: Die Kinder dürfen selbst entscheiden, wofür sie sich gerade interessieren und welcher Tätigkeit sie nachgehen möchten. Sie werden nicht von den Erwachsenen gedrängt, eine bestimmte Aufgabe zu übernehmen.

- Montessori-Materialien: In der Montessori-Pädagogik werden sogenannte Montessori-Materialien genutzt. Sie zeichnen sich dadurch aus, dass sie intuitiv verwendet werden können und die Kinder dazu anregen, sich mit ihnen zu beschäftigen. Auch eine Fehlerkontrolle sollte vorhanden sein, sodass das Kind selbst merkt, wenn es einen Fehler macht – und diesen auch beheben kann.

1. Vorbereitete Umgebung: Für die Möglichkeit der freien Entscheidung ist eine vorbereitete Umgebung mit frei zugänglichen Materialien wichtig. Ein Überangebot an Materialien ist zu vermeiden. Zudem sollten alle Gegenstände einen festen Platz haben, damit sie sicher wiedergefunden werden können.

2. „Hilf mir, es selbst zu tun!" Alle Kinder sollen dazu befähigt werden, kleine Aufgaben, die sonst die Erwachsenen schnell übernehmen, selbst zu erledigen – wenngleich das bedeutet, dass vieles länger dauert. Erst, wenn ein Kind selbst nicht weiterkommt, greifen Erwachsene ein.

3. Übungen des Alltags: Neben Zeit zum Spielen, Klettern und Toben sollten Kinder täglich auch an Alltagsübungen herangeführt werden – wie etwa das Einschütten eines Getränkes, das Tischdecken oder das Schmieren eines Brotes.

4. Absorbierender Geist: Kinder bis zum Alter von sechs Jahren saugen laut der Montessori-Konzeption alles, was andere Menschen tun, auf wie ein Schwamm. Kinder lernen daher ohne Mühen nebenbei und ahmen viel von dem nach, was Sie vormachen. Deshalb sollten Sie darauf achten, ein gutes Vorbild für Ihre Kinder zu sein.

5. Kosmische Erziehung: Damit meint Montessori, dass Kinder mit gezielten Übungen schon in jungen Jahren die Gesetze der Natur oder globale Zusammenhänge vermittelt bekommen sollen. Sie sollen lernen, dass ihre Taten Folgen haben, damit sie verantwortungsvoll und bewusst handeln können.

Diese sieben Bausteine sollten Sie im Hinterkopf behalten, wenn Sie unsere Beschäftigungsideen aus dem Praxisteil dieses Buches umsetzen. Sie werden Ihnen dabei helfen, die Aktivitäten so umzusetzen, dass sie der Montessori-Pädagogik entsprechen.

Wichtige Entwicklungspunkte im Alter von zwei bis sechs Jahre

Mit den Beschäftigungsideen und Anregungen in diesem Buch richten wir uns speziell an Kinder im Alter von zwei bis sechs Jahren, weil dies eine sehr sensible Phase in der kindlichen Entwicklung ist. Es ist sinnvoll, Kinder in diesem Alter gezielt zu fördern, wofür sich die Montessori-Methode sehr gut eignet. Um abzuschätzen, welche Übungen und Aktivitäten Sie mit Ihrem Kind in welchem Alter durchführen können, ist es ratsam, sich einen kleinen Überblick über den Entwicklungsstand der jeweiligen Altersklasse zu verschaffen:

Mit zwei Jahren

Schon ab einem Alter von anderthalb Jahren stellen Kinder fest, dass Gegenstände unterschiedliche Größen haben. Sie unterscheiden Dinge nach ihren Eigenschaften wie der Form oder der Farbe. Einfache Formen wie Dreiecke oder Kreise können im Alter von zwei Jahren meist schon sicher zugeordnet werden.

Dieses Alter ist daher perfekt für erste Sortier- und Aufräumspiele geeignet. Dafür können Sie immer auch die aktuell zur Jahreszeit passenden Materialien wählen: Eicheln und Kastanien im Herbst, unterschiedliche Blüten im Frühjahr.

Mit drei Jahren

Nach dem dritten Geburtstag verstehen Kinder auch immer besser die Zusammenhänge zwischen Ursache und Wirkung. Erste Gesetzmäßigkeiten der Natur werden jetzt begriffen und mit zunehmender Sprachentwicklung kommt auch ein großer Wissensdurst bei Ihrem Kind. Immer häufiger wird es Fragen stellen, die mit „Warum?“ oder „Wo?“ beginnen. Nun können Sie auch erste, einfache Experimente durchführen – zu Hause oder in der Natur.

Mit vier Jahren

Im Alter von vier Jahren beginnen Kinder, ein ausgeprägtes Gedächtnis zu entwickeln. Sie verstehen nun einfache Zeit- und Mengenbegriffe. In diesem Alter lieben die meisten Kinder Puzzles oder Memorys. Auch das Auswendiglernen steht bei oft hoch im Kurs: Sie lernen gern Verse, Lieder und die Geschichten aus den Büchern, die sie oft vorgelesen bekommen. Einige Kinder fangen nun auch schon das sichere Zählen an. Die „Wieso, weshalb, warum?“-Phase wird nun noch einmal deutlich ausgeprägter. Das Allgemeinwissen wächst dadurch zunehmend und die Fähigkeit zum logischen Denken wird gefestigt. Mit vier Jahren interessieren sich viele Kinder für Farben: Das Benennen und Zuordnen von Farben können Sie daher nun mit entsprechenden Aktivitäten fördern. Beim Sortieren stehen unterschiedliche Formen wie Kreise, Dreiecke oder Quadrate im Vordergrund. Auch der Größen- und Längenvergleich kann durch Sortier- oder Konstruktionsspiele geübt werden.

Mit fünf Jahren

Mit ungefähr fünf Jahren sind Kinder in der Lage, sich die Lösung einer Aufgabe im Kopf zu durchdenken. Das vorher noch unbedingt notwendige Ausprobieren entfällt mehr und mehr. Trotzdem gilt weiterhin: Durch das selbstständige Tun lernen Kinder in diesem Alter noch immer am besten. So langsam entwickelt sich jetzt auch das Zeitgefühl. Ihr Kind möchte nun gerne etwas leisten und etwas Neues lernen. Dieser Wunsch bereitet es schon einmal auf die Schule vor. Manche Kinder im Alter von fünf Jahren üben schon selbstständig, ihren Namen zu schreiben oder erste Rechenaufgaben zu lösen. Doch keine Panik, wenn das für Ihr Kind nicht gilt. Nicht alle Kinder interessieren sich im Alter von fünf Jahren schon für Buchstaben oder Zahlen. Wenn Sie gerne erste Montessori-Übungen mit Zahlen oder Buchstaben umsetzen möchten, vergessen Sie daher nicht, dass dies immer absolut freiwillig und spielerisch erfolgen sollte, damit Ihr Kind Freude daran hat.

Mit sechs Jahren

Das Denken eines Kindes wird im Alter von sechs bis sieben Jahren zunehmend logisch. Noch immer ist das Kind aber stark an das Hier und Jetzt gebunden. Die Phantasiewelt wird jedoch immer unwichtiger. In diesem Alter kommen die meisten Kinder in die Schule, sodass jetzt ein guter Zeitpunkt für Zahlen- und Buchstaben-Übungen ist, wenn Sie diese zuvor noch nicht ausprobiert haben. Die Aufmerksamkeitsspanne eines 6-jährigen Kindes beträgt etwa 20 bis 30 Minuten. Sie können die Konzentration nun auch mit Montessori-inspirierten Konzentrationsübungen fördern, um Ihr Kind auf die Schule vorzubereiten.

Kinder fördern mit Montessori: Sechs Tipps und Tricks vorab

Sie möchten Ihr Kind mit der Montessori-Pädagogik im Alltag fördern? Mit unseren Spielideen aus dem Hauptteil dieses Buches wird Ihnen das sicher gelingen. Aber: Damit die Umsetzung unserer Tipps gut klappt und im Sinne der Montessori-Konzeption gelingt, gibt es ein paar Dinge, die Sie beachten sollten. Wenn Sie sich die folgenden sechs Tipps zu Herzen nehmen, steht einer bestmöglichen Förderung nichts im Wege:

1. Nicht eingreifen, sondern das Kind machen lassen

Viele Eltern wissen gar nicht, dass sie sehr oft die Selbstständigkeit ihrer Kinder einschränken – nämlich dadurch, dass sie zu schnell eingreifen. Auch wenn es vielleicht schwerfällt: Versuchen Sie nicht immer gleich zu helfen. Wenn sich Ihr Kind schwertut, wird es verschiedene Lösungswege ausprobieren, um trotzdem zum Ziel zu kommen. Dabei können schon kleine Kinder ab zwei Jahren äußerst kreativ werden. Selbstverständlich müssen Sie nicht warten, bis Ihr Kind vor Frustration alles wegwirft oder gar keine Lust mehr hat. Sie können vor dem Spiel betonen: „Du probierst es alleine und ich helfe dir, wenn du es nicht schaffst.“ Falls Sie merken, dass Ihr Kind nicht weiterkommt, können Sie dann noch einmal nachfragen, ob es Hilfe braucht. So kann es Ihnen mitteilen, ob es noch selbst nach einem Lösungsweg suchen möchte, oder ob es Ihre Unterstützung dankbar annimmt.

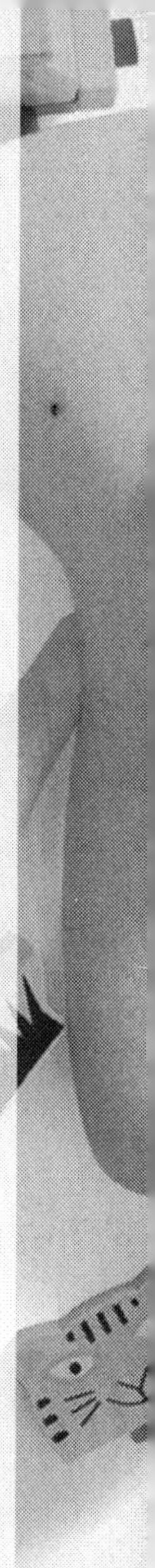

2. Seien Sie ein gutes Vorbild

Im Alltag versteht es sich von selbst: Seien Sie ein gutes Vorbild, denn Ihr Kind wird Ihre Taten kopieren und sich an Ihnen orientieren. Auch wenn Sie gemeinsam neue Beschäftigungsideen ausprobieren, sollten Sie daran denken, ein gutes Vorbild zu sein. Zeigen Sie einmal ohne große Worte, wie die Übung funktioniert. Achten Sie darauf, alles ganz langsam vorzumachen, damit Ihr Kind genau schauen kann. Dann lassen Sie Ihr Kind selbst probieren. Wenn es etwas nicht so macht, wie es laut unserer Beschäftigungsanregung oder Ihrer Vorstellung sein sollte, rufen Sie nicht: „Nein, das ist falsch.“ Denn: In der Montessori-Pädagogik gibt es kein richtig oder falsch. Bewerten Sie die Aktionen Ihres Kindes daher nicht negativ. Sagen Sie lieber „Du hast es etwas anders gemacht, schau, wie ich es mir gedacht habe“ und machen Sie es erneut vor. Möchte Ihr Kind bei seiner Vorgehensweise bleiben, ist das aber auch in Ordnung.

3. Nehmen Sie den Druck heraus

Wenn Sie Ihr Kind gut kennen, es im Alltag oft beobachten und sich viel mit ihm beschäftigen, können Sie sicher einfach abschätzen, welche Anregungen aus diesem Buch ihm Freude bereiten und wofür es sich eher noch nicht interessiert. Trotzdem gibt es keine Garantie dafür, dass es sich wirklich an einer Aktivität erfreut. Was ihm heute Spaß macht, kann es morgen langweilen. Manchmal gibt es auch Übungen, die es noch überfordern, auch wenn es laut diesem Buch eine altersentsprechende Aufgabe wäre. Denken Sie daran: Jedes Kind entwickelt sich anders, jedes Kind hat andere Vorlieben und jedes Kind kann etwas anderes besonders gut. Hat Ihr Kind also kein Interesse an einer von Ihnen vorbereiteten Aktivität, seien Sie nicht traurig. Statt es unter Druck zu setzen, es dennoch zu versuchen, fragen Sie einfach: „Was wollen wir stattdessen spielen?“ Sie können die Anregung zu einem späteren Zeitpunkt noch einmal ausprobieren.

4. Vertrauen Sie in die Fähigkeiten Ihres Kindes

Bei manchen Anregungen aus diesem Buch werden Sie denken: „Was, das soll mein Kind schon können?“ Tatsächlich neigen manche Eltern dazu, ihren Kindern zu wenig zuzutrauen. Vielleicht glauben Sie nicht, dass Ihr Kind schon mit einer Schere schneiden oder mit einem Messer umgehen kann, aber probieren Sie es einfach aus. Wenn Sie dabei bleiben, ist die Verletzungsgefahr gering – und vielleicht werden Sie selbst überrascht sein und staunen, was Ihr Kind schon alles kann.

5. Spielen Sie auf Augenhöhe

Laut dem Montessori-Ansatz ist es wichtig, dass Ihr Kind selbstständig an seine Materialien und Spielsachen herankommt. Dies sollten Sie auch bei der Umsetzung unserer Ideen berücksichtigen. Basteln, sortieren, tüfteln und spielen Sie eher nicht am großen Esstisch, sondern lieber direkt auf dem Boden oder setzen Sie sich mit an den Kindertisch. Dann hat Ihr Kind viel mehr kreative Entfaltungsmöglichkeiten: Es hat seine vorbereitete Umgebung besser im Blick, kann selbst noch einmal Materialien holen oder einfach selbstständig entscheiden, wann das Spiel für es beendet ist und es sich anderen Dingen zuwenden möchte.

6. Werden Sie kreativ!

Bitte verstehen Sie die Beschäftigungsideen aus diesem Buch als das, was sie sind – als Anregungen und nicht als in Stein gemeißelte Regeln, von denen Sie nicht abweichen dürfen. Natürlich können und sollen Sie kreativ werden, können eigene Materialien verwenden, eine andere Vorgehensweise wählen oder zusätzliche Aktivitäten einplanen. Alles kann erweitert oder abgespeckt werden, um es besser an die Vorlieben Ihres Kindes anzupassen. Hier dürfen Sie gerne kreativ werden. Geeignete Materialien finden Sie vor allem in Alltagsgegenständen und unbedenklichen Lebensmitteln. Probieren Sie es aus und erweitern Sie gemeinsam mit Ihrem Kind Ihren kreativen Horizont.

55 Montessori-Ideen für den Frühling und Ostern

Nach einem langen Winter mit vielen kurzen, dunklen Tagen sehnen nicht nur wir Erwachsenen uns im Frühling nach jedem Sonnenstrahl. Auch Kinder lieben es, im Frühjahr draußen zu spielen. Endlich erwacht die Natur wieder zum Leben, die ersten Frühblüher ragen aus der Erde und es gibt viele verschiedene Vögel zu beobachten.

Der Frühling ist perfekt zum Forschen, Entdecken, Lernen, Spielen, Begreifen und Ausprobieren. Mit unseren 55 abwechslungsreichen Montessori-Ideen für das Frühjahr und das Osterfest lassen sich neugierige kleine Entdecker draußen und bei Regenwetter auch drinnen gut beschäftigen.

1 Insektenpuzzles zusammensetzen

2+

Schwierigkeitsgrad: **leicht**
Zeitaufwand: **10 Minuten**

Materialien

• Papier • Karton • Kleber • Schere • Drucker

Einfache Puzzles aus zwei Teilen eignen sich schon für die Kleinsten. Mit Insektenpuzzles können Sie im Frühling die Allgemeinbildung Ihres Kindes fördern und das räumliche Vorstellungsvermögen steigern. Ihr Kind lernt nebenbei unterschiedliche Insektenarten kennen.

Vorgehensweise:

1. Wählen Sie Bilder von Schmetterlingen, Käfern, Spinnen und anderen Krabbeltieren aus, die im Frühjahr häufig in der Natur zu sehen sind.
2. Drucken Sie die Bilder aus, kleben Sie sie auf Karton und schneiden Sie die Puzzles einmal in der Mitte durch.
3. Animieren Sie Ihr Kind dazu, die Puzzles wieder zusammenzulegen und üben Sie gleichzeitig die Namen der jeweiligen Tiere.

2 Den Frühling entdecken

2+

Schwierigkeitsgrad: **leicht**
Zeitaufwand: **variabel**

Materialien

• Lupe • Bildkarten von Frühlingsblumen und Insekten

Für kleine Entdecker ist diese Übung ideal. Gehen Sie mit Ihrem Kind in den Park, an einen See oder in den Wald. Ausgerüstet mit einer Lupe kann es genau schauen, was sich nun in der Pflanzen- und Tierwelt verändert. Mit dieser Aktivität fördern Sie die Fähigkeit zum genauen Schauen und Vergleichen, die Beobachtungsgabe und die Naturliebe Ihres Kindes.

Vorgehensweise:

1. Bitten Sie Ihr Kind nach den auf den Bildkarten aufgedruckten Motiven Ausschau zu halten.
1. Hat Ihr Kind eine passende Pflanze oder ein Insekt gefunden, benennen Sie es.
2. Mit der Lupe kann Ihr Kind nun noch einmal ganz genau schauen, was es alles zu entdecken gibt.

3 Ein Wetterheft basteln

2+

Schwierigkeitsgrad: **leicht**
Zeitaufwand: **20 Minuten Vorbereitung, danach täglich einige Minuten**

Materialien

• ein kleines Heft oder Notizbuch • ausgedruckte Symbole von Sonne • Regen oder Wolken • Kleber

Mit einem Wetterheft lernt Ihr Kind täglich das Wetter zu beobachten und kann das für den Frühling typische Wetter kennenlernen. Das schult die Beobachtungsgabe, fördert die Liebe zur Natur und hilft dabei, die Allgemeinbildung zu erweitern.

Vorgehensweise:

1. Drucken Sie Symbole von Regen, Sonne, Wolken und Gewitter in mehrfacher Ausführung aus.
2. Lassen Sie Ihr Kind täglich nach dem Wetter schauen und das passende Symbol auswählen.
3. Beschriften Sie die Seite mit dem Datum und kleben Sie das aktuelle Wettersymbol ein.
4. Nach einem Monat kann Ihr Kind noch einmal zurückblättern und das wechselhafte Wetter des Frühlings Revue passieren lassen.

---

4 Mit Schwamm-Schmetterlingen stempeln

2+

Schwierigkeitsgrad: **leicht**
Zeitaufwand: **15 Minuten**

Materialien

• kleine Schwämme • Gummiringe • Fingerfarben • Papier • Pinsel

Diese Spielidee lässt Regentage im Frühling bunter werden! Mit Fingerfarben und kleinen Schwämmen zaubert Ihr Kind farbenfrohe Schmetterlinge auf Papier. Nebenbei fördern Sie die Kreativität Ihres Kindes und vermitteln ein erstes Gefühl für das Malen.

Vorgehensweise:

1. Bereiten Sie die Schwämme vor, indem Sie diese in der Mitte mit einem Gummi umwickeln.

2. Ihr Kind kann nun mit den Fingerfarben und dem Pinsel die Unterseite des Schwamms nach Belieben einfärben.
3. Danach lassen sich bunte Schmetterlinge auf das Papier stempeln, die noch mit Fühlern versehen werden können.

5 Mit Löwenzahn und Knete aus Naturmaterialien experimentieren

2+

Schwierigkeitsgrad: **mittel**
Zeitaufwand: **20 Minuten**

Materialien

• eine Tasse Mehl • eine halbe Tasse Salz • ein Teelöffel Backpulver • eine Tasse Wasser • anderthalb Teelöffel Pflanzenöl • Blütenblätter von etwa zehn Löwenzahnblüten

Knete aus Naturmaterialien herzustellen, die Sie im Frühling draußen finden, ist eine tolle Idee! Ihr Kind bekommt einen besseren Blick für die Natur und sammelt erste Erfahrungen mit Knete.

Vorgehensweise:

1. Vermengen Sie alle Zutaten in einem großen Topf bei mittlerer Hitzezufuhr.
2. Rühren Sie, bis ein großer Ballen Knete entsteht, der nicht am Topf anhängt.
3. Nach dem Auskühlen kann Ihr Kind nach Belieben mit der Knete spielen und erste Figuren formen oder einfach ein Gefühl für die Haptik der Knete bekommen.

6 Handdrachen für die Kleinsten im Frühlingsdesign

2+

Schwierigkeitsgrad: **leicht**
Zeitaufwand: **10 Minuten**

Materialien

• Holzring • bunte Bänder in Frühlingsfarben • bei Bedarf Wildblumen

Ein süßer Drachen lässt sich für die Kleinsten ganz einfach selbst basteln. Er kann an windigen Tagen einfach in die Luft gehalten werden, um zu beobachten, wie die Drachenbänder flattern und tanzen.

Vorgehensweise:

1. Binden Sie die Bänder an den Holzring.
2. Bei Bedarf können Sie auch noch Gänseblümchen oder Löwenzahnblüten daran befestigen.
3. Glöckchen oder Pompons können ebenfalls daran angebracht werden.

---

7 Ein buntes Blumenbeet basteln

2+

Schwierigkeitsgrad: **mittel**
Zeitaufwand: **15 Minuten**

Materialien

• Eierkarton • Buntpapier • Eisstäbchen • Kleber • Schere • Knete

Bei dieser Montessori-Idee fördern Sie die Augen-Hand-Koordination Ihres Kindes und die Feinmotorik. Nebenbei übt Ihr Kind die richtige Zuordnung und das Benennen von Farben.

Vorgehensweise:

1. Schneiden Sie aus verschiedenen Buntpapierfarben einige Blüten zurecht.
2. Kleben Sie die Blüten an den Eisstäbchen aus Holz fest.
3. Entfernen Sie die Oberseite des Eierkartons und geben Sie Knete in die Vertiefungen des Eierkartons, sodass diese farblich zu den Buntpapierblumen passt.
4. Halten Sie Ihr Kind nun dazu an, die farblich passenden Buntpapierblumen mit den Holzstäben in die Knete zu stecken und benennen Sie nebenher die Farben.

---

8 Barfuß neue Untergründe kennenlernen

2+

Schwierigkeitsgrad: **leicht**
Zeitaufwand: **nach Belieben**

Materialien

• Topfuntersetzer • abgeschnittene Kartons • Wannen oder ähnliche flache Gefäße • verschiedene Materialien aus der Natur

Barfuß zu laufen ist gerade für kleine Kinder eine echte Wohltat. Ab dem Frühjahr können auch die Kleinsten viel barfuß im Freien laufen. Um gezielt die taktile Wahrnehmung und die Koordination zu fördern, ist zudem diese Übung ideal. Sie kann drinnen oder an warmen Tagen auch draußen durchgeführt werden und bereitet älteren Kindern ebenfalls viel Freude.

Vorgehensweise:

1. Füllen Sie die flachen Gefäße mit unterschiedlichen Naturmaterialien wie Moos, Sand, kleinen Steinen, Blüten, Blättern und Stöcken. In jedes Gefäß kommt jeweils ein Material.
2. Die Gefäße stellen Sie hintereinander auf, sodass Ihr Kind ohne Schwierigkeiten von der einen Wanne in die nächste steigen kann.
3. Barfuß läuft Ihr Kind nun über die einzelnen Untergründe – am besten mit Ihnen gemeinsam, damit Sie gut über das Gefühl an den Füßen sprechen können.
4. Fragen Sie Ihr Kind, wie sich der Untergrund anfühlt – schön, warm, weich, hart, kalt, stachelig …?

---

9 Blumendruck ausprobieren

2+

Schwierigkeitsgrad: **mittel**
Zeitaufwand: **20 Minuten**

Materialien

• Holzbrett oder ähnliche Unterlage • Hammer • Klebeband • Papier • Blätter und bunte Blumen aus der Natur

Mit dieser tollen Frühlingsübung für zu Hause können Sie die Kreativität Ihres Kindes gezielt fördern. Außerdem verlangt diese Idee eine gute Augen-Hand-Koordination.

Vorgehensweise:

1. Sammeln Sie mit Ihrem Kind draußen bunte Blumen und grüne Blätter.
2. Zu Hause soll Ihr Kind die Blüten und Blätter auf weißes Papier legen, so wie sie später abgedruckt werden sollen. Dafür werden sie mit Klebeband befestigt.
3. Das Papier wird auf eine harte Unterlage gelegt. Nun können Sie einige Male mit einem Hammer auf die Blüten schlagen. Dadurch lösen sich die Farbpigmente.
4. Ihr Kind kann mit einem kleinen Holzhammer hier schon gut mithelfen.
5. Zusammen mit Ihrem Kind streichen Sie die Pflanzenteile nach. Zum Schluss lösen Sie das Klebeband und bestaunen das gedruckte Bild.

10 Schwere und leichte Frühlingsmaterialien vergleichen

2+

Schwierigkeitsgrad: **mittel**
Zeitaufwand: **30 Minuten**

Materialien

• drei durchsichtige Gefäße • einige Blüten • ein paar Zweige und kleine Steine

Erste Eindrücke zu unterschiedlichen Gewichten und ein Verständnis für „schwer" und „leicht" bekommt ein Kind mit dieser Übung. Nebenbei sammelt es Erfahrungen mit physikalischen Zusammenhängen und im genauen Vergleichen.

Vorgehensweise:

1. Befüllen Sie ein Gefäß mit Blüten, eines mit Zweigen und eines mit Steinen. Achten Sie darauf, dass es zwischen allen drei Gefäßen einen deutlichen Gewichtsunterschied von leicht nach schwer gibt.
2. Zeigen Sie Ihrem Kind erst nur das Gefäß mit den Blüten und danach das Glas mit den Steinen. Geben Sie erst das eine und dann das andere Ihrem Kind in die Hand und sagen Sie „leicht" beziehungsweise „schwer".
3. Lassen Sie Ihr Kind damit experimentieren, bis es selbst benennen kann, welches Gefäß leicht und welches schwer ist.
4. Danach kommt das Glas mit den Zweigen ins Spiel. Ihr Kind kann nun mit den bereits bekannten Materialien vergleichen und herausfinden, ob das Gefäß mit den Zweigen leichter oder schwerer ist.
5. Für ältere Kinder kann die Übung insofern abgewandelt werden, dass noch weitere Gefäße hinzukommen. Auch das Wiegen mit einer analogen Waage lässt sich integrieren.

11 Klorollenschmetterling-Schüttspiel

2+

Schwierigkeitsgrad: **mittel**
Zeitaufwand: **20 Minuten**

Materialien

• ein großes Stück Pappe • leere Klopapierrollen • Filzstift • Cuttermesser • Kleber • Gefäß mit Deko-Steinen oder anderen losen Materialien wie Reis oder Wasserperlen • verschiedene kleine Löffel

Schüttspiele bereiten Kindern im Alter von zwei Jahren eine Menge Spaß. Gleichzeitig fördern sie die Augen-Hand-Koordination und die Feinmotorik. Diese Upcycling-Idee ist daher eine perfekte Indoor-Beschäftigung für kaltes Frühlingswetter.

Vorgehensweise:

1. Zerschneiden Sie jede Klopapierrolle in fünf gleich große Teile.
2. Kleben Sie die einzelnen Teile so auf die Pappe, dass die Form eines Schmetterlings entsteht.
3. Zeichnen Sie die Fühler mit Filzstift auf den Karton.
4. Zeigen Sie Ihrem Kind, wie man mit dem Löffel vorsichtig die Steine in die Klopapierrollen-Blüten einfüllt.
5. Nun kann Ihr Kind es selbst einmal ausprobieren und nach Herzenslust Steine umfüllen.

---

12 Gabelblumen stempeln

2+

Schwierigkeitsgrad: **leicht**
Zeitaufwand: **15 Minuten**

Materialien

• Papier • Gabel • Fingerfarben • Filzstift

Mit einfachen Mitteln können auch kleine Kinder schon richtige Kunstwerke erschaffen. Das Ergebnis erfüllt sie mit Stolz und stärkt ihr Selbstvertrauen.

Vorgehensweise:

1. Bereiten Sie ein weißes Blatt Papier vor, indem Sie einige Blumenstiele darauf zeichnen.
2. Geben Sie die Fingerfarbe auf verschiedene Teller.
3. Zeigen Sie Ihrem Kind, wie es eine Gabel in die Farbe drücken und dadurch eine Blüte auf die Blumenstiele stempeln kann.
4. Ermutigen Sie Ihr Kind dann, es selbst einmal auszuprobieren und freuen Sie sich gemeinsam über dieses Erfolgserlebnis.

13 Einen frühlingshaften Überraschungsbeutel erkunden

2+

Schwierigkeitsgrad: **mittel**
Zeitaufwand: **15 Minuten**

Materialien

• Beutel aus undurchsichtigem Stoff • kleine Frühlingsgegenstände

Das Stöbern in einem Überraschungssack bereitet Kindern viel Freude. Beim Erkunden kann es neue Dinge entdecken und diese mit bekannten Gegenständen vergleichen. So wird nebenbei der Wortschatz erweitert.

Vorgehensweise:

1. Bereiten Sie einen frühlingshaften Überraschungssack mit Holzschmetterlingen, verschiedenen Blüten, Klee, Vögeln aus Kunststoff und ähnlichen Materialien vor.
2. Zeigen Sie Ihrem Kind, wie es die Gegenstände herausnehmen kann.
3. Vielleicht möchte es die Dinge nebeneinander legen und benennen oder einfach nur betasten, befühlen und miteinander vergleichen.
4. Bei älteren Kindern kann die Übung mit geschlossenen Augen durchgeführt werden.

---

14 Klebeschmetterling mit Blumen gestalten

2+

Schwierigkeitsgrad: **leicht**
Zeitaufwand: **15 Minuten**

Materialien

• Karton • Stift • Cuttermesser • Klebefolie • Blumen

Reine Spaziergänge sind für manche Zweijährige zu langweilig. Dann gilt es, ihnen eine Aufgabe zu geben. Das klappt mit diesem Blumen-Schmetterling problemlos: Ihr Kind kann während des Laufens suchen, sammeln und am Ende sein Ergebnis stolz bestaunen. So fördern Sie bei Ihren Frühlingsspaziergängen nebenher die Kreativität Ihres Kindes. Zusätzlich können Sie die Pflanzenkenntnis verbessern und den Wortschatz Ihres Kindes erweitern.

Vorgehensweise:

1. Schneiden Sie die Kontur eines Schmetterlings aus dem alten Karton. In der Mitte muss er ausgeschnitten werden, denn dort wird auf der Rückseite die Klebefolie befestigt.

2. Nehmen Sie den Schmetterling beim Spazierengehen mit und bitten Sie Ihr Kind, viele verschiedene Blüten und Wildpflanzen zu sammeln. Diese kann es dann direkt auf die Klebefolie aufkleben.

15 Frühlingsbaum stempeln

2+

Schwierigkeitsgrad: **leicht**
Zeitaufwand: **15 Minuten**

Materialien

• Fingerfarben in Rosa • Lila • Grün und Weiß • Teller • brauner Filzstift • weißes Papier • Korken • Alufolie • Abwaschbürste • Wattestäbchen oder Schwamm zum Stempeln

Diese kleine Anregung spricht die Kreativität Ihres Kindes an. Da ein richtiges kleines Kunstwerk entsteht, das später aufgehängt werden kann, wird zugleich das Selbstvertrauen gestärkt. Außerdem fördert die Übung die Feinmotorik und die Augen-Hand-Koordination.

Vorgehensweise:

1. Zeichnen Sie mit braunem Filzstift einen kahlen Baum auf das weiße Papier.
2. Geben Sie die Fingerfarben auf einen Teller.
3. Stellen Sie Ihrem Kind einen oder mehrere Gegenstände zum Stempeln bereit – zum Beispiel einen Korken, einen zusammengeknüllten Alufolienball, einen Schwamm, eine Abwaschbürste oder Wattestäbchen. Alternativ verwendet es einfach seine Finger.
4. Ihr Kind kann den Gegenstand in die Fingerfarben tauchen und damit frühlingshafte Blüten und Blätter an den Baum stempeln.

16 Quetschiedeckel auf bunte Schmetterlinge drehen

2+

Schwierigkeitsgrad: **mittel**
Zeitaufwand: **15 Minuten**

Materialien

• alte Kiste • Quetschiedeckel inklusive Verschlüsse in verschiedenen Farben • weißes Papier • Buntstifte • Cuttermesser • Heißklebepistole

Bei dieser Aktivität werden gleich zwei wichtige Fähigkeiten der Kleinsten angesprochen: Das Zuordnen der Farben und das Aufdrehen der Quetschiedeckel auf die Verschlüsse. Dies fördert das genaue Schauen und Vergleichen, das Farbverständnis und die Feinmotorik.

Vorgehensweise:

1. Zeichnen Sie farblich passend zu den Farben der Quetschiedeckel vier bis sechs Schmetterlinge auf das weiße Papier, schneiden Sie diese aus und kleben Sie sie auf die Oberseite der Kiste.
2. Mit dem Cuttermesser ritzen Sie jeweils an der Stelle, wo der Schmetterling seinen Kopf hat, einen Schlitz in den Karton. Dort werden die Verschlüsse der Quetschiedeckel durchgeschoben und gegebenenfalls mit Heißkleber befestigt.
3. Nun hat Ihr Kind die Aufgabe, die zu den Farben der Schmetterlinge passenden Quetschiedeckel auszuwählen und auf die Verschlüsse zu schrauben.

---

17 Samen einpflanzen und die Entwicklung beobachten

2–5

Schwierigkeitsgrad: **leicht**
Zeitaufwand: **15 bis 20 Minuten, danach fünf Minuten täglich**

Materialien

• verschiedene Samen zum Keimen und Einpflanzen • ein Topf aus Ton • Erde • eine kleine Gießkanne für Kinderhände • ein Keimgefäß

Im Frühling können Sie mit Ihrem Kind selbst einige Samen einpflanzen und danach täglich schauen, wie sich die zarten Pflänzchen entwickeln. So lernt Ihr Kind einfache Gesetzmäßigkeiten der Pflanzenwelt zu begreifen und wird später mehr Respekt vor der Natur haben.

Vorgehensweise:

1. Wählen Sie geeignete Samen aus, die schnell keimen, damit Ihr Kind rasch Fortschritte sieht. Ideal sind essbare Samen wie Luzerne, Kichererbsen, Linsen oder Rettich.
2. Zeigen Sie dem Kind, wie die Samen in einem Keimgefäß verteilt oder in einem Topf gepflanzt werden und regen Sie es an, es Ihnen nachzumachen.
3. Erinnern Sie Ihr Kind dann täglich, die Keimlinge im Topf zu gießen oder im Keimgefäß zu spülen. Beobachten Sie regelmäßig, welche Fortschritte die Pflanze bereits gemacht hat.
4. Im Falle einer essbaren Pflanze kann das Kind später die Früchte seiner Arbeit selbst probieren.

18 Mit Naturmaterialien schneiden üben

3+

Schwierigkeitsgrad: **leicht**
Zeitaufwand: **10 Minuten**

Materialien

• Naturmaterialien wie Blüten • Gräser und Blätter • Kinderschere • Korb

Ab einem Alter von drei Jahren können Sie das Schneiden mit Ihrem Kind üben. Dadurch werden die motorischen Fähigkeiten, die Koordination und das Konzentrationsvermögen gut geschult. Um für Abwechslung zu sorgen, muss es nicht nur immer Papier schneiden, auch Naturmaterialien eignen sich gut und bieten beim Schneiden noch einmal ein ganz anderes Gefühl.

Vorgehensweise:

1. Sammeln Sie mit Ihrem Kind im Garten oder Wald zum Schneiden geeignete Naturmaterialien. Für Schneide-Anfänger sind vor allem weiche Materialien geeignet.
2. Alle Dinge wandern in einen Korb.
3. Daheim bekommt Ihr Kind eine kleine Kinderschere, um das Schneiden zu üben.
4. Gleichzeitig können Sie über die Materialien sprechen, sie befühlen und daran riechen, um die Übung mit allen Sinnen wahrzunehmen.

19 Mit Klorollen Blumen stempeln

3+

Schwierigkeitsgrad: **mittel**
Zeitaufwand: **30 Minuten**

Materialien

• leere Klorollen • Fingerfarben • Schere • großes Papier • Pinsel

Eine tolle und frühlingshafte Upcycling-Idee lässt sich aus Klorollen herstellen. Damit regen Sie die Kreativität Ihres Kindes an und zeigen ihm, dass viele Dinge, die vermeintlich in den Müll gehören, noch auf andere Weise brauchbar sind.

Vorgehensweise:

1. Mit der Schere lassen sich in den oberen Rand der Klorollen viele verschiedene Blumen schneiden – mit ganz kleinen, dreieckigen und etwas größeren Blütenblättern. Hier kann Ihr Kind seiner Kreativität freien Lauf lassen.
2. Bereiten Sie in Schüsseln oder auf Tellern die Fingermalfarbe vor.

3. Ihr Kind kann die Klorollenblumen in die Farbe eintauchen und dann aufs Papier pressen, um damit Blumen zu stempeln. Alternativ können die Klorollenstempel mit dem Pinsel in verschiedenen Farben angemalt und dann aufs Papier gestempelt werden.
4. Zeichnen Sie am Ende noch Stiele und Blätter für die Blumen und fertig ist ein frühlingshaftes Kunstwerk.

20 Frühlingshaftes DIY-Fädelspiel ausprobieren

3+

Schwierigkeitsgrad: **mittel**
Zeitaufwand: **30 Minuten**

Materialien

• dicke Pappe oder ein Stück Karton • Strohhalm • Faden •, Schere • Nadel • Farbe

Mit Fädelspielen aller Art schulen Sie die Konzentrationsfähigkeit, die Geduld, die Ausdauer und die Feinmotorik Ihres Kindes. Gerade als stille Beschäftigung sind sie perfekt. Ein frühlingshaftes Fädelspiel können Sie mit dieser Anleitung für Ihr Kind einfach selbst basteln.

Vorgehensweise:

1. Zeichnen Sie eine typische Frühlingsform auf eine dicke Pappe – zum Beispiel ein Kleeblatt, einen Schmetterling oder einen Marienkäfer und malen Sie die Figur an.
2. Nun malen Sie mehrere runde Löcher auf die Figur und schneiden diese mit der Schere aus.
3. Schneiden Sie von einem Strohhalm ein etwa sechs Zentimeter langes Stück ab und bohren Sie mit einer Nadel an einem Ende quer zwei Löcher hinein. Dort wird der Anfang des Fadens durchgeführt und festgeknotet.
4. Das andere Ende des Fadens kleben Sie unterhalb der Schablone fest.
5. Nun kann Ihr Kind mit dem Fädeln beginnen und den Faden nach Herzenslust durch die Löcher führen. Hat es noch nie ein solches Spiel gehabt, können Sie ihm einmal langsam zeigen, wie es funktioniert.

21 Natur-Gesichter gestalten

3+

Schwierigkeitsgrad: **mittel**
Zeitaufwand: **15 Minuten**

Materialien

• feste Pappe oder ein Stück Karton • Kleber • Frühlingsmaterialien aus der Natur

Wollen Sie die Kreativität und die Feinmotorik Ihres Kindes fördern, liegen Sie mit dieser Übung richtig. Gleichzeitig können Sie damit üben, Emotionen anhand der Mimik in den Gesichtern nachzuahmen.

Vorgehensweise:

1. Bringen Sie von einem Spaziergang im Frühling Naturmaterialien wie Gräser, Blütenteile, Blätter, Klee oder andere Pflanzenteile mit.
2. Die Pappe zerschneiden Sie in mehrere ovale Teile.
3. Ihr Kind kann mit den gesammelten Materialien nun Gesichter auf der ovalen Pappe legen.
4. Um Emotionen zu üben, können Sie Ihr Kind auch auffordern, ein trauriges oder glückliches Gesicht zu gestalten.
5. Sobald die endgültige Position gefunden ist, kleben Sie die einzelnen Objekte zusammen mit Ihrem Kind auf.

---

22 Frühlingsblumen in Papp-Blumenvase fädeln

3+

Schwierigkeitsgrad: **leicht**
Zeitaufwand: **10 Minuten**

Materialien

• Pappe • Nagelschere • Filzstift • Korb oder Eimer • Frühlingsblumen wie Löwenzahn und Gänseblümchen

Diese einfache Anregung verlangt Fingerspitzengefühl und fördert dementsprechend die Feinmotorik Ihres Kindes. Des Weiteren werden die Ausdauer und die Geduld auf die Probe gestellt. Ihr Kind lernt, eine Aufgabe vom Anfang bis zum Ende auszuführen.

Vorgehensweise:

1. Zeichnen Sie mit einem Filzstift eine Vase auf ein Stück Pappe. Über der Vase schneiden Sie mit der Nagelschere Löcher hinein.
2. Lassen Sie Ihr Kind im Garten oder beim nächsten Spaziergang verschiedene Frühlingsblumen in einem Korb oder Eimer sammeln.

3. Ihr Kind kann die Blüten daheim nach und nach durch die Löcher im Pappkarton über der Blumenvase fädeln, bis alle Löcher verschwunden sind.
4. Wenn Sie die Löcher über der Vase mit einem farbigen Stift umranden, können Sie die Aktivität mit einem Farbzuordnungsspiel verknüpfen: Ihr Kind soll durch jedes Loch eine farblich passende Blüte fädeln.
5. Sie können diese Übung auch mit ersten Zählversuchen verbinden und es die Blüten oder die noch freien Löcher zählen lassen.

23 Klatsch-Schmetterlinge gestalten 3+

Schwierigkeitsgrad: **leicht**
Zeitaufwand: **10 Minuten**

Materialien

• weißes Papier • Schere • Finger- oder Wasserfarben • Pinsel

Ein grauer, trüber und regnerischer Frühlingstag? Dafür ist diese kleine Bastelanleitung perfekt, denn sie bringt automatisch Farbe in den Tag. Gleichzeitig schult Ihr Kind dabei seine Kreativität, das logische Denkvermögen und das Vertrauen in seine eigenen Fähigkeiten.

Vorgehensweise:

1. Schneiden Sie aus dem Papier große Schmetterlinge, die Sie in der Mitte einmal falten.
2. Mit dem Pinsel – oder kleinere Kinder mit den Fingern – kann Ihr Kind nun farbenfrohe Punkte auf die eine Seite malen.
3. Danach wird der Schmetterling in der Mitte gefaltet und zusammengepresst. Die Farben übertragen sich automatisch von der einen auf die andere Seite.
4. Ihr Kind wird erstaunt sein, dass plötzlich beide Schmetterlingsflügel bunt bemalt sind und ein erstes Verständnis für die Symmetrie entwickeln.

24 Blumen nach Farben in der Natur suchen 3+

Schwierigkeitsgrad: **mittel**
Zeitaufwand: **15 Minuten**

Materialien

• Buntpapier • Tablet aus Holz • doppelseitiges Klebeband • Schere

Das Zuordnen von Farben bereitet vielen Kindern ab etwa drei Jahren viel Freude. Der Frühling bietet da eine gute Gelegenheit, um die zahlreichen farbenfrohen Blumen aus der Natur anhand ihrer Farbe zuzuordnen und die wichtigsten Farben zu üben.

Vorgehensweise:

1. Schneiden Sie aus dem Buntpapier in den wichtigsten Frühlingsfarben einige Rechtecke zurecht und befestigen Sie diese mit dem doppelseitigen Klebeband auf dem Tablet aus Holz. Alternativ können Sie das Tablet auch mit Bleistift in mehrere Rechtecke unterteilen und diese mit Acrylfarben in verschiedenen Farbtönen anmalen.
2. Nehmen Sie das Tablet bei einem Frühlingsspaziergang mit nach draußen.
3. Fordern Sie Ihr Kind auf, farblich passende Blumen und Pflanzen zu pflücken und auf das jeweils richtige farbige Rechteck des Tablets zu legen.
4. Natürlich können Sie auch einfach von einem Spaziergang ein Körbchen Frühlingsblumen mit nach Hause bringen und dann daheim die Übung durchführen.
5. Zuhause untersuchen Sie die Pflanzen gemeinsam genauer, riechen daran und benennen sie.
6. Es besteht auch die Möglichkeit, sie zwischen den Seiten eines dicken Buches zu pressen, um daraus später ein Herbarium anzulegen.

---

25 In der Wiese ein vierblättriges Kleeblatt suchen

3+

Schwierigkeitsgrad: **leicht**
Zeitaufwand: **bis zu 30 Minuten**

Materialien

• Wiese mit Kleeblättern • Löschpapier • dickes Buch • Geduld

Mit dieser Übung lehren Sie dem Kind Ausdauer, Geduld, Optimismus und Selbstvertrauen. Wer sich ausreichend Zeit nimmt, ein vierblättriges Kleeblatt zu suchen, findet in der Regel nämlich tatsächlich nach etwa 30 Minuten eines.

Vorgehensweise:

1. Regen Sie Ihr Kind dazu an, in einer Ecke mit viel Klee nach einem vierblättrigen Kleeblatt Ausschau zu halten und zeigen Sie, wie man dabei mit System vorgeht.
2. Freuen Sie sich im Erfolgsfall gemeinsam über die Entdeckung.
3. Trocknen Sie das vierblättrige Kleeblatt in einem Buch zwischen zwei Seiten Löschpapier, um es für die Ewigkeit aufzubewahren.

26 Einen Strauß aus Frühlingsblumen binden

3+

Schwierigkeitsgrad: **mittel**
Zeitaufwand: **20 Minuten**

Materialien

• ungiftige Wildblumen • Vase • Krug • Wasser • Faden • Schere

Mit dieser Tätigkeit lernt Ihr Kind verschiedene Wildblumen kennen und übt gleichzeitig, sich selbstständig und verantwortungsbewusst um den selbst gebundenen Blumenstrauß zu kümmern.

Vorgehensweise:

1. Sammeln Sie bei einem Spaziergang ungiftige Frühlingsblumen, die möglichst weiche Stiele haben.
2. Lassen Sie das Kind eine zur Stiellänge passende Vase aussuchen.
3. Zeigen Sie, wie die Blätter von den Stielen entfernt werden, damit sie nicht in der Vase faulen.
4. Bitten Sie das Kind, einen schönen Strauß aus den Blumen zusammenzustellen und ihn mit einem Bindfaden zu fixieren.
5. Das Kind soll dann unten die Stiele mit einer Schere abschneiden.
6. Anschließend kann es noch Wasser in die Vase füllen, die Blumen hineinstellen und einen Platz für den Strauß aussuchen.

---

27 Fremde Sprachen durch Singen entdecken

3+

Schwierigkeitsgrad: **mittel**
Zeitaufwand: **10 bis 15 Minuten**

Materialien

• einfaches Frühlingslied auf Deutsch und in einer anderen Sprache

Manche Frühlingslieder existieren in unterschiedlichen Sprachen. Stimmen Sie sich auf den Frühling ein, indem Sie ein Lied, das Ihr Kind schon kennt, auch in einer anderen Sprache anhören. Damit fördern Sie die Beobachtungsgabe Ihres Kindes, schulen den Hörsinn, öffnen den Geist und tragen dazu bei, dass Ihr Kind schon früh andere Kulturen kennenlernt.

Vorgehensweise:

1. Wählen Sie ein Frühlingslied aus, das auch in einer anderen Sprache existiert – wie etwa den Klassiker „Alle Vögel sind schon da".
2. Hören Sie das Lied in der Muttersprache so oft an, bis es den Text mitsingen kann.

3. Danach animieren Sie es dazu, das Lied in der anderen Version aufmerksam anzuhören. Es wird staunen!
4. Erzählen Sie Ihrem Kind in diesem Zusammenhang etwas über andere Kulturen und Sprachen, um die Allgemeinbildung zu fördern.

28 Ein Frühlingspuzzle basteln

3+

Schwierigkeitsgrad: **mittel**
Zeitaufwand: **20 Minuten**

Materialien

• ein frühlingshaftes Foto auf Karton • Schere

Bei dieser Aktivität lernt das Kind, wie es selbst ein Puzzle bastelt und dann damit spielen kann. Damit schulen Sie das Konzentrationsvermögen, den Fleiß, das Zusammensetzen und die räumliche Vorstellungsgabe Ihres Kindes.

Vorgehensweise:

1. Drucken Sie eine Frühlingslandschaft auf ein Blatt Papier und kleben Sie es auf stabilen Karton.
2. Schlagen Sie dem Kind vor, das Bild mit der Schere in mehrere Teile zu schneiden – je nach Alter zum Beispiel in vier, acht oder 16 Teile. Dafür kann es gerade Schnitte oder gebogene Linien schneiden, um den Schwierigkeitsgrad zu erhöhen.
3. Wenn das Puzzle fertig ist, kann das Kind versuchen, es selbst wieder zusammenzusetzen.

29 Einen Wildkräutersalat anrichten

3+

Schwierigkeitsgrad: **mittel**
Zeitaufwand: **30 bis 60 Minuten**

Materialien

• Wildkräuter aus der Natur oder selbst angebaute Gemüsesorten
• Essig • Öl • Schüssel • Löffel

Schon die Kleinsten lieben es, beim Kochen mit dabei zu sein. Noch mehr Spaß macht es, wenn die Zutaten aus der Natur stammen oder im eigenen Garten angebaut werden. Beim gemeinsamen Zubereiten des Wildkräutersalats lernt Ihr Kind, Zusammenhänge zu begreifen, die Feinmotorik wird geschult und die Geduld wird gefördert.

Vorgehensweise:

1. Sammeln Sie mit Ihrem Kind in der Natur essbare Wildpflanzen oder ernten Sie Gemüse wie Salat und Kohlrabi im Garten.
2. Binden Sie Ihr Kind bei der Zubereitung mit ein: Es kann Salat und Kräuter waschen und rupfen, Essig und Öl hinzugeben, alles rühren und natürlich probieren.
3. Lassen Sie das Kind den Salat in kleine Schüsseln verteilen und leiten Sie es an, diese zum Tisch zu bringen.

---

30 Den Duft der Blumen erkennen

3+

Schwierigkeitsgrad: **schwer**
Zeitaufwand: **20 Minuten**

Materialien

• Drei Blüten mit starken • aber sehr unterschiedlichen Düften • in jeweils zweifacher Ausführung • sechs leere Kinder-Überraschungseier • Musselin • sechs Gummibänder • Klebepunkte in verschiedenen Farben

angebaut werden. Beim gemeinsamen Zubereiten des Wildkräutersalats lernt Oftmals wird bei der frühkindlichen Erziehung der Geruchssinn vernachlässigt. Mit Frühlingsblumen können Sie eine schöne Übung anbieten, mit der Ihr Kind seinen Geruchssinn schulen kann. Gleichzeitig fördern Sie damit die Unterscheidung von feinen Nuancen und eine detailliertere Wahrnehmung.

Vorgehensweise:

1. Geben Sie die duftenden Blüten der ausgewählten Blumen in die Überraschungseier. Jede Blütensorte soll dabei zweimal vorkommen. Spannen Sie ein Stück Musselin über die Öffnung und verschließen Sie sie mit einem Gummiband, damit Ihr Kind daran riechen kann, ohne den Inhalt zu sehen. Jedes Paar wird mit gleichfarbigen Klebepunkten gekennzeichnet, die Sie an der Unterseite anbringen.
2. Das Kind riecht nacheinander an jedem Gefäß und soll den Geruch beschreiben.
3. Auch wenn es anhand des Geruchs die Pflanze nicht benennen kann, soll es versuchen, das Gefäß mit demselben Geruch zu finden. Die Klebepunkte helfen dem Kind, etwaige Fehler selbst richtigzustellen.
4. Später können weitere Duftpaare hinzugefügt werden und Sie können üben, anhand des Dufts die Pflanzen zu erkennen.

31 Blütenfädeln

3+

Schwierigkeitsgrad: **mittel**
Zeitaufwand: **15 Minuten**

Materialien

• Blütenblätter und andere frühlingshafte Fundstücke • Stricknadeln • Strickgarn

Diese Übung ist perfekt, um das Konzentrationsvermögen Ihres Kindes zu trainieren. Außerdem schult sie die Geduld und die Ausdauer. Die fertigen Blütenketten können dann als tolle Frühlingsdekoration herhalten.

Vorgehensweise:

1. Stechen Sie mit der Stricknadel vorsichtig durch die Blütenblätter und zeigen Sie Ihrem Kind mit einigen Blüten, wie das Fädeln funktioniert.
2. Lassen Sie dann Ihr Kind übernehmen, das nun nach Belieben die Blütenblätter selbst auswählen und auffädeln darf.

---

32 Naturfühltasche für das Fenster basteln

3+

Schwierigkeitsgrad: **leicht**
Zeitaufwand: **10 Minuten**

Materialien

• Fundstücke aus der Natur • Frischhaltebeutel • durchsichtiges Haargel • Klebestreifen

Eine Naturfühltasche, die ans Fenster geklebt wird, ist eine tolle Beschäftigungsidee für regnerische Frühlingstage. Wenn die Sonne dann das nächste Mal durchs Fenster scheint, beginnen die Blüten zu leuchten.

Vorgehensweise:

1. Füllen Sie Haargel in einen Frischhaltebeutel.
2. Geben Sie dann gemeinsam mit Ihrem Kind die zuvor gesammelten Blütenblätter und andere frühlingshafte Fundstücke dazu.
3. Verschließen Sie den Beutel und kleben Sie ihn an das Fenster.
4. Das Fühlsäckchen darf nun nach Herzenslust bestaunt, befühlt und durchgeknetet werden.

33 Filzblumen zuordnen und Zählen lernen

3+

Schwierigkeitsgrad: **mittel**
Zeitaufwand: **20 Minuten**

Materialien

• große Filzplatte • Filz zum Herstellen der Stiele • Blüten und Blumentöpfe • Schere • Kleber

Diese Schlechtwetter-Frühlingsübung ist nicht nur ideal für die Feinmotorik und die Hand-Augen-Koordination, sondern hilft auch dabei, erste Erfahrungen mit dem Zählen zu sammeln.

Vorgehensweise:

1. Schneiden Sie aus Filz fünf Blumentöpfe, 15 Stiele und 15 frühlingshafte Blumenformen.
2. Kleben Sie die Blumentöpfe auf die Filzplatte und ordnen Sie jedem Blumentopf unterschiedlich viele Stiele zu: In den ersten Topf kommt ein Stiel, in den zweiten Topf kommen zwei Stiele, in den dritten Topf drei und so weiter.
3. Ihr Kind soll nun jedem Blumentopf die richtige Anzahl von Blüten zuordnen. Bei älteren Kindern kann es sinnvoll sein, zusätzlich die jeweilige Zahl auf den Blumentopf zu schreiben, um die Zahlen zu lernen.

---

34 Eine Blume untersuchen

3+

Schwierigkeitsgrad: **mittel**
Zeitaufwand: **30 bis 60 Minuten**

Materialien

• Blume • Papier • Stifte

Bei dieser Aufgabe soll sich ein Kind eine Blume mit allen Einzelheiten und Komponenten genau anschauen. Davon kann es dann eine möglichst detailgenaue Zeichnung anfertigen – wie bei einer botanischen Illustration. Dadurch lernt es, genau zu arbeiten, was eine gute Vorbereitung auf das Schreiben ist.

Vorgehensweise:

1. Lassen Sie Ihr Kind beim Spazierengehen eine Blume auswählen, die es gerne mag.
2. Zu Hause darf das Kind die Blume einige Zeit lang allein untersuchen, sie bestaunen und an ihr riechen.

3. Erklären Sie Ihrem Kind die Einzelteile und nennen Sie die Begriffe, die es benötigt, um die Blume zu beschreiben.
4. Zeigen Sie dem Kind eine botanische Zeichnung und regen Sie es dazu an, die eigene Blume auf ähnliche Weise abzuzeichnen.

35 Federn sammeln

3+

Schwierigkeitsgrad: **mittel**
Zeitaufwand: **10 Minuten**

Materialien

• großes Heft mit dickem Papier • Klebeband

Mit dem Sammeln von Federn werden Kinder aufmerksamer für die Natur, schärfen ihre Wahrnehmung und lernen, sich für die Ornithologie zu begeistern.

Vorgehensweise:

1. Sammeln Sie bei jedem Ausflug die schönsten Vogelfedern ein.
2. Daheim soll das Kind die Federn mit Klebeband in sein Album kleben.
3. Gemeinsam können Sie herausfinden, von welchem Vogel die Federn stammen und sie entsprechend beschriften.

36 Eine frühlingshafte Sensorik-Kiste entdecken

4+

Schwierigkeitsgrad: **leicht**
Zeitaufwand: **5 Minuten Vorbereitung, Spielzeit nach Belieben**

Materialien

• große Kiste oder Wanne • kleinere Kiste • Erde • kleine Harke und Schaufel • kleine Blumentöpfe • Samen oder getrocknete Bohnen und Erbsen • gegebenenfalls einige Kunstblumen

Eine Sensorik-Kiste lässt sich zu beinahe jedem Thema anlegen – natürlich auch passend zum Frühling und zur Gartenzeit. Mit einer solchen Kiste fördern Sie die Augen-Hand-Koordination, die sensorische Wahrnehmung und die Kreativität Ihres Kindes. Außerdem ist sie ein super Zeitvertreib – auch an regnerischen Frühlingstagen.

Vorgehensweise:

1. Die kleine Kiste wird mit Erde befüllt und in die größere Wanne gestellt, um ein allzu großes Chaos zu vermeiden.
2. Die übrigen Materialien verteilen Sie neben der äußeren Wanne oder legen sie hinein, wenn neben der Kiste mit der Erde noch genügend Platz ist.
3. Danach darf sich Ihr Kind frei und kreativ austoben und zum Beispiel Samen vergraben, Blumen pflanzen, Erde in die kleinen Töpfe füllen und den Umgang mit Schaufel und Harke üben.

37 Eine Pflanze retten

4+

Schwierigkeitsgrad: **mittel**
Zeitaufwand: **ein paar Minuten täglich**

Materialien

• hilfsbedürftige Pflanze • kleine Gießkanne oder Krug • Pflanztopf • nährstoffreiche Erde

Bei dieser Übung geht es darum, dass Ihr Kind eine Pflanze in schlechtem Zustand, die etwa unter Wasser- oder Lichtmangel gelitten hat, hegt und pflegt. Es kümmert sich täglich um die Pflanze und kann beobachten, wie sie sich nach und nach erholt. Daraus kann Ihr Kind eine wichtige Erkenntnis ziehen – nämlich, dass es in der Lage ist, aus eigener Kraft Dinge wirklich zu ändern.

Vorgehensweise:

1. Halten Sie in Ihrem Haushalt oder beim Spazierengehen nach einer Pflanze Ausschau, die kurz vor dem Absterben ist.
2. Bewegen Sie Ihr Kind dazu, sich der Pflanze anzunehmen und ihr einen neuen Topf mit frischer Erde zu spendieren.
3. Fordern Sie es auf, einen guten Standort zu finden und vertrauen Sie ihm die Aufgabe an, die Pflanze täglich zu gießen.
4. Schon bald können Sie sich gemeinsam mit Ihrem Kind freuen, wenn sich das Gewächs wieder erholt hat.

38 Ein Stück Wiese beobachten

4+

Schwierigkeitsgrad: **leicht**
Zeitaufwand: **15 bis 20 Minuten**

Materialien

• Wiese • vier Holzstäbe • Bindfaden • Maßband, Lupe

Es klingt vielleicht trivial, aber für Vierjährige ist es eine spannende Beschäftigung, einfach ein Stück Rasen genauer zu betrachten. Es bereitet ihnen viel Freude, die Flora und Fauna der Wiese zu erkunden und aus nächster Nähe zu bestaunen. Diese Aufgabe fördert die Konzentration, die Beobachtungsgabe und den Respekt vor der Umwelt.

Vorgehensweise:

1. An einem spannenden Ort in der Natur fordern Sie Ihr Kind auf, mit dem Maßband einen Meter abzumessen und den Abstand mit zwei Holzstäben zu markieren. Diesen Vorgang soll es wiederholen, bis es eine Fläche von einem Quadratmeter abgesteckt hat.
2. Die vier Stäbe kann Ihr Kind nun mit dem Faden verbinden. Nun hat es eine klar gekennzeichnete Beobachtungsfläche.
3. Sprechen Sie mit Ihrem Kind darüber, was es glaubt, in der Wiese entdecken zu können.
4. Nun tritt es in das Quadrat und beobachtet den Rasen in allen Einzelheiten mit und ohne Lupe, solange es dazu Lust hat. Animieren Sie Ihr Kind dazu, Ihnen von seinen Beobachtungen zu berichten.

---

39 Frühlingsobjekte und Zahlen zuordnen

4+

Schwierigkeitsgrad: **leicht**
Zeitaufwand: **mit Vorbereitung circa 30 Minuten**

Materialien

• Frühlingsobjekte in jeweils unterschiedlicher Anzahl von 1 bis 5
• kleine Kärtchen mit den passenden Gegenständen und den jeweiligen Ziffern

Dieses Spiel ist für Frühlingstage mit schlechtem Wetter ideal. Es hilft Ihrem Kind, erste Erfahrungen mit dem Zählen zu sammeln und Zahlen zu lesen. Außerdem stärken Sie damit das logische Denkvermögen.

Vorgehensweise:

1. Wählen Sie fünf Frühlingsgegenstände aus – den ersten Gegenstand benötigen Sie einmal, den zweiten zweimal und so weiter.
2. Fotografieren Sie die Gegenstände in der entsprechenden Anzahl möglichst auf weißem Untergrund.
3. Drucken Sie die Fotos im Format DIN A6 aus und schreiben Sie die jeweilige Ziffer daneben.
4. Jetzt beginnt das Spiel: Sie legen die Karten der Reihenfolge entsprechend aus und platzieren in der Nähe unsortiert die Gegenstände.
5. Ihr Kind soll alle Elemente finden, die zur jeweiligen Karte gehören und sie einander zuordnen. Dabei sollten Sie die Gegenstände gemeinsam mit Ihrem Kind zählen.

---

40 Mandala in der Natur zaubern

4+

Schwierigkeitsgrad: **mittel**
Zeitaufwand: **15 Minuten**

Materialien

• Frühlingsmaterialien aus der Natur wie Steine • Blätter und Blüten • ein schöner Platz auf einem Weg • der Wiese oder im Sand • eventuell Kamera

Um ein Mandala aus Naturmaterialien zu legen, bedarf es Fingerspitzengefühl, einer guten Feinmotorik und Kreativität. Außerdem wird Ihr Kind dazu angeregt, gleichartige Gegenstände in der Natur zu finden, was das genaue Schauen und Beobachten fördert.

Vorgehensweise:

1. Suchen Sie beim Spaziergang frühlingshafte Naturmaterialien wie Gänseblümchen, Löwenzahnblüten, Kleeblätter und Kieselsteine.
2. Beginnen Sie damit, ein Objekt in die Mitte auf der von Ihnen gewählten Fläche zu legen – zum Beispiel einen größeren Stein. Ihr Kind soll nun kleinere Steine kreisförmig darum herumlegen, bis der Kreis geschlossen ist.
3. Danach geht es mit einem anderen Frühlingsgegenstand und dem nächsten Kreis weiter, bis Stück für Stück ein schönes Mandala entsteht.
4. Das fertige Kunstwerk können Sie fotografieren. Später im Jahr kann Ihr Kind weitere Mandalas in der Natur mit saisonalen Materialien gestalten und fotografieren, um ein jahreszeitliches Erinnerungsalbum anzulegen.

41 Frühlingssuppe kochen

5+

Schwierigkeitsgrad: **leicht**
Zeitaufwand: **15 Minuten**

Materialien

• Babywanne oder Kiste • Wasser • Blüten aus der Natur • Schalen • Kellen • Löffel • eventuell Lebensmittelfarbe

Diese Übung ist perfekt für einen warmen Frühlingstag und kann hervorragend draußen ausprobiert werden. Sie fördert die sensorische Wahrnehmung, die Kreativität und die Koordination Ihres Kindes. Außerdem wird das Bewusstsein für die Natur gestärkt.

Vorgehensweise:

1. Füllen Sie eine Wanne mit Wasser, sodass es einige Zentimeter hoch steht. Das Wasser kann mit Lebensmittelfarbe eingefärbt werden.
2. Sammeln Sie mit Ihrem Kind bei einem Spaziergang viele verschiedene Frühlingsblumen.
3. Ihr Kind kann nun damit beginnen, eine Blumensuppe zu kochen und sich mit den Schalen, Löffeln und Kellen austoben.
4. Nennen Sie die Blüten, die Ihr Kind verwendet, bei ihrem korrekten Namen, um nebenbei die Allgemeinbildung zu fördern.
5. Diese Übung bereitet auch jüngeren Kindern schon Freude. Achten Sie aber dann unbedingt darauf, ausschließlich ungiftige Blumen zu verwenden.

---

42 Buchstabensteine gestalten und für Frühlingsspiele verwenden

5+

Schwierigkeitsgrad: **mittel**
Zeitaufwand: **5 bis 15 Minuten**

Materialien

• flache Kieselsteine • Bürste zum Säubern • Wasser • Acrylstifte

Buchstabensteine sind perfekt, um die Lesefähigkeit Ihres Kindes früh zu fördern. Sie eignen sich für viele verschiedene Spiele. Nutzen Sie das schöne Wetter im Frühjahr, um passende Kieselsteine zu finden und erste Übungen damit durchzuführen.

Vorgehensweise:

1. Begeben Sie sich mit Ihrem Kind bei schönem Wetter auf einen Spaziergang und halten Sie nach flachen Kieselsteinen Ausschau.
2. Ihr Kind kann die Steine daheim mit einer Bürste und Wasser reinigen.
3. Nach dem Trocknen beschriften Sie die Kieselsteine mit den Buchstaben des Alphabets. Am Anfang genügen nur die Vokale, später können Sie andere Buchstaben hinzufügen.
4. Lassen Sie Ihr Kind anfangs nach den von Ihnen genannten Buchstabensteinen suchen.
5. Später können Sie kurze Frühlingswörter – zum Beispiel Sonne, Blume oder Ostern – auf Papier schreiben und Ihr Kind nutzt die Steine, um die Wörter nachzulegen.

43 Buchstaben kneten und Wörter finden

5+

Schwierigkeitsgrad: **leicht**
Zeitaufwand: **15 Minuten**

Materialien

• bunte Knete • Vorlagen von Buchstaben

Das Erkennen von Buchstaben und die Lesefähigkeit Ihres Kindes werden mit dieser Übung gefördert. Gleichzeitig erweitern Sie den Sprachwortschatz und schulen die Feinmotorik. Daher ist dies eine perfekte Übung für regnerische Frühlingstage.

Vorgehensweise:

1. Laden Sie sich im Internet Druckvorlagen für Buchstaben herunter oder zeichnen Sie die Umrisse der Groß- und Kleinbuchstaben auf ein A4-Blatt.
2. Darunter malen Sie oder Ihr Kind jeweils einige frühlingshafte Gegenstände mit dem passenden Anfangsbuchstaben. Auf die Vorlage für das „H“ also beispielsweise einen Hasen, auf die Vorlage für das „B“ eine Blume. Überlegen Sie zusammen mit Ihrem Kind, welche Frühlingswörter mit dem jeweiligen Buchstaben anfangen.
3. Nun hat Ihr Kind die Aufgabe, die Buchstaben der Vorlage zu kneten. Dabei können Sie anfangs noch etwas helfen und zeigen, wie sich Knete beispielsweise zu Linien rollen lässt.
4. Sprechen Sie nebenbei über die Buchstaben sowie deren Form und Klang.

44 Focaccia-Blumenwiese backen

5+

Schwierigkeitsgrad: **mittel**
Zeitaufwand: **45 Minuten**

Materialien

• 400 Gramm Mehl • ein Teelöffel Zucker • ein Teelöffel Salz • drei Esslöffel Öl • 250 Milliliter Wasser und ein halber Würfel Hefe für den Teig • Schnittlauch • Radieschen • Petersilie • Möhren • Paprika • Tomaten • Sonnenblumenkerne und Chia-Samen zum Belegen

Eine Focaccia-Blumenwiese sieht wunderbar frühlingshaft aus, schmeckt gut und bietet unzählige Möglichkeiten für kleinere und größere Kinder, tatkräftig mitanzupacken. Ab circa fünf Jahren können Kinder die meisten Aufgaben bereits allein erledigen. Das schult das Selbstvertrauen und die Kreativität.

Vorgehensweise:

1. Für den Teig wird die Hefe in das Mehl gebröckelt. Danach gibt Ihr Kind die anderen Zutaten hinzu und verarbeitet sie mit dem Knethaken zu einem glatten Teig.
2. Nun rollt Ihr Kind den Teig aus und legt ihn auf ein Backblech, wo er mit Öl bestrichen wird.
3. Das Gemüse wird gegebenenfalls geschält und in dünne Scheiben geschnitten.
4. Jetzt geht es ans Dekorieren: Mit der Petersilie lassen sich die Wiese und mit dem Schnittlauch die Stiele der Blumen nachbilden. Radieschen, Tomaten, Paprika und Karotte werden für die Blüten verwendet.
5. Zum Schluss bestreut Ihr Kind alles noch mit Chia-Samen und Sonnenblumenkernen.
6. Nun kommt die Focaccia-Blumenwiese für 25 Minuten bei 200 Grad Umluft in den Ofen. Danach heißt es: Guten Appetit!

---

45 Lebenszyklus einer Raupe verstehen

5+

Schwierigkeitsgrad: **mittel**
Zeitaufwand: **15 Minuten**

Materialien

• Pappkarton • Filzstifte • Schere • kurzer Stock • hellbraunes Strickgarn • Kleber • Knete

Für Kinder ist der Lebenszyklus einer Raupe sehr spannend, aber oft auch abstrakt und nicht so gut nachvollziehbar, da er in der Natur schwer zu beobachten ist. Möchten Sie das Allgemeinwissen Ihres Kindes fördern und die Zusammenhänge der Natur begreifbarer machen, ist diese Übung perfekt. Das Ziel besteht darin, auf einem runden Karton alle vier Stadien der Raupe abzubilden – vom Ei auf einem Blatt über die Raupe und die Puppe bis hin zum Schmetterling.

Vorgehensweise:

1. Schneiden Sie einen großen Kreis aus Pappe zu.
2. Zeichnen Sie ein grünes Blatt mit einem weißen Punkt als Ei auf Papier, schneiden Sie es aus und kleben Sie es ganz oben auf die Pappe. Daneben schreiben Sie „Ei".
3. Aus Knete stellen Sie eine Raupe her, kleben sie auf die rechte Hälfte des Pappkreises und schreiben „Raupe" daneben.
4. Umwickeln Sie den Stock mit hellbraunem Strickgarn, kleben Sie ihn ganz unten auf den Pappkreis und beschriften sie ihn mit „Puppe".
5. Zum Schluss zeichnen Sie noch einen Schmetterling – oder basteln ihn selbst – auf Papier und schneiden ihn aus, um ihn links auf den Pappkreis zu kleben. Daneben kommt das Wörtchen „Schmetterling" als Beschriftung.
6. Malen Sie zwischen den einzelnen Stadien Pfeile ein.
7. Nun können Sie mit Ihrem Kind über die einzelnen Stadien vom Ei bis zum Schmetterling sprechen, sodass es den Lebenszyklus der Raupe besser nachvollziehen kann.

46 Den Sonnenuntergang beobachten

5+

Schwierigkeitsgrad: **leicht**
Zeitaufwand: **täglich 10 Minuten**

Materialien

• ein Heft oder Notizbuch • Vordrucke einer leeren Uhr • Kleber

Ab einem Alter von fünf Jahren können Sie damit beginnen, die Uhr mit Ihrem Kind zu lernen. Nebenbei haben Sie im Frühling die Möglichkeit zu beobachten, wie sich der Sonnenuntergang täglich ein bisschen nach hinten verschiebt. Damit schulen Sie das Verständnis für die Welt und für zeitliche Abläufe.

Vorgehensweise:

1. Beobachten Sie einen Monat lang jeden Tag den Sonnenuntergang und überprüfen Sie, zu welchem Zeitpunkt die Sonne untergeht.
2. Bereiten Sie 30 Vordrucke einer leeren Uhr vor.

3. Leiten Sie Ihr Kind an, jeden Tag den Zeitpunkt des Sonnenuntergangs in die Uhr einzuzeichnen
4. Danach kann die Uhr in das Heft eingeklebt und mit Datum beschriftet werden.
5. Am Ende des Monats wird Ihr Kind staunen, wie sehr sich der Sonnenuntergang nach hinten verschoben hat und wie viel länger die Tage nun schon sind.

47 Müll aus der Natur entfernen

5+

Schwierigkeitsgrad: **leicht**
Zeitaufwand: **10 bis 30 Minuten**

Materialien

• Natur • Müllsäcke • Gartenhandschuhe

Jedes Kind hat das natürliche Bedürfnis, respektvoll mit der Umwelt umzugehen und diese sauber zu halten. Fordern Sie das Kind bei einem Spaziergang im Park auf, die Abfälle in einen Müllbeutel einzusammeln, damit es sein Bedürfnis nach Sauberkeit verstärkt und der Natur ihre Schönheit wiedergeben kann.

Vorgehensweise:

1. Legen Sie einen konkreten Bereich fest, der von Müll befreit werden soll.
2. Bitten Sie das Kind, die Handschuhe anzuziehen, damit es sich nicht verletzt.
3. Animieren Sie das Kind dazu, alle Abfälle, die nicht in die Natur gehören, in dem Müllsack zu sammeln.

48 Samenbombe herstellen

5+

Schwierigkeitsgrad: **mittel**
Zeitaufwand: **60 Minuten Vorbereitung, vor Ort fünf Minuten**

Materialien

• Freifläche in der Stadt • Blumensamen • Tonpulver • Kompost • Erde

Mit einer Samenbombe können Kinder eine freie Fläche in der Stadt verschönern, da diese nur wenige Wochen später in leuchtenden Farben blühen wird. Mit dieser Übung schulen Sie den Respekt vor der Natur und fördern das Umweltbewusstsein sowie den Schönheitssinn Ihres Kindes.

Vorgehensweise:

1. Besorgen Sie mit dem Kind Blumensamen für Blumen, die für Bienen und Schmetterlinge attraktiv sind.
2. Das Kind soll in einer Schüssel eine Einheit Erde mit etwas Kompost und zwei Einheiten Tonpulver vermengen und Wasser hinzufügen, sodass eine knetartige Masse entsteht.
3. Daraus soll das Kind kleine Bälle formen, die etwa so groß wie Tischtennisbälle sind.
4. Geben Sie die Samen in die fertigen Kugeln.
5. Werfen Sie die Samenbomben später gemeinsam mit Ihrem Kind an einer brachliegenden Stelle aus und kehren Sie nach ein paar Wochen wieder zurück, um das Ergebnis zu bestaunen.

49 Das Blühen einer Blume beobachten 6+

Schwierigkeitsgrad: **leicht**
Zeitaufwand: **eine Minute täglich**

Materialien

• Digitalkamera • Blume im Topf mit Knospen • Heft • Kleber

Wenn das Kind jeden Tag die Phasen, die mit dem Aufblühen einer Blume einhergehen, beobachtet und fotografisch festhält, werden mehrere Fähigkeiten geschult: das Beobachten und Vergleichen, Geduld, eine feine Wahrnehmung sowie der Respekt vor dem Leben und der Natur.

Vorgehensweise:

1. Das Kind wählt eine schöne Blume mit Knospen aus.
2. Nun soll es die Blume täglich aus demselben Blickwinkel fotografieren. Am besten steht die Kamera auf einem Stativ, damit der Blickwinkel gleich bleibt.
3. Kurz vor dem Erblühen kann das Kind dazu animiert werden, noch häufiger zu fotografieren – vielleicht einmal pro Stunde.
4. Bis die Knospe aufbricht, kann es auch minütlich ein Foto schießen.
5. Die schönsten Fotos wählt das Kind aus und klebt sie in der korrekten Reihenfolge in das Heft.
6. Nun kann es beim Durchblättern immer wieder bestaunen, wie eine Blumenknospe erblüht.

50 Frühlingspuzzle mit Eisstäbchen

6+

Schwierigkeitsgrad: **leicht**
Zeitaufwand: **15 Minuten**

Materialien

• mehrere gereinigte Eisstäbchen aus Holz • gezeichnete oder ausgedruckte Frühlingsmotive • Filzstift • Cutter-Messer • Alleskleber

Um die visuelle Wahrnehmung und die Problemlösefähigkeit Ihres Kindes zu fördern, ist ein Eisstäbchen-Puzzle perfekt. Gleichzeitig lernt es hierbei, die Zahlen zu lesen und in der richtigen Reihenfolge zu ordnen.

Vorgehensweise:

1. Zeichnen Sie ein frühlingshaftes Motiv auf ein Blatt im DIN-A5-Format oder drucken Sie ein einfaches Frühlingsbild in entsprechender Größe aus.
2. Legen Sie mehrere Eisstäbchen zusammen und kleben Sie das Bild mit Alleskleber auf den Stäben fest.
3. An den Nahtstellen der Eisstäbchen schneiden Sie das aufgeklebte Motiv vorsichtig auseinander, sodass ein Puzzle entsteht.
4. Die Stiele nummerieren Sie nun noch mit einer beliebigen Zahlenfolge – entweder ganz einfach von 1 bis 9 oder alternativ in 10er- oder 5er-Schritten, um die Schwierigkeit zu erhöhen. So hat Ihr Kind eine Fehlerkontrolle und kann gleichzeitig das Lesen und Sortieren von Zahlen üben.

---

51 Wasserfarben aus frischen Blumen herstellen

6+

Schwierigkeitsgrad: **leicht**
Zeitaufwand: **15 Minuten, einige Stunden Ruhezeit, dann nochmals 15 Minuten**

Materialien

• frische Blüten in unterschiedlichen Farben • Wasser • Gefrierbeutel in der Anzahl der verschiedenen Farben • mehrere Gläser • Nudelholz • Papier • Pinsel

Kinder im Vorschul- und Schulalter sind sehr experimentierfreudig. Mit dieser Übung für den Frühling können Sie diese Experimentierfreude ebenso fördern wie die Kreativität Ihres Kindes und gleichzeitig zu einem guten Allgemeinwissen beitragen.

Vorgehensweise:

1. Bringen Sie von einem Spaziergang mit Ihrem Kind ein paar Blüten in unterschiedlichen Farben aus der Natur mit.
2. Ihr Kind soll die Blüten nach Farben sortieren und vermuten, welche Farben sich daraus jeweils herstellen lassen.
3. Aufgeteilt nach dem jeweiligen Farbton legt Ihr Kind die Blüten nun in einzelne Gefrierbeutel.
4. Jetzt gibt es etwas heißes Wasser hinein und schließt die Beutel.
5. Ihr Kind rollt jetzt mit einem Nudelholz vorsichtig einige Male über die Blüten in den Gefrierbeuteln.
6. Die Beutel müssen einige Stunden lang ruhen, bis Sie sich gemeinsam das Ergebnis anschauen können. Füllen Sie den Beutelinhalt dafür in Gläser um. Entspricht das Ergebnis den Erwartungen Ihres Kindes? Was ist anders und warum? Diskutieren Sie das Resultat.
7. Zum Schluss kann Ihr Kind ausprobieren, wie gut sich die selbst hergestellten Farben zum Malen eignen.

---

52 Möhrengrün ziehen

6+

Schwierigkeitsgrad: **leicht**
Zeitaufwand: **15 Minuten**

Materialien

• Karotten mit einem kleinen Rest des Möhrengrüns • Watte • flache Schale • Wasser

Mit dieser Anregung sprechen Sie die Experimentierfreude und das Allgemeinwissen Ihres Kindes an. Es lernt etwas über das Wachstum und die Bedürfnisse von Pflanzen und kann seine Umwelt besser begreifen. Das Ziel besteht darin, etwas Karottengrün selbst zu ziehen.

Vorgehensweise:

1. Ihr Kind soll ein zwei bis drei Zentimeter breites Stück vom oberen Ende der Karotte abschneiden. Daran sollte sich noch etwa ein Zentimeter Möhrengrün befinden.
2. Nun gibt Ihr Kind etwas Watte in eine flache Schale, die es anschließend gut anfeuchtet.
3. Der Abschnitt der Karotte wird mit der Schnittkante auf die nasse Watte gestellt.

4. Bitten Sie Ihr Kind, die Pflanzschale an einen sonnigen und warmen Ort in der Wohnung zu stellen.
5. Erinnern Sie Ihr Kind täglich daran, zu überprüfen, ob die Watte schon zu trocken ist und diese gegebenenfalls etwas zu gießen
6. Nach einigen Tagen wird Ihr Kind staunen, weil das Möhrengrün wieder zu wachsen beginnt. Nun kann es täglich beobachten, wie es immer größer wird

---

53 Den Weg zum Licht der Pflanzen beobachten 6+

Schwierigkeitsgrad: **mittel**
Zeitaufwand: **30 Minuten**

Materialien

• kleiner Topf mit Keimling • flacher Karton mit Deckel • zusätzliche Pappe • Kleber • Schere

Im Frühling beginnt die Natur draußen zu wachsen und zu gedeihen. Mit diesem Experiment lässt sich dieser Prozess gut nachempfinden. Gleichzeitig lernt Ihr Kind so, dass Pflanzen immer zum Licht hin wachsen. Das schult die Allgemeinbildung und das Verständnis über Pflanzen und bedient gleichzeitig die Experimentierfreude Ihres Kindes.

Vorgehensweise:

1. Der Pappkarton wir hochkant aufgestellt und der Blumentopf mit dem Pflanzenkeimling in der unteren linken Ecke platziert.
2. Ein paar Zentimeter über dem Topf kleben Sie aus Pappe einen Zwischenboden in den Karton. Schneiden Sie rechts ein größeres Loch hinein. Nun schließen Sie den Deckel an der Seite und entfernen die nach oben zeigende Wand des Kartons. Es darf nur oben Licht in den Karton fallen, sodass die Pflanze durch das Loch im zweiten Boden wächst.
3. Lassen Sie Ihr Kind den Karton alle paar Tage an der Seite öffnen, damit es die Pflanze gießen kann. Dabei wird es bald beobachten, dass die Pflanze tatsächlich ihren Weg zum Licht hin durch das Loch findet.
4. Wenn Sie möchten, können Sie nun noch weitere Pappetagen mit versetzten Löchern hinzufügen, um das Experiment zu erweitern.

54 Die Temperaturveränderungen im Frühling überwachen

6+

Schwierigkeitsgrad: **mittel**
Zeitaufwand: **einen Monat lang fünf Minuten täglich**

Materialien

• analoges Thermometer • kariertes Papier • Lineal, Bleistift

Mit dieser Aktivität lernt das Kind, dass der Frühling mit etlichen Temperaturschwankungen verbunden sein kann. Diese Veränderungen hält es selbst in einer Tabelle fest. So schulen Sie das logische und mathematische Denken, die Genauigkeit, das Vergleichen und die Fähigkeit, einen Monat lang bei einer Aufgabe zu bleiben.

Vorgehensweise:

1. Das Kind bereitet die Tabelle vor, indem es das karierte Papier in 30 oder 31 Spalten aufteilt. Jeder Monatstag bekommt eine Spalte.
2. Die Tabelle sollte etwa 30 Zeilen haben, die mit den Zahlen – 5 bis 25 beschriftet werden, um die im Frühling üblichen Temperaturen abzubilden.
3. Zeigen Sie Ihrem Kind, wie die Temperatur auf dem Thermometer abgelesen wird und halten Sie es an, dies täglich zur gleichen Zeit zu tun. Dann wird die Temperatur in der Tabelle als Punkt festgehalten und mit dem Punkt vom Vortag verbunden.
4. Am Monatsende entsteht eine Kurve, die Sie mit Ihrem Kind diskutieren können.

---

55 Fotosafari mit Insekten durchführen

6+

Schwierigkeitsgrad: **mittel**
Zeitaufwand: **30 bis 120 Minuten**

Materialien

• Digitalkamera • Natur • Tablet oder Computer

Das Kind soll bei dieser Aufgabe so viele Insekten wie möglich bei einem Spaziergang aufnehmen. Dabei kann es Insekten in ihrem natürlichen Lebensraum beobachten und gleichzeitig nähere Erfahrungen mit der Fotografie sammeln. Das fördert den Kontrollsinn, den Respekt vor der Umwelt, das Begreifen des Kleinen und die Reaktionsfähigkeit.

Vorgehensweise:

1. Falls Sie es noch nicht getan haben, zeigen Sie Ihrem Kind, wie eine Digitalkamera bedient wird.
2. Gehen Sie an einem schönen Frühlingstag spazieren und bitten Sie das Kind, alle Insekten unterwegs von Nahem zu fotografieren.
3. Zu Hause kann es die Insekten dann auf einem Computer oder Tablet anschauen, um sie in einem noch größeren Format zu betrachten und dabei auch an interessante Details heranzoomen.

SPECIAL: 20 Montessori-Ideen für das Osterfest

Ostern gehört zu den beliebtesten Anlässen bei Eltern und ihren Kindern, um zu basteln, was das Zeug hält. Und tatsächlich hält das Osterfest unzählige Bastelideen bereit, die über das einfache Ostereierfärben und -bemalen hinaus gehen. Deshalb stellen wir Ihnen nun 20 an Montessori angelehnte Spiel-, Beschäftigungs- und Bastelideen für die zwei- bis sechsjährigen Kids vor, die Kinderaugen zum Strahlen bringen.

1 Ostereier schließen und öffnen

2+

Schwierigkeitsgrad: **leicht**
Zeitaufwand: **10 Minuten**

Materialien

• verschiedene Ostereier • die sich öffnen lassen • zum Beispiel große Papp-Ostereier oder Überraschungseier

Sicher kennen Sie die großen Papp-Ostereier, die zum Osterfest gern als Osternester mit Schokolade gefüllt verschenkt werden. Für die Kleinsten eignen sich diese hervorragend, um das Öffnen und Schließen zu üben. Das ist eine tolle Übung für die Feinmotorik. Gehen Sie mit offenen Augen zur Osterzeit durch den Supermarkt, finden Sie sicher noch weitere Eier in verschiedenen Größen, mit denen das Öffnen und Schließen geübt werden kann.

Vorgehensweise:

1. Arrangieren Sie Ostereier in verschiedenen Größen, die sich öffnen und schließen lassen, geöffnet auf einem Tablet oder in einem Körbchen.
2. Leiten Sie Ihr Kind an, die zueinander passenden Hälften zu finden und die Eier zu verschließen.
3. Danach soll Ihr Kind üben, die Eier wieder zu öffnen.
4. Gern kann es auch selbst kreativ werden und ähnlich wie bei einer Matroschka die kleineren Eier in den größeren Ostereiern verschwinden lassen.

---

2 Eierlauf durch die Wohnung oder durch den Garten

2+

Schwierigkeitsgrad: **mittel**
Zeitaufwand: **Spielzeit nach Belieben**

Materialien

• agroßer Löffel • Ostereier aus Holz oder Kunststoff • alternativ Eierkerzen

Bei dieser Übung werden verschiedene Fähigkeiten Ihres Kindes auf die Probe gestellt: die Konzentration, das Geschick und das Durchhaltevermögen. Zudem macht sie den meisten Kindern eine Menge Spaß.

Vorgehensweise:

1. Zeigen Sie Ihrem Kind einmal, wie Sie ein Ei in einem großen Löffel balancieren und dabei laufen.

2. Überreichen Sie Ihrem Kind dann den Löffel und fordern Sie es auf, es nachzumachen.
3. Für ältere Kinder kann die Übung noch anspruchsvoller gestaltet werden, indem das Kind beispielsweise barfuß über verschiedene Untergründe im Garten läuft oder einen Hindernisparcours überquert.

3 Osterstrauch mit Ostereiern und Osterhasen dekorieren

2+

Schwierigkeitsgrad: **leicht**
Zeitaufwand: **15 bis 20 Minuten**

Materialien

• Zweige aus der Natur • Ostereier und Osterhasen zum Aufhängen – gerne auch selbst gebastelt

Viele Kinder lieben es, wenn Sie einen kleinen Osterstrauch auf Augenhöhe haben, den sie selbst nach Belieben dekorieren können. Es fördert die Kreativität und die Selbstständigkeit, den Strauch zu schmücken. Die meisten Kinder gestalten ihn im Laufe der Zeit immer mal wieder ein wenig um.

Vorgehensweise:

1. Wählen Sie mit Ihrem Kind auf einem Spaziergang ein paar geeignete Zweige aus und stellen Sie diese daheim in eine stabile Blumenvase mit Wasser. Natürlich kann Ihr Kind dabei helfen.
2. Legen Sie Ihrem Kind nun einige Ostereier oder Osterhasen zum Aufhängen parat.
3. Zeigen Sie einmal, wie die Anhänger auf die Zweige gefädelt werden.
4. Überlassen Sie es danach Ihrem Kind den Strauch nach Herzenslust zu dekorieren.

4 Küken-Klammern an einem Zweig befestigen

2+

Schwierigkeitsgrad: **mittel**
Zeitaufwand: **10 Minuten**

Materialien

• Zweig aus der Natur • gekaufte oder selbst gebastelte Klammern mit Küken

Diese Übung ist perfekt, um die Feinmotorik Ihres Kindes zu trainieren. Gleichzeitig wird die Augen-Hand-Koordination gefördert und das Kind lernt eine selbstständige Arbeitsweise.

Vorgehensweise:

1. Schneiden Sie beim Spazierengehen mit Ihrem Kind einen Zweig in der Natur ab.
2. Bereiten Sie die Küken-Klammern vor und kleben Sie dafür selbstgezeichnete oder ausgedruckte Küken auf kleine Holzklammern.
3. Ihr Kind soll die Küken-Klammern nun an dem Zweig befestigen.
4. Wenn es fertig ist, kann es für den lustigen Küken-Zweig noch einen schönen Platz in der Wohnung aussuchen.

---

5 Ostereier-Fensterdeko aus Transparentpapier basteln

3+

Schwierigkeitsgrad: **mittel**
Zeitaufwand: **15 bis 20 Minuten**

Materialien

• Transparentpapier • Klebestifte • Schere

Die Bastelarbeit macht auch kleinen Kindern schon viel Spaß. Sie trainiert die Feinmotorik, die Kreativität und das die Ausdauer Ihres Kindes. Obendrein entsteht so eine schöne Fensterdekoration, die besonders interessant wirkt, wenn die Sonne die Ostereier anstrahlt.

Vorgehensweise:

1. Ihr Kind reißt farbiges Transparentpapier in kleine Stücke. Ältere Kinder können die Schere verwenden.
2. Dann werden die kleinen Stücke mit einem Klebestift auf eine Folie oder helles Transparentpapier geklebt.
3. Zum Schluss schneiden Sie oder Ihr Kind kleine Eier aus dem beklebten Blatt. Diese werden dann für eine längere Haltbarkeit noch laminiert oder einfach direkt ans Fenster geklebt.

6 Kresse-Eier pflanzen

3+

Schwierigkeitsgrad: **mittel**
Zeitaufwand: **15 Minuten, danach täglich eine Minute**

Materialien

• Hühnereier • Watte • Kressesamen • Wasser • Stifte und/oder Klebeaugen

Mit dieser Übung fördern Sie einen respektvollen Umgang mit der Natur und unserem Ökosystem. Außerdem ist sie ein gutes Training für die Feinmotorik und fördert die Kreativität.

Vorgehensweise:

1. Schneiden Sie die Eier oben auf, leeren Sie die Eierschalen aus und säubern Sie diese gründlich. Der Inhalt der Eier kann zum Backen oder Kochen verwendet werden.
2. Die Eierschalen dürfen von Ihrem Kind mit den Stiften und den Klebeaugen verschönert werden, sodass sie lustige Gesichter bekommen.
3. Ihr Kind kann nun Watte in die Eierschalen stecken und diese mit Wasser anfeuchten.
4. Danach verteilt es die Kressesamen auf der Watte.
5. Halten Sie Ihr Kind dazu an, die Samen täglich mit etwas Wasser zu benetzen, damit die Kresse schon bald zu keimen beginnt.

7 Ostergegenstände suchen und benennen

3+

Schwierigkeitsgrad: **mittel**
Zeitaufwand: **10 Minuten**

Materialien

• eine Box • roher Reis • Linsen oder Sand • verschiedene Ostergegenstände

Diese Übung ist vom geheimnisvollen Beutel nach Montessori inspiriert. Sie fördert die Konzentration, die Geduld und den Tastsinn. Gleichzeitig handelt es sich hierbei um eine tolle Sprachübung.

Vorgehensweise:

1. Verstecken Sie einige Ostergegenstände in einer mit Sand, Reis oder Linsen gefüllten Box.

2. Ihr Kind soll die Gegenstände nun mit verbundenen Augen finden, ertasten und benennen.
3. Sie können auch Dinge verstecken, die Ihr Kind am Geruch oder Geschmack erkennen kann.

---

8 Fingerabdruck-Karotten zaubern

3+

Schwierigkeitsgrad: **mittel**
Zeitaufwand: **10 Minuten**

Materialien

• Fingerfarben in Orange • ein Blatt Papier • grüne Wolle • Kleber

Koordinationsvermögen, Geduld und Geschicklichkeit sind bei dieser süßen Osteridee gefragt. Gerade kleinere Kinder, die noch nicht sicher selbst malen, sind ganz erstaunt, dass sie mit ihren kleinen Fingern schon ein richtiges Kunstwerk erschaffen können. Das stärkt das Selbstvertrauen.

Vorgehensweise:

1. Führen Sie Ihrem Kind die Übung erst einmal ohne zu erklären vor: Tauchen Sie erst den Daumen, dann den Zeigefinger und zum Schluss den kleinen Finger in die Fingermalfarbe. Pressen Sie Ihre Finger nacheinander so auf das Papier, dass eine Möhre entsteht, die von oben nach unten immer schmaler wird.
2. Nun können Sie Ihr Kind auffordern, es selbst zu probieren.
3. Sind einige Karotten auf dem Papier, kommt das Möhrengrün: Lassen Sie Ihr Kind die Wolle in möglichst gleich große Stücke schneiden. Jeweils drei Wollstücke werden dann ans obere Ende der Karotte geklebt.
4. Mit dieser Technik lassen sich tolle individuelle Osterkarten gestalten

---

9 Eierpuzzle zuordnen

4+

Schwierigkeitsgrad: **mittel bis schwer**
Zeitaufwand: **10 Minuten**

Materialien

• weißes Papier • Schere • kleines Tablett

Dieses Eierpuzzle ist perfekt für alle Puzzlefans. Das Zusammensetzen schult das Vorstellungsvermögen, die Kreativität und die Augen-Hand-Koordination. Außerdem wird die Geduld auf die Probe gestellt, wenn die passenden Eierhälften nicht gleich gefunden werden.

Vorgehensweise:

1. Schneiden Sie fünf gleich große Eier aus Papier und halbieren Sie diese auf unterschiedliche Weisen – zum Beispiel gerade, im Zickzackmuster oder wellenförmig.
2. Legen Sie fünf Hälften oben und die anderen fünf Hälften unten auf ein Tablett, sodass sie gut gemischt sind und möglichst die passenden Hälften nicht untereinanderliegen.
3. Ihr Kind soll nun herausfinden, welche Eierhälften zusammenpassen und diese wieder zusammenlegen.
4. Durch das Muster, mit dem Sie die Eier zerschneiden, lässt sich der Schwierigkeit bei dieser Übung stark variieren: Je feiner und ähnlicher die Muster, desto anspruchsvoller wird es.

---

10 Hasenstempel aus Klopapierrollen basteln

4+

Schwierigkeitsgrad: **leicht**
Zeitaufwand: **15 Minuten**

Materialien

• leere Toilettenpapierrollen • Heißklebepistole • Fingermalfarbe oder Wasserfarbe

Die Bastelübung ist perfekt für Geschwister: Das ältere Kind bastelt die Stempel aus den Klopapierrollen, das jüngere Kind darf nach Herzenslust kleine Hasen stempeln und damit zum Beispiel DIY-Geschenkpapier oder Osterkarten verschönern. Natürlich kann aber auch ein Kind allein die Bastelarbeit ausführen.

Vorgehensweise:

1. Das Kind faltet die Toilettenpapierrolle an einer Seite so, dass eine scharfe Spitze entsteht und wiederholt das Ganze mit einer zweiten Rolle. Dies sind die Hasenohren.
2. Die übrige Rolle bleibt rund und dient als Hasenkopf.
3. Mit der Heißklebepistole werden die drei Rollen miteinander verbunden.
4. Geben Sie die Wasser- oder Fingerfarbe auf verschiedene Teller. Das Kind kann nun die Hasenstempel in die Farbe drücken und dann auf das Papier bunte Osterhasen stempeln.

11 Ostereier mit Seidenpapier verschönern

4+

Schwierigkeitsgrad: **leicht**
Zeitaufwand: **20 Minuten**

Materialien

• leere Toilettenpapierrollen • Heißklebepistole • Fingermalfarbe oder Wasserfarbe

Mit dieser Bastelarbeit werden verschiedene Fähigkeiten Ihres Kindes angesprochen: die Kreativität, die Feinmotorik und die Augen-Hand-Koordination. Gleichzeitig können Sie das Benennen von Farben üben. Am Ende entstehen kleine Kunstwerke zum Einrahmen. Sie können jedes Jahr als Osterdekoration wieder hervorgeholt werden.

Vorgehensweise:

1. Mit dem Stichwort „Ostereier-Vorlage" finden Sie im Internet etliche Ostereier-Ausmalbilder zum Ausdrucken, die für diese Bastelarbeit perfekt sind. Wählen Sie mit Ihrem Kind einige schöne Exemplare aus und drucken Sie diese möglichst in DIN A4 aus.
2. Bitten Sie Ihr Kind, das Seidenpapier in kleine Quadrate oder Rechtecke zu schneiden.
3. Ihr Kind streicht jetzt auf der Vorlage die Konturen der Blüten, Punkte oder Streifen mit Kleber ein.
4. Nun kann es damit beginnen, das bunte Seidenpapier zu zerknüllen.
5. Das Ziel besteht darin, mit dem zerknüllten Seidenpapier möglichst akkurat die Konturen zu füllen. Hier ist Fingerspitzengefühl gefragt!

---

12 Osterküken aus Pfeifenputzern kreieren

4+

Schwierigkeitsgrad: **leicht**
Zeitaufwand: **10 Minuten**

Materialien

• Pfeifenputzer in Gelb • oranges Bastelpapier • Wackelaugen • Flüssigkleber • Schere • eventuell eine Feder

Ohne viel Aufwand und fast ohne die Hilfe der Eltern lässt sich auch von kleinen Kinderhänden diese Bastelübung umsetzen. Das stärkt das Selbstbewusstsein und das Selbstvertrauen Ihres Kindes. Gleichzeitig fördert die Übung die Feinmotorik und die Kreativität.

Vorgehensweise:

1. Zeigen Sie Ihrem Kind zunächst, wie aus einem Pfeifenputzer ein Küken entsteht: Drehen Sie diesen dabei für den Kopf in die eine und für den Körper in die andere Richtung ein.
2. Fordern Sie Ihr Kind nun dazu auf, es selbst auszuprobieren.
3. Den Schnabel des Kükens kann es aus orangefarbenem Bastelpapier schneiden und mit Flüssigkleber ebenso wie das Wackelauge am Pfeifenputzer festkleben.
4. Der Schwanz lässt sich ebenfalls aus Bastelpapier zurechtschneiden. Alternativ kann Ihr Kind eine aus der Natur mitgebrachte Feder durch den Pfeifenputzer stecken.
5. Das fertige Osterküken lässt sich dann zum Beispiel an einem Osterstrauch befestigen.

---

13 Salzteig-Anhänger formen und bemalen

5+

Schwierigkeitsgrad: **mittel**
Zeitaufwand: **30 bis 40 Minuten**

Materialien

• 100 Gramm Mehl • ein Teelöffel Öl • 80 Milliliter Wasser • 50 Gramm Salz • kleines Nudelholz • Oster-Ausstechformen • Zahnstocher • Wasserfarben • Pinsel • Schnur

Salzteig ist beim Basteln vielseitig einsetzbar und wird auch von kleineren Kindern schon sehr gerne genutzt. Ab einem Alter von etwa fünf Jahren wird Ihr Kind es schaffen, nahezu ohne Ihre Unterstützung süße Osteranhänger zu gestalten. Dadurch wird das Selbstvertrauen gestärkt.

Vorgehensweise:

1. Zuerst stellt Ihr Kind den Salzteig her: Dafür vermischt es alle Zutaten und verknetet sie miteinander.
2. Mit einem kleinen Nudelholz rollt Ihr Kind den Teig nun möglichst dünn aus.
3. Danach kommen die Ostereier-Ausstechformen zum Einsatz, mit denen Ihr Kind Osterfiguren wie Karotten, Hasen, Lämmer, Küken oder Eier ausstechen kann.
4. Mit einem Zahnstocher sticht es oben ein Loch durch jede Figur.
5. Die Figuren werden bei 160 Grad Celsius im Ofen etwa 15 Minuten lang gebacken. Zeigen Sie Ihrem Kind, wie der Ofen eingestellt werden muss.
6. Wenn alles fertig ist, müssen die Figuren kurz auskühlen. Danach kann Ihr Kind sie mit einem kleinen Pinsel und Farbe anmalen.
7. Durch das kleine Loch fädelt Ihr Kind eine Schnur und knotet sie zusammen. Danach können die Osteranhänger an einem Osterstrauch aufgehängt werden.

14 Ostereierkerzen herstellen

5+

Schwierigkeitsgrad: **mittel**
Zeitaufwand: **15 bis 30 Minuten**

Materialien

• alte Kerzen oder Kerzenwachs • Schüssel • Topf • leere Eierhälften • Kerzendocht • Eierkarton • Wasserfarben

Selbst gemachte Eierkerzen sind eine tolle Deko-Idee für Ostern und eignen sich auch als Geschenk. Beim Basteln kann Ihr Kind beobachten, wie sich der Aggregatzustand von Wachs je nach Temperatur verändert und bekommt dadurch ein besseres Verständnis für die Gesetzmäßigkeiten der Natur.

Vorgehensweise:

1. Zeigen Sie Ihrem Kind, wie es alte Kerzenreste oder Wachs in einem Wasserbad schmelzen kann.
2. Während das Wachs schmilzt, kann Ihr Kind den Eierkarton von außen bemalen und die leeren Eierschalenhälften hinein stellen.
3. Jetzt wird das geschmolzene Wachs in die Eierhälften gegossen.
4. Vorsichtig steckt Ihr Kind nun den Docht hinein.
5. Beobachten Sie gemeinsam, wie das Wachs jetzt wieder aushärtet.

15 Osterhasen aus Beton gießen

5+

Schwierigkeitsgrad: **mittel**
Zeitaufwand: **40 Minuten und noch einmal 10 Minuten am Folgetag**

Materialien

• Kreativbeton aus dem Bastelbedarf • Büroklammern • alte Joghurtbecher • Öl • Pompons • Kleber • Filzstifte

Dies ist eine Upcycling-Bastelidee für Ostern, bei der Ihr Kind lernt, dass vermeintlicher Müll nicht immer direkt entsorgt werden muss. Das stärkt das Umweltbewusstsein. Gleichzeitig fördert die Übung die Kreativität und das Selbstvertrauen Ihres Kindes, weil es fast alle Schritte selbst durchführen kann.

Vorgehensweise:

1. Die Vorbereitung beginnt damit, dass Ihr Kind seine Joghurtbecher einige Tage lang sammelt und reinigt, statt sie zu entsorgen.

2. Am Basteltag ermutigen Sie Ihr Kind, den Kreativbeton nach der Anleitung des Herstellers anzurühren.
3. Mit etwas Öl fettet es die Joghurtbecher ein, in die es dann den Kreativbeton schüttet.
4. Nach ungefähr 30 Minuten kann Ihr Kind jeweils zwei Büroklammern als Hasenohren in jeden Joghurtbecher stecken.
5. Der Kreativbeton muss über Nacht aushärten. Am nächsten Tag kann Ihr Kind die Beton-Osterhasen aus den Joghurtbechern drücken.
6. Jetzt malt es mit dem Filzstift lustige Osterhasen-Gesichter darauf und klebt für das Hasenschwänzchen einen Pompon auf die Rückseite.

16 Karotten- oder Ostereier zählen mit Zählkarten

5+

Schwierigkeitsgrad: **mittel**
Zeitaufwand: **15 Minuten**

Materialien

• Pappkarton • Wasserfarben und Pinsel oder Filzstifte • kleine Holzklammern

Die Oster-Zählkarten richten sich an alle Kinder, die schon große Freude am Zählen und an Zahlen haben. Die Übung stärkt das Zahlenverständnis und ist daher eine gute Vorbereitung auf die Schule.

Vorgehensweise:

1. Schneiden Sie Pappkarton in zehn gleich große Rechtecke.
2. Malen Sie Ostereier oder Karotten in der Anzahl von 1 bis 10 auf die einzelnen Kartonkarten.
3. Im unteren Bereich schreiben Sie drei Zahlen nebeneinander, aus denen Ihr Kind auswählen soll, wie viele Ostereier oder Karotten auf der Karte abgebildet sind.
4. Auf der Rückseite markieren Sie mit einem farbigen Punkt, welche Zahl die richtige ist, damit sich Ihr Kind selbst kontrollieren kann.
5. Die in den Augen Ihres Kindes richtige Anzahl kennzeichnet es mit einer kleinen Holzklammer.

17 Mit Eierhälften Groß- und Kleinbuchstaben zuordnen

6+

Schwierigkeitsgrad: **mittel**
Zeitaufwand: **15 Minuten**

Materialien

• 26 Eier • die sich öffnen und schließen lassen (zum Beispiel die gelben Plastikbehälter in Überraschungseiern) • Stift zum Beschriften • zwei Gefäße

Als Vorbereitung auf das Lesen- und Schreibenlernen ist diese Osterübung ideal. Ihr Kind bekommt ein erstes Gefühl für die Groß- und Kleinschreibung.

Vorgehensweise:

1. Schreiben Sie auf die oberen Hälften der Eier alle Großbuchstaben und auf die unteren Hälften die Kleinbuchstaben des Alphabets.
2. Arrangieren Sie alle Hälften mit Großbuchstaben in einer Schüssel und alle Hälften mit Kleinbuchstaben in einem anderen Gefäß.
3. Ihr Kind hat nun die Aufgabe, die zueinander passenden Eierhälften auszuwählen, die jeweils mit dem gleichen Buchstaben in der Groß- und Kleinschreibung beschriftet sind.

---

18 Oster-Daumenkino selber machen

6+

Schwierigkeitsgrad: **schwer**
Zeitaufwand: **20 Minuten**

Materialien

• kleines Notizbuch • Stifte

Ein Daumenkino selbst zu zeichnen ist eine anspruchsvolle Aufgabe. Ihr Kind muss sich vorab überlegen, welche Bewegung es darstellen will und wie feinstufig die einzelnen kleinen Veränderungen sein müssen. Wahrscheinlich wird das Daumenkino am Anfang nicht perfekt gelingen, aber mit etwas Übung werden die Bewegungen immer fließender. Mit dieser Übung trainiert Ihr Kind seine Ausdauer, das genaue Schauen, die Geduld und natürlich auch die Kreativität.

Vorgehensweise:

1. Zeigen Sie Ihrem Kind anhand eines Videos oder mit einem von Ihnen vorbereiteten Beispiel, wie ein Daumenkino funktioniert.
2. Halten Sie es dazu an, eine einfache Szene im Notizbuch umzusetzen – zum Beispiel ein Küken, das aus einem Osterei schlüpft oder ein Osterhase, der ein Osterei versteckt.
3. Danach kann Ihr Kind das Daumenkino mit seinem Daumen zum Leben erwecken.

---

19 Eierförmige Osterbrötchen backen

6+

Schwierigkeitsgrad: **mittel**
Zeitaufwand: **30 Minuten**

Materialien

• 800 Gramm Mehl • 4 Eigelb • 125 Milliliter Schlagsahne • 100 Gramm Butter • 40 Gramm Hefe • 125 Milliliter warme Milch • eine Prise Salz • ein Teelöffel Zucker • ein Ei • Schere

Osterbrötchen zu backen ist eine tolle Tradition, die vielen Kindern Freude bereitet. Während kleinere Kinder meist lediglich bei Kleinigkeiten helfen können, schaffen Sechsjährige diese Aufgabe oftmals schon (fast) ganz allein und benötigen nur noch ein wenig Anleitung. Das fördert das Selbstvertrauen Ihres Kindes in seine eigenen Fähigkeiten.

Vorgehensweise:

1. Zunächst soll Ihr Kind die Hefe, die Milch und den Zucker vermischen und an einem warmen Ort gehen lassen.
2. Danach gibt es das Mehl, die Eigelbe und die Schlagsahne in eine Schüssel und verrührt es zusammen mit der Hefemischung, bis ein schöner Teig entsteht.
3. Jetzt geht es daran, kleine Eier für die Brötchen zu formen.
4. Danach bestreicht Ihr Kind die Brötchen mit dem Ei. Bei mittlerer Hitze werden die Osterbrötchen jetzt etwa 15 Minuten goldgelb gebacken.

20 Österliches Astscheiben-Nagelbild anfertigen

6+

Schwierigkeitsgrad: **mittel**
Zeitaufwand: **20 Minuten**

Materialien

• Holzscheiben • Nägel • Hammer • Pfeifenputzer • Stift zum Vorzeichnen

Diese Bastelarbeit ist eine Geduldsarbeit für Sechsjährige, die gleichzeitig die Feinmotorik schult. Dabei entsteht ein kleines Kunstwerk, mit dem das Selbstbewusstsein Ihres Kindes sicher gestärkt wird.

Vorgehensweise:

1. Leiten Sie Ihr Kind an, mit dem Stift ein Osterküken, ein Osterei oder eine Osterglocke auf die Astscheibe zu zeichnen oder helfen Sie ihm dabei.
2. Zeigen Sie ihm, wie man mit dem Hammer vorsichtig Nägel in die Astscheibe schlagen kann und ermuntern Sie Ihr Kind, es selbst zu probieren.
3. Danach kann Ihr Kind die bunten Pfeifenputzer verwenden, um die Nägel zu umwickeln und dem vorgezeichneten Motiv Farbe zu verleihen.

75 MONTESSORI-IDEEN FÜR DEN SOMMER

Die Tage sind lang, sonnig und warm, die Natur wächst und gedeiht üppig, Früchte können geerntet werden und allerhand Tiere sind tagsüber und in der Dämmerung unterwegs. Kein Wunder, dass nicht nur die Erwachsenen, sondern auch Kinder oft sehnsüchtig auf den Sommer warten. Endlich wieder Spielplätze unsicher machen, im Freien toben, sich im Schwimmbad abkühlen und mit Wasser und Sand matschen.

Neben diesen ohnehin sehr beliebten Aktivitäten haben Sie auch im Sommer die Möglichkeit, Ihr Kind gezielt mit Montessori-Übungen zu beschäftigen und zu fördern. Für die warme Jahreszeit gibt es etliche Outdoor-Anregungen, die zum Erforschen, Entdecken und Experimentieren einladen. Aber natürlich haben wir ebenso einige Schlechtwetter-Aktivitäten nach Montessori mitgebracht, mit denen Sie die Experimentierfreude und die Neugierde Ihres Kindes auch an Regentagen im Sommer gut stillen können.

1 Auf Eiswürfeln malen

2+

Schwierigkeitsgrad: **leicht**
Zeitaufwand: **15 Minuten**

Materialien

• Kiste aus Kunststoff • Eiswürfel • Fingerfarbe • Salz • großer Pinsel

Diese Anregung ist perfekt für heiße Sommertage und kann drinnen oder draußen durchgeführt werden. Damit sorgen Sie nicht nur für eine kleine Abkühlung, sondern fördern nebenher auch noch die Feinmotorik und die Kreativität Ihres Kindes.

Vorgehensweise:

1. Füllen Sie Eiswürfel in eine Box, bis ihr Boden mit Eis bedeckt ist.
2. Geben Sie ein paar Tropfen verschiedener Fingerfarben hinein.
3. Streuen Sie etwas Salz über die Farben, um ihnen eine spannende, körnige Struktur zu verleihen.
4. Zeigen Sie Ihrem Kind, wie es mit dem Pinsel auf dem Eis malen kann.
5. Danach kann es den Pinsel selbst in die Hand nehmen und seiner Kreativität freien Lauf lassen.

---

2 Früchte ernten

2+

Schwierigkeitsgrad: **leicht**
Zeitaufwand: **30 bis 45 Minuten**

Materialien

• Obstbäume und/oder Beerensträucher • Korb

Frische Früchte gehören zum Sommer dazu. Diese selbst zu ernten, ist eine einfache, aber doch wertvolle Erfahrung – gerade für Kinder, die in der Stadt leben. Frisch vom Baum oder Strauch schmecken die Früchte am besten. Gleichzeitig lernen Kinder bei dieser Übung viel – zum Beispiel einen respektvollen Umgang mit der Natur. Auch das ökologische Bewusstsein wird gestärkt.

Vorgehensweise:

1. Besuchen Sie einen Ort, wo Sie Früchte und Beeren ernten können – den eigenen Garten, ein Erdbeerfeld oder Omas Schrebergarten.

2. Zeigen Sie Ihrem Kind, wie es die reifen Früchte von den unreifen unterscheidet und welche Früchte noch weiter wachsen müssen. Machen Sie auch auf verdorbene Früchte aufmerksam.
3. Nun kann das Kind die Früchte ernten und im Korb sammeln.
4. Animieren Sie es dazu, bei der Ernte alle Sinne einzusetzen: Das Kind darf an den Früchten riechen, sie befühlen und sie natürlich auch kosten.

3 Das Entkernen von Früchten üben

2+

Schwierigkeitsgrad: **mittel**
Zeitaufwand: **15 bis 25 Minuten**

Materialien

• Früchte zum Entkernen • zwei Schalen

Bei dieser Übung kann Ihr Kind trainieren, die – möglicherweise sogar selbst geernteten – Früchte des Sommers ohne Ihre Hilfe zu entkernen. Das erfordert eine präzise Arbeitsweise, Geduld und Ausdauer. Mit der Zeit wird es die einzelnen Handgriffe perfektionieren.

Vorgehensweise:

1. Bieten Sie Ihrem Kind in einer Schale ein paar Früchte mit Kernen an. Legen Sie sich auf eine Sorte fest: Für kleinere Kinder eignen sich zum Beispiel Aprikosen gut, ältere Kinder können es mit Kirschen probieren.
2. Daneben stellen Sie die leere Schale auf. Dort kommen die Kerne hinein.
3. Zeigen Sie, wie sich die Früchte am besten öffnen und entkernen lassen.
4. Animieren Sie Ihr Kind dazu, es ebenfalls zu probieren.
5. Zum Schluss kann es die Kerne noch zum Mülleimer bringen.

4 Fische mit Luftpolsterfolie stempeln

2+

Schwierigkeitsgrad: **leicht**
Zeitaufwand: **20 Minuten**

Materialien

• Luftpolsterfolie • Schere • Stifte • Pinsel • Fingerfarben • Wackelaugen • Papier

Malen ist immer eine tolle Beschäftigung für regnerische Sommertage. Mit diesen Luftpolster-Fischen kommt nebenher noch ein bisschen Urlaubfeeling auf. Gleichzeitig schult die Übung die Augen-Hand-Koordination, die Feinmotorik und die Kreativität Ihres Kindes.

Vorgehensweise:

1. Schneiden Sie aus Luftpolsterfolie einige Kreise aus.
2. Geben Sie Fingermalfarbe in unterschiedlichen Farbtönen auf flache Teller.
3. Ihr Kind kann die Luftpolsterfolie in die Fingerfarben drücken und dann die Fischkörper auf das Papier stempeln.
4. Malen Sie nun noch ein kleines Fischmaul und eine Schwanzflosse hinzu.
5. Lassen Sie Ihr Kind das Wackelauge aufkleben – fertig ist der Fisch.
6. Natürlich ist es auch möglich, direkt den ganzen Umriss eines Fisches aus der Luftpolsterfolie zuzuschneiden.
7. Alternativ lassen sich auch andere sommerliche Motive umsetzen – wie etwa Schildkröten, Sonnen, Blumen oder Äpfel.

---

5 Früchte im Detail entdecken

2+

Schwierigkeitsgrad: **leicht**
Zeitaufwand: **30 bis 45 Minuten**

Materialien

• drei verschiedene • saisonale Früchte • Tablett • Schälmesser • Schneidemesser

Der Sommer bietet sich an, um Früchte im Detail kennenzulernen, da jetzt viele Obstsorten Saison haben. Mit dieser Übung stärken Sie neben der Allgemeinbildung und dem Verständnis für unser Ökosystem auch die sensorische Wahrnehmung Ihres Kindes – und zwar auf allen fünf Sinnen.

Vorgehensweise:

1. Wählen Sie drei möglichst saisonale Früchte aus – also zum Beispiel Aprikose, Pfirsich und Birne.
2. Jede Frucht bekommt eine Reihe auf dem Tablett: Ganz vorne liegt die ganze Frucht, danach folgt die halbierte Frucht, im Anschluss legen Sie ein paar Schalen der Frucht hin, dahinter die Kerne und ganz hinten ein paar Fruchtstücke.
3. Entdecken Sie das Tablett zusammen mit Ihrem Kind und sprechen Sie darüber. Lassen Sie Ihr Kind die Früchte benennen, daran fühlen und riechen. Es kann Gemeinsamkeiten und Unterschiede benennen und natürlich auch die Fruchtstücke probieren und den Geschmack beschreiben.
4. Nach der Übung können Sie gemeinsam einen Obstsalat aus den übrig gebliebenen Früchten anrichten.

6 Mit Eis malen

2+

Schwierigkeitsgrad: **leicht**
Zeitaufwand: **10 Minuten Vorbereitung, 2 Stunden Wartezeit, Spielzeit nach Belieben**

Materialien

• Eiswürfelform • Krug oder Gießkanne mit Wasser • Eisstäbchen aus Holz • Lebensmittelfarben oder Fingerfarben • weißes Papier

An warmen Sommertagen sind erfrischende Abkühlungen beliebt – warum also nicht mit Eis malen? Diese einfach umzusetzende Idee regt die Kreativität der Kinder an und trainiert die Feinmotorik. Lassen Sie Ihr Kind auch bei der Vorbereitung helfen, dann lernt es nebenbei viel über physikalische Gesetzmäßigkeiten und trainiert die Augen-Hand-Koordination.

Vorgehensweise:

1. Lassen Sie Ihr Kind mit dem Wasserkrug Wasser in die Eiswürfelform gießen.
2. Danach kann es einige Tropfen Fingerfarbe oder Lebensmittelfarbe in unterschiedlichen Farben in die einzelnen Förmchen geben. Jetzt bekommt jeder bunte Eiswürfel noch ein Holzstäbchen.
3. Die Eiswürfelform wird für zwei Stunden in das Gefrierfach gestellt.
4. Danach können die bunten Eiswürfel entnommen werden und Ihr Kind kann nach Herzenslust damit auf Papier malen.

7 Gießen und schütten üben

2+

Schwierigkeitsgrad: **mittel**
Zeitaufwand: **20 bis 30 Minuten**

Materialien

• eine große Schüssel • mehrere unterschiedlich große Gefäße • Krug • kleine Gießkanne • Löffel oder Kelle • eventuell Lebensmittelfarben in kleinen Gläsern und Pipetten für Kinder

Diese Beschäftigungsidee kann drinnen und draußen ausprobiert werden, ist aber für warme Tage an der frischen Luft perfekt, weil dann auch mal etwas daneben gehen kann. Sie verbessert die Augen-Hand-Koordination, die Feinmotorik und vermittelt ein erstes Verständnis für Mengen.

Vorgehensweise:

1. Füllen Sie die große Schüssel randvoll mit Wasser.
2. Legen Sie alle anderen Gegenstände in der Nähe bereit.
3. Lassen Sie Ihr Kind zunächst frei spielen und beobachten Sie, wie es mit den einzelnen Gefäßen umgeht.
4. Zeigen Sie gegebenenfalls einige Handgriffe und führen Sie vor, wie Wasser von einem Gefäß ins andere geschüttet werden kann oder wie es das Wasser mit der Lebensmittelfarbe und den Pipetten einfärbt.
5. Ihr Kind wird schnell begreifen, wie es mit Gefühl gießen kann, ohne dass das Gefäß überläuft.

8 Eis am Stiel farblich sortieren

2+

Schwierigkeitsgrad: **mittel**
Zeitaufwand: **30 Minuten**

Materialien

• Filz • Eisstäbchen aus Holz • Acrylfarbe • Kleber
• weißes Papier • Stifte

Auch wenn die meisten Kinder im Alter von zwei Jahren Farben noch nicht korrekt benennen können, sind sie durchaus in der Lage, die Grundfarben zu unterscheiden und gleiche Farben zuzuordnen. Dies kann bei dieser sommerlichen Beschäftigungsidee gut geübt werden, die auch für Regentage ideal ist.

Vorgehensweise:

1. Schneiden Sie aus dem Filz die typischen „Eis-am-Stiel"-Formen in den Grundfarben aus. Dabei benötigen Sie von jeder Farbe zwei Eisformen.
2. Kleben Sie diese zwei Eisformen oben und an den Seiten zusammen, sodass nur unten eine Öffnung bleibt, in welche die Kinder später den Stiel hineinschieben können.
3. Bemalen Sie die Eisstäbchen mit Acrylfarbe ebenfalls in den Grundfarben.
4. Die Kinder erhalten die Eisformen und die Eisstiele separat voneinander. Sie haben die Aufgabe, die farblich passenden Eisstiele den Eisformen zuzuordnen und die Stiele hineinzustecken.
5. Benennen Sie dabei die Farben, falls die Kinder das selbst noch nicht können.

9 Astgabel-Rassel basteln

2+

Schwierigkeitsgrad: **leicht**
Zeitaufwand: **15 Minuten**

Materialien

• geeignete Astgabel aus der Natur • Schnur • Schere • Hammer • Nagel • alte Bierdeckel • eventuell Farben

Kinder lieben es, im Sommer in der Natur etwas zu sammeln und die Materialien zum Basteln zu verwenden. Ebenso finden sie Gegenstände interessant, die spannende Geräusche erzeugen. Bei dieser Anregung können beide Vorlieben miteinander kombiniert werden. Das Basteln fördert zudem die Fingerfertigkeit, die Ausdauer und die Konzentration Ihres Kindes.

Vorgehensweise:

1. Wenn es möchte, kann Ihr Kind die Bierdeckel bunt anmalen.
2. Danach schlagen Sie mit einem Hammer und einem Nagel in jeden Bierdeckel ein Loch. Ältere Kinder können diese Aufgabe natürlich auch übernehmen.
3. Nun gilt es, die Bierdeckel auf die Schnur zu fädeln. Hier können auch Zweijährige schon prima mithelfen. Befestigen Sie die Schnur mit den Bierdeckeln dann an der Astgabel.
4. Danach darf Ihr Kind die Rassel ausprobieren und sich an dem Rasselgeräusch erfreuen. Die Rassel lässt sich auch prima im freien Spiel oder in Rollenspielen einbinden.

---

10 Mit einer Muffin-Form Bienen stempeln

2+

Schwierigkeitsgrad: **leicht**
Zeitaufwand: **15 Minuten**

Materialien

• Foto einer Biene • Muffinform • Fingerfarben • Pinsel • Filzstift • Wackelaugen • Kleber • weißes Papier

Es ist toll, im Sommer im Freien die Bienen zu beobachten – doch bei Regenwetter klappt das nicht. Mit dieser einfachen Spielidee kann Ihr Kind dennoch auch an regnerischen Tagen etwas über Bienen lernen, nebenbei selbst kreativ werden und seine Koordination trainieren. Auch das Farbverständnis wird geschult.

Vorgehensweise:

1. Zeigen Sie Ihrem Kind zunächst das Foto einer Biene und weisen Sie dabei insbesondere auf die braunen und gelben Streifen hin.
2. Nun zeigen Sie Ihrem Kind, wie einfach es mit der Unterseite einer Muffinform Bienen auf Papier stempeln kann: Streichen Sie eine Form abwechselnd mit Streifen in gelber und brauner Fingerfarbe ein.
3. Danach wird die Form umgedreht und auf das Papier gepresst. Fertig ist der Bienenkörper.
4. Animieren Sie Ihr Kind dazu, es ebenfalls zu probieren.
5. Sie können nun noch die Flügel, den Stachel und die Fühler mit Filzstift ergänzen.
6. Die Wackelaugen kann Ihr Kind sicher schon selbst oder mit Ihnen zusammen aufkleben.

11 Klopapierrollen-Schildkröte mit Kieselsteinen befüllen

2+

Schwierigkeitsgrad: **mittel**
Zeitaufwand: **30 Minuten**

Materialien

• leere Klopapierrollen • Filzstift • Pappe • Kieselsteine
• Kleber • kleiner Löffel

Der nächste Urlaub am Meer ist noch in weiter Ferne? Dann holen Sie sich das Meeresfeeling mit dieser Aktivität nach Hause. Ihr Kind kann dabei seine Augen-Hand-Koordination trainieren. Gleichzeitig stellt diese Übung die Geduld und die Ausdauer Ihres Kindes auf die Probe.

Vorgehensweise:

1. Zeichnen Sie einen Kreis auf ein großes Stück Pappe. Er bildet den Panzer der Schildkröte.
2. Schneiden Sie leere Klopapierrollen in kleinere, etwa fünf Zentimeter hohe Streifen.
3. Mit den Rollenabschnitten füllen Sie das Innere des Schildkrötenpanzers aus.
4. Kleben Sie die die Rollen an der Pappe fest, damit sie nicht verrutschen.
5. Malen Sie der Schildkröte noch einen Kopf und die Flossen.
6. Füllen Sie feinen Kies oder andere Schüttmaterialien in eine große Schüssel.
7. Zeigen Sie nun Ihrem Kind, wie es mit einem kleinen Löffel Sand aus der Schüssel holen und diesen in die Küchenrollen befördern kann.
8. Fordern Sie Ihr Kind auf, es selbst zu probieren. Bei älteren Kindern bietet es sich auch an, die bereits befüllten Rollen mitzuzählen.

12 Blumengesichter legen und Emotionen üben

2+

Schwierigkeitsgrad: **mittel**
Zeitaufwand: **45 bis 60 Minuten**

Materialien

• Korb • eventuell kleinere Gefäße • Papier • Filzstift • in der Natur gesammelte Blätter • Blumen und Gräser

Dies ist eine recht umfangreiche Übung, die sich gut für einen (möglichst windstillen) Sommertag im Freien anbietet. Ab einem Alter von ungefähr zwei Jahren interessieren sich viele Kinder für die Emotionen anderer. Schnell lernen sie, dass es möglich ist, die Gefühle am Gesicht abzulesen. Trainieren Sie diese Fähigkeit mit dieser Übung. Nebenbei schult die Aktivität die Naturverbundenheit sowie das Bewusstsein für unser Ökosystem. Auch das Sortieren wird geübt.

Vorgehensweise:

1. Zeichnen Sie mit einem Filzstift verschiedene Gesichter auf ein großes Blatt Papier: Ein Gesicht schaut fröhlich, eines ist müde, eines ist wütend, eines ist traurig und so weiter. Sparen Sie die Haarpartie aus.
2. Fordern Sie Ihr Kind bei einem Spaziergang oder im Garten auf, verschiedene Gräser, Blüten und Blätter in einem Korb zu sammeln. Es sollten von jeder Sorte mehrere Exemplare vorhanden sein.
3. Nun kann Ihr Kind alle gleichartigen Blätter, Blüten und Gräser auf einzelnen Haufen oder in separate, kleinere Gefäße sortieren.
4. Die sortierten Pflanzenteile werden verwendet, um den gezeichneten Gesichtern eine Haarpracht zu legen – ein Gesicht bekommt also beispielsweise Gänseblümchen-Haare, ein anderes eine Kleefrisur und so weiter.
5. Sprechen Sie mit Ihrem Kind darüber, welche Emotion das jeweilige Gesicht abbildet, das gerade „frisiert“ wird. Ahmen Sie die Emotionen mit Ihrem eigenen Gesicht nach und fordern Sie Ihr Kind auf, die Gefühle ebenfalls mit seinem Gesicht zu spiegeln.

13 Erdbeeren schneiden

2+

Schwierigkeitsgrad: **leicht**
Zeitaufwand: **10 Minuten**

Materialien

• frische Erdbeeren • Wellenschneider • Eierteiler oder Kindermesser • Schneidebrett • Korb • Teller

Dies ist eine typische Montessori-Alltagsaufgabe, die sich perfekt dafür eignet, im Sommer ausprobiert zu werden. Denn: Sommerzeit ist schließlich auch Erdbeerzeit. Beim Schneiden der Beeren lernt Ihr Kind, die einzelnen Arbeitsschritte in der richtigen Reihenfolge auszuführen, übt die korrekte Dosierung der eigenen Kraft und schult die Augen-Hand-Koordination. Außerdem stärkt es das Selbstvertrauen Ihres Kindes, wenn es sich eine Mahlzeit selbst machen kann.

Vorgehensweise:

1. Legen Sie einige – vielleicht zusammen mit Ihrem Kind selbst auf dem Feld oder im Garten geerntete – Erdbeeren in einen Korb.
2. Zeigen Sie Ihrem Kind nun die Arbeitsschritte, die es ausführen soll: Waschen Sie die Erdbeeren, entfernen Sie die Blätter und zerteilen Sie die Frucht dann wahlweise mit dem Wellenschneider, einem Eierteiler oder einem Kindermesser. Zum Schluss legen Sie die fertigen Erdbeerstücke auf den Teller.
3. Nun kann Ihr Kind die einzelnen Schritte selbst ausprobieren.
4. Am besten klappt die Übung, wenn Ihr Kind einen Lernturm für die Küche hat. Ist dies nicht der Fall, kann die Aktivität auch auf dem Boden, einem Kindertisch oder in der Kinderküche ausgeführt werden.

---

14 Sommerliche Wattepad-Motive färben

2+

Schwierigkeitsgrad: **mittel**
Zeitaufwand: **15 Minuten**

Materialien

• Pappe • Wattepads • Kinder-Pipetten • Gläser • Wasser • Lebensmittelfarbe • Filzstift

Bei dieser Übung kann Ihr Kind seine Augen-Hand-Koordination und die Feinmotorik spielerisch fördern. Außerdem lernt es beim Umgang mit der Pipette, wie es seine Fingerkraft richtig dosiert. Für Kinder ist es spannend zu beobachten, wie sich das Wattepad einfärbt, sodass auch experimentierfreudige Entdecker auf ihre Kosten kommen.

Vorgehensweise:

1. Kleben Sie einige Wattepads nebeneinander auf ein Stück Pappe.
2. Bemalen Sie die Pappe so, dass aus den Wattepads sommerliche Figuren entstehen – zum Beispiel ein Apfel, eine Sonne, eine Schildkröte, ein Fisch oder ein Marienkäfer.

3. Geben Sie die Lebensmittelfarbe in kleine Gläser.
4. Zeigen Sie Ihrem Kind, wie es die Pipette mit der Lebensmittelfarbe füllt und diese auf die Wattepads gibt, um die Motive in den passenden Farben einzufärben.

15 Deckel aus dem Wasser fischen

2+

Schwierigkeitsgrad: **mittel**
Zeitaufwand: **10 Minuten**

Materialien

• Plastikdeckel von Flaschen oder Quetschies • Auflaufform • Schüssel • Kelle oder großer Löffel

Dieses einfache Wasserspiel eignet sich perfekt für den Sommer – egal, ob für drinnen oder draußen. Es fördert die Feinmotorik, die Koordination, die Geschicklichkeit und die Geduld.

Vorgehensweise:

1. Füllen Sie die Auflaufform mit Wasser und geben Sie die Deckel hinein.
2. Neben der Auflaufform platzieren Sie die Kelle oder den Löffel und die trockene Schüssel.
3. Machen Sie die Übung einmal vor: Greifen Sie zum Löffel, fischen Sie einen Deckel heraus und legen Sie ihn in das trockene Gefäß. Jetzt ist Ihr Kind dran.
4. In puncto Schwierigkeitsgrad dieser Übung gilt: Je kleiner die Gegenstände und der Löffel sind, desto schwieriger wird es, die Objekte aus dem Wasser zu fischen.

16 Ananas stempeln

2+

Schwierigkeitsgrad: **leicht**
Zeitaufwand: **10 Minuten**

Materialien

• Ananas • Pappe • Wattestäbchen • Kleber • Fingerfarbe in Braun oder Orange • Buntpapier • Pinsel

Kaum eine andere Frucht schmeckt so gut nach Sommer und Urlaub wie die Ananas. Diese kleine Spielidee hilft Ihrem Kind dabei zu begreifen, dass sich Gegenstände immer auch ganz anders benutzen lassen, als es auf den ersten Blick scheint. Das fördert die Kreativität. Auch die Augen-Hand-Koordination und die Feinmotorik werden bei dieser Übung angesprochen. Darüber hinaus lernt Ihr Kind etwas über die Struktur und das Aussehen der Ananas.

Vorgehensweise:

1. Schneiden Sie aus weißem Papier die Form einer Ananas. Die Blätter können Sie mit grünem Buntpapier nachbilden oder einfach weißes Papier grün anmalen.
2. Kleben Sie Ihre Ananas auf ein Stück Pappe.
3. In einer flachen Schale bereiten Sie die Fingerfarbe in Orange oder Braun vor.
4. Zeigen Sie Ihrem Kind eine echte Ananas und befühlen Sie gemeinsam die Struktur der Schale. Wie fühlt Sie sich an – hart, stachelig, kratzig? Bitten Sie Ihr Kind, seine Eindrücke zu beschreiben.
5. Die Aufgabe Ihres Kindes ist es nun, Wattestäbchen in die Fingerfarbe zu drücken, sodass damit die Papier-Ananas verschönert werden kann. Die kleinen Punkte bilden die Struktur der Ananas gut nach.
6. Die Übung funktioniert auch mit einem Korken oder den Fingern des Kindes.
7. Die fertige Ananas aus Papier kann dann als Sommerdekoration verwendet werden – und die echte Ananas können Sie gemeinsam mit Ihrem Kind verspeisen.

---

17 Steine bemalen

2+

Schwierigkeitsgrad: **leicht**
Zeitaufwand: **15 bis 30 Minuten**

Materialien

• Korb • Steine • Buntstifte • Glas mit Wasser • durchsichtiger Nagellack

Diese einfache Aktivität ist förderlich für die Kreativität, die Fingerkoordination und die Feinmotorik Ihres Kindes. Gerade an verregneten Sommertagen stellt sie eine tolle Ablenkung dar.

Vorgehensweise:

1. Gehen Sie mit Ihrem Kind spazieren, geben Sie ihm einen Korb und bitten Sie es, die schönsten Steine aufzusammeln.
2. Daheim legen Sie neben dem Korb mit den Steinen ein paar normale Buntstifte bereit. Stellen Sie ein Glas mit Wasser daneben.
3. Nehmen Sie einen Stein aus dem Korb, tauchen Sie den Buntstift ins Wasser und beginnen Sie nun, auf dem Stein zu malen.

4. Schnell wird Ihr Kind seinen eigenen Stein greifen und es Ihnen nachmachen.
5. Um die kleinen Kunstwerke haltbarer zu machen, können Sie die Oberfläche der Steine im Anschluss mit klarem Nagellack bestreichen.

18 Sommerblumenherz gestalten

2+

Schwierigkeitsgrad: **leicht**
Zeitaufwand: **10 Minuten**

Materialien

• Pappe • Filzstift • Cuttermesser • Klebefolie • Blüten und Blätter

Der Sommer bietet so viele verschiedene Wildpflanzen wie keine andere Jahreszeit. Da bietet es sich an, diese beim Spazierengehen oder an einem Tag im Garten zu sammeln. Mit dieser Übung wird die Kreativität Ihres Kindes ebenso angesprochen wie sein Bewusstsein für unsere Umwelt und die Natur.

Vorgehensweise:

1. Schneiden Sie zunächst die Form eines Herzes aus dem Karton aus.
2. Auf die Rückseite kleben Sie die Klebefolie so fest, dass die klebende Seite nach oben zeigt. Die Herz-Vorlage können Sie auf den nächsten Spaziergang im Sommer mitnehmen.
3. Ihr Kind soll nun schöne Blüten und Blätter sammeln und diese auf das Herz kleben – ganz, wie es ihm beliebt.
4. Manche Kinder werden die Blumen vielleicht sortiert auf das Herz kleben, andere kunterbunt durcheinander. Erlaubt ist, was den Kindern gefällt.
5. Wenn Sie möchten, können Sie nebenbei die Blumennamen und deren Farben üben.
6. Das fertige Kunstwerk kann als Fensterbild oder Zimmerdekoration dienen.

19 Steine putzen

2+

Schwierigkeitsgrad: **leicht**
Zeitaufwand: **15 Minuten**

Materialien

• Schüssel • Krug mit Wasser • Steine • Handtuch • Lappen • alte Zahnbürste • weitere Putzbürsten nach Bedarf

Spielideen mit Wasser sind im Sommer gefragt und eignen sich perfekt für drinnen und draußen. Diese Idee lässt dem Kind die Möglichkeit, seiner Kreativität freien Lauf zu lassen und frei zu spielen. Außerdem übt es seine feinmotorischen Fähigkeiten.

Vorgehensweise:

1. Sammeln Sie an einem Regentag oder am Tag danach einige bewusst schmutzige Steine mit Ihrem Kind.
2. Zeigen Sie Ihrem Kind daheim, wie es mit dem Wasserkrug frisches Wasser in die Schüssel schütten und einen Stein darin erst nassmachen und dann mit den Bürsten und dem Lappen putzen kann. Danach legen Sie den sauberen Stein auf ein das trockene Handtuch.
3. Animieren Sie Ihr Kind, es ebenfalls auszuprobieren. Das schmutzige Wasser aus der Schüssel kann zwischendurch weggeschüttet werden.

---

20 Mit Naturpinseln malen

2+

Schwierigkeitsgrad: **leicht**
Zeitaufwand: **15 Minuten**

Materialien

• weißes Papier • Fingerfarbe • Schnur • Stöcke • Blätter • Blumen • Gräser

Viele Zweijährige malen sehr gerne. Das ist auch ganz wunderbar, denn malen ist wichtig, um Erlebnisse und Gefühle zu verarbeiten und die Fantasie zu fördern. Auch die motorische Entwicklung wird durch die ersten Malversuche geschult. Mit dieser Übung können Sie es Ihrem Kind ermöglichen, auch draußen zu malen – und nebenbei wertvolle Erfahrungen mit verschiedenen Pflanzen zu sammeln.

Vorgehensweise:

1. Bringen Sie von einem Spaziergang mit Ihrem Kind einige möglichst gerade Stöcke sowie ganz unterschiedliche Gräser, Blumen und Blätter mit.
2. Befestigen Sie einen kleinen Strauß gleichartiger Blumen, Gräser oder Blätter mit der Schnur am oberen Ende eines Stocks. So entstehen Naturpinsel.
3. Mit diesen Pinseln kann Ihr Kind nun ganz normal malen. Dabei wird es merken, dass jede Pflanze einen ganz eigenen Abdruck auf dem Papier hinterlässt. Gerade für kleine Entdecker ist das eine spannende Erfahrung.

21 Mit einem Blumen-Steckspiel die Fingerfertigkeit trainieren

2+

Schwierigkeitsgrad: **leicht**
Zeitaufwand: **10 Minuten**

Materialien

• altes Sieb • Besteckhalter (mit Löchern) oder Abgießtopf • kleine Vase • Krug mit Wasser • Blumen

Die Fingerfertigkeit, die Geduld, die Kreativität und die Feinmotorik Ihres Kindes können Sie mit dieser Aktivität auf spielerische Weise fördern. Die Übung eignet sich für drinnen und draußen gleichermaßen.

Vorgehensweise:

1. Sammeln Sie im Garten oder beim Spaziergang einige Sommerblumen mit Ihrem Kind.
2. Daheim soll Ihr Kind etwas Wasser in die kleine Vase gießen und die Blumen hineinstellen.
3. Nun kann es die Stiele der Blumen Stück für Stück in das Gefäß mit den Löchern hineinstecken und es nach Herzenslust dekorieren.

22 Sommerliche Wildkräuter sortieren

2+

Schwierigkeitsgrad: **mittel**
Zeitaufwand: **15 Minuten**

Materialien

• drei verschiedene Arten von Wildkräutern • Korb • drei etwas kleinere Gefäße (möglichst identisch) • Foto von jeder Wildkräuter-Art

Diese Übung ist gut für das Konzentrationsvermögen, die optische Wahrnehmung, das logische Denken und die Naturkenntnis Ihres Kindes. Das genaue Schauen wird hier ebenso trainiert wie das Vergleichen.

Vorgehensweise:

1. Sammeln Sie in der Natur drei verschiedene Arten sommerliche Wildkräuter in möglichst gleicher Menge. Die einzelnen Pflanzen dürfen einander ähneln, sollten sich aber gut unterscheiden lassen. Geeignet sind zum Beispiel Klee, Schafgarbe, Gänseblümchen und/oder Lavendel.

2. Geben Sie alle Wildkräuter unsortiert in einen Korb und platzieren Sie daneben drei identische, kleinere Gefäße.
3. Drucken Sie von jeder Wildkräuter-Art ein Foto aus und legen Sie es hinter die kleinen Schalen.
4. Nun soll Ihr Kind aus der Wildblumen-Mischung die richtigen Arten in das Gefäß mit dem passenden Foto einsortieren.
5. Für ältere Kinder kann diese Übung mit zusätzlichen Wildkräuter-Arten erweitert werden.

---

23 Punkte-Regenbogen legen

2+

Schwierigkeitsgrad: **mittel**
Zeitaufwand: **15 Minuten**

Materialien

• weißes Papier • Stifte • Quetschie-Deckel in den Farben des Regenbogens • Filzstifte in den passenden Farbtönen • kleiner Korb oder Schale

Das Zuordnen von Farben gelingt Kindern ab einem Alter von zwei Jahren schon recht gut. Mit dieser sommerlichen Übung können Sie das Farbverständnis fördern und Ihrem Kind dabei helfen, die Farben richtig zu benennen.

Vorgehensweise:

1. Zeichnen Sie mit einem schwarzen Filzstift die Umrisse eines Regenbogens auf weißes Papier.
2. Malen Sie nun farbige Punkte in den korrekten Farben des Regenbogens in die einzelnen Streifen. Die Punkte sollten ungefähr mit der Größe Ihrer Quetschie-Deckel übereinstimmen.
3. Bieten Sie Ihrem Kind in einem Korb Quetschie-Deckel in den passenden Farben und in der korrekten Anzahl der Punkte an.
4. Ihr Kind soll nun die Quetschie-Deckel aus dem Korb entnehmen und sie auf die vorgezeichneten Punkte des Regenbogens legen, welche die passende Farbe haben. So entsteht nach und nach ein farbenfroher Quetschie-Regenbogen.

24 Blumen angeln, sortieren und benennen

2–5

Schwierigkeitsgrad: **mittel**
Zeitaufwand: **25 Minuten**

Materialien

• größere Anzahl an Gänseblümchen • Löwenzahnblüten • Lavendelblüten und Kleeblüten • Fotos der jeweiligen Blumenarten • Korb, flache Schale mit Wasser • großer Löffel • vier kleine Gefäße

Bei dieser Übung werden direkt mehrere Fähigkeiten Ihres Kindes angesprochen: die Feinmotorik, das Vergleichen, das genaue Schauen und das Sortieren. Viele Kinder können sich daher eine längere Zeit mit der Aufgabe beschäftigen. Sie eignet sich perfekt für warme Sommertage im Freien.

Vorgehensweise:

1. Drucken Sie Fotos von Klee-, Lavendel-, Gänseblümchen- und Löwenzahnblüten oder ähnlichen Sommerblumen, die Sie im Garten oder auf einer Wiese finden, aus. Zeigen Sie Ihrem Kind die Fotos und fordern Sie es auf, einige Exemplare in einem Korb zu sammeln.
2. Schütten Sie die gesammelten Blüten in die flache Schale mit dem Wasser und legen Sie jeweils ein Foto hinter eines der kleinen Gefäße.
3. Ihr Kind hat die Aufgabe, mit dem großen Löffel die Blüten aus der Schale zu fischen und sie in die Gefäße zu sortieren, hinter denen das entsprechende Foto liegt.

---

25 Physikalische Gesetze im Wasser begreifen

2–5

Schwierigkeitsgrad: **leicht**
Zeitaufwand: **15 Minuten**

Materialien

• verschiedene Gegenstände • Korb • durchsichtige Schüssel mit Wasser

Schon die Kleinsten haben Freude am Experimentieren und Entdecken ihrer Welt. Diese Montessori-Aktivität aus dem Bereich der kosmischen Erziehung ist ein sehr guter Einstieg in das Experimentieren für kleine Forscher. Zudem macht diese Übung gerade an heißen Sommertagen im Freien viel Spaß.

Vorgehensweise:

1. Bereiten Sie einen Korb mit verschiedenen Alltagsgegenständen vor: Einige der Gegenstände sollten im Wasser schwimmen, andere untergehen. Ideal sind Bälle, Blüten, Steine, Flaschendeckel, eine leere und eine mit Wasser gefüllte Flasche aus Kunststoff und ein trockener Schwamm.
2. Füllen Sie eine große, durchsichtige Schüssel mit Wasser, damit Ihr Kind von der Seite aus beobachten kann, wie die Gegenstände untergehen oder schwimmen.
3. Nun kann es die unterschiedlichen Objekte ins Wasser legen und beobachten, ob sie schwimmen oder nicht. Was passiert, wenn die Gegenstände mit etwas mehr Kraft ins Wasser geworfen werden? Wieso schwimmt die leere Flasche und wieso geht die gefüllte Wasserflasche unter? Was geschieht mit dem Schwamm?
4. Erklären Sie die Zusammenhänge und erweitern Sie so das Allgemeinwissen Ihres Kindes.

---

26 Sommerliche Pärchen-Schatzsuche

3+

Schwierigkeitsgrad: **mittel**
Zeitaufwand: **20 Minuten**

Materialien

• große Kiste • Sand • typische kleine Strand- oder Meeres-Gegenstände in doppelter Ausführung (Muscheln, Steine, Sandförmchen, Stöcke, Fische aus Kunststoff)

Bei dieser Aktivität geht es darum, die sensorische Wahrnehmung Ihres Kindes zu stärken. Gleichzeitig hilft sie dabei, den Wortschatz zu erweitern und das Allgemeinwissen zu verbessern. Auch die Fähigkeit für das Vergleichen und Zuordnen wird gestärkt. Die Übung ist gut für regnerische Sommertage geeignet, um ein bisschen Strandfeeling nach Hause zu holen.

Vorgehensweise:

1. Füllen Sie die Kiste mit Sand und verstecken Sie die Strand- oder Meeres-Gegenstände darin.
2. Ihr Kind soll nun – gegebenenfalls mit verbundenen Augen – in der Kiste nach den Gegenständen suchen und die einander zugehörigen Paare finden.
3. Sprechen Sie mit Ihrem Kind darüber, wie sich die Gegenstände anfühlen.
4. Ältere Kinder können auch anhand ihres Tastsinns erraten, um welche Objekte es sich handelt.

27 Ameisen beobachten

3+

Schwierigkeitsgrad: **leicht**
Zeitaufwand: **15 Minuten**

Materialien

• Wiese im Park oder Garten • Lupe

Beim Beobachten von Ameisen bekommt Ihr Kind einen feineren Blick für das ganz Kleine. Die Beobachtungsgabe wird geschult, die Geduld gefördert und der Respekt vor unserer Natur gesteigert. Außerdem können Sie mit dieser einfachen Übung zu einem guten Allgemeinwissen beitragen.

Vorgehensweise:

1. Sprechen Sie mit Ihrem Kind über Ameisen und erläutern Sie ihm, warum es die Insekten, die es gleich sicher entdeckt, nicht anfassen darf.
2. Begeben Sie sich mit Ihrem Kind auf eine Wiese und schlagen Sie ihm vor, nach einer Ameise Ausschau zu halten.
3. Hat es eine Ameise entdeckt, kann es diese nun vorsichtig verfolgen und beobachten – je nach Belieben mit oder ohne Lupe.
4. Im Idealfall folgt es der Ameise so lange, bis es weitere Artgenossen der Ameisenkolonie findet.
5. Vielleicht stößt Ihr Kind sogar auf den Ameisenhaufen.
6. Ihr Kind darf die Ameisen beobachten, so lange es Lust hat und Ihnen dabei alle Fragen stellen, die ihm auf der Seele brennen.

28 Upcycling-Eisenbahn mit Naturmaterialien basteln

3+

Schwierigkeitsgrad: **mittel**
Zeitaufwand: **25 Minuten**

Materialien

• fünf leere Verpackungen von Frischkäse • Schmelzkäse oder Margarine • leere Konservendose • Quetschie-Deckel • Korken • Schnur, Buntpapier • Kleber • Korb mit Naturmaterialien wie Stöcken • Steinen und Blüten

Upcycling-Basteleien sind für Kinder perfekt, um zu lernen, dass Müll nicht immer gleich entsorgt werden muss. Das stärkt das Umweltbewusstsein. Diese Spielidee ist perfekt für alle Eisenbahnfans, denn mit dem Upcycling-Zug kann auch gut im Freien gespielt werden.

Vorgehensweise:

1. Basteln Sie zunächst den vorderen Zug der Lokomotive. Dafür benötigen Sie eine Käse- oder Margarine-Verpackung mit Deckel. Bekleben Sie diese mit Buntpapier. Die leere Konservendose – gern auch mit Buntpapier verschönert – und den Korken kleben Sie oben auf den Deckel.
2. Nun folgen die Waggons der Eisenbahn, die von den Verpackungen ohne Deckel gebildet werden. Sie können diese auch mit Buntpapier verschönern.
3. Bohren Sie in die einzelnen Waggons kleine Löcher und verbinden Sie diese mit der Schnur.
4. Stellen Sie einen Korb mit Naturmaterialien bereit. Mit diesen kann Ihr Kind nun die Waggons der Eisenbahn befüllen und sie dabei zum Beispiel sortieren.

---

29 Über ein Seil balancieren

3+

Schwierigkeitsgrad: **mittel**
Zeitaufwand: **10 Minuten**

Materialien

- ein dickes Seil – etwa 5 bis 10 Meter lang

Um den Gleichgewichtssinn Ihres Kindes zu trainieren, ist diese Übung perfekt. Sie schult außerdem die Fuß- und Bein-Koordination und eignet sich gut für warme Sommertage im Garten, da ein bisschen Platz benötigt wird.

Vorgehensweise:

1. Bitten Sie Ihr Kind, das Seil in einem großen, möglichst gleichmäßigen Kreis auf dem Boden auszulegen.
2. Nun kann es Schritt für Schritt über das Seil balancieren.
3. Sobald das gut klappt, können Sie die Übung abwandeln, indem Ihr Kind die Form des Seils verändert. Möglich sind zum Beispiel wellenförmige Linien oder eine Spirale.
4. Später kann Ihr Kind rückwärts oder mit verbundenen Augen über das Seil gehen

30 Ein Trinkhalm-Labyrinth basteln

3+

Schwierigkeitsgrad: **mittel**
Zeitaufwand: **20 Minuten**

Materialien

• Trinkhalme • Bleistift • Schere • Kleber • flacher Pappkarton • Murmel

Im Garten sitzen und einen kalten Saft mit dem Strohhalm schlürfen – das ist etwas, was wohl allen Kindern im Sommer Freude bereitet. Die Trinkröhrchen müssen nach der Benutzung nicht weggeworfen werden, sondern lassen sich noch für ein sommerliches Trinkhalm-Labyrinth weiterverwenden. Das Spiel mit dem Labyrinth ist super, um die Geduld und die Ausdauer sowie die Feinmotorik Ihres Kindes zu schulen.

Vorgehensweise:

1. Zeichnen Sie sich in dem Pappkarton ein Labyrinth vor. Achten Sie darauf, dass die Zwischenräume groß genug sind, damit Ihre Murmel gut durch die Gänge passt.
2. Nun schneiden Sie sich die Trinkhalme zurecht und kleben sie auf die vorgezeichneten Linien.
3. Zeichnen Sie oben ein Symbol für „Start“ und unten eines für „Ziel“ ein.
4. Die Aufgabe Ihres Kindes ist es nun, die Murmel von oben nach unten durch das Labyrinth zu befördern.

---

31 Fische mit dem Mund fangen

3+

Schwierigkeitsgrad: **mittel**
Zeitaufwand: **20 Minuten**

Materialien

• Buntpapier • Filzstift • Schere • Trinkhalme • flache Schale

Das Wetter ist zu schlecht für einen Ausflug zum Angeln an den See? Dann kann Ihr Kind mit diesem Spiel ganz einfach daheim Fische fangen. Es ist ideal, um die Mundmuskulatur zu trainieren, die Ihr Kind zum Sprechen, Kauen und Schlucken benötigt.

Vorgehensweise:

1. Schneiden Sie blaues Buntpapier in einige lange Streifen. Diese bilden das „Wasser“ in der Schüssel.
2. Nun schneiden Sie mehrere kleine Fische aus dem farbigen Papier und zeichnen

ihnen mit dem Filzstift ein freundliches Gesicht.
3. Ihr Kind hat die Aufgabe, die Papierfische mit dem Strohhalm anzusaugen und aus der Schüssel zu fischen.
4. Sie können das Spiel gemeinsam spielen: Gewonnen hat, wer am Ende die meisten Fische mit dem Mund einfangen konnte.

32 Upcycling-Boote schwimmen lassen

3+

Schwierigkeitsgrad: **leicht**
Zeitaufwand: **20 Minuten**

Materialien

• Balte Marmeladen- • Joghurt- oder Flaschendeckel • Strohhalme • Holzstäbe • Pfeifenputzer • Heißklebepistole • Buntpapier • Stifte • Schere

Diese Spielidee ist sehr vielseitig und für allerhand Fähigkeiten förderlich. Durch das Upcycling der unterschiedlichen Materialien wird das Umweltbewusstsein gestärkt, das Basteln fördert die Feinmotorik sowie die Kreativität. Die Beurteilung des Schwimmverhaltens der Boote stillt die Experimentierfreude Ihres Kindes.

Vorgehensweise:

1. Basteln Sie aus den genannten Materialien nach Herzenslust verschiedene Boote. Verwenden Sie die Deckel als Schiffskörper und die Strohhalme, Holzstäbe sowie Pfeifenputzer als Segelmast.
2. Aus dem Buntpapier können Sie die Segel der Schiffe nachbilden. Lassen Sie Ihrer Kreativität freien Lauf und fragen Sie Ihr Kind, ob es noch Ideen hat, was Sie zum Basteln verwenden könnten.
3. Zum Schluss kann Ihr Kind die Schiffe schwimmen lassen und deren Schwimmverhalten beurteilen: Welche Boote schwimmen am besten? Welche gehen unter? Was wird wohl passieren, wenn kleine Lego-Figuren auf die Schiffe gesetzt werden?

33 Bienen und Hummeln beobachten

3+

Schwierigkeitsgrad: **leicht**
Zeitaufwand: **15 bis 30 Minuten**

Materialien

• blühende Ecke auf dem Balkon • im Garten oder im Park • lange Kleidung

Schon kleine Kinder profitieren davon, fliegende Insekten wie Bienen und Hummeln zu beobachten. Diese einfache Übung steigert den Respekt Ihres Kindes vor der Natur, entwickelt sein Umweltbewusstsein und fördert seine Geduld. Auch das Allgemeinwissen wird gestärkt.

Vorgehensweise:

1. Bevor Sie mit der Übung beginnen, zeigen Sie Ihrem Kind anhand von Fotos, wie Bienen und Hummeln aussehen, was sie auszeichnet und wie sie sich von anderen fliegenden Insekten unterscheiden. Erklären Sie, worauf Ihr Kind beim Beobachten der Tiere achten sollte.
2. Suchen Sie an einem schönen Sommertag eine blühende Ecke in der Natur auf. Besonders beliebt bei Bienen und Hummeln ist zum Beispiel der Lavendel, der von Juni bis August seine Hauptblütezeit hat.
3. Sobald Sie Bienen oder Hummeln gefunden haben, ermutigen Sie Ihr Kind, diese zu beobachten. Lassen Sie es beschreiben, was es sieht: die Pollen an den Beinen, der Pelz, die Farben und die Bewegungen.
4. Ihr Kind kann die Tiere beobachten, solange es möchte. Beantworten Sie alle Fragen, die es Ihnen stellt.

---

34 Einen Imker besuchen

3+

Schwierigkeitsgrad: **leicht**
Zeitaufwand: **30 Minuten**

Materialien

• Bienenzüchter in Ihrer Region • lange Kleidung

Hatte Ihr Kind viel Spaß am Beobachten von Bienen (siehe Übung 33)? Dann bietet es sich an, einmal einen Ausflug zu einem Bienenzüchter zu unternehmen. Oft veranstalten Imker einen Tag der offenen Tür, an dem Kinder sich ausgiebig mit Bienen beschäftigen können – zum Beispiel um zu lernen, wie ein Bienenstock aussieht, Bienenprodukte zu entdecken und unterschiedliche Honigsorten zu kosten. Bei einem solchen Besuch lernt Ihr Kind, gut zuzuhören und entwickelt Respekt vor der Umwelt.

Vorgehensweise:

1. Finden Sie einen Bienenzüchter in Ihrer Nähe und kontaktieren Sie ihn bezüglich Ihres Vorhabens.
2. Bereiten Sie Ihr Kind mit einem Gespräch auf den Ausflug vor und erklären Sie ihm noch einmal, dass es die Bienen nicht reizen darf.
3. Zeigen Sie Ihrem Kind vor Ort, wie ein Bienenstock aufgebaut ist und erklären Sie ihm, wie er funktioniert.
4. Lassen Sie es – wenn möglich – auch bei der Ernte und beim Abfüllen des Honigs zuschauen.

35 Im Garten über Pappteller hüpfen

3+

Schwierigkeitsgrad: **mittel**
Zeitaufwand: **15 Minuten**

Materialien

• Pappteller • genügend Platz

Diese Aktivität ist perfekt für einen nicht allzu heißen, aber trockenen Sommertag. Sie fördert den Gleichgewichtssinn, die Beinkoordination und die Fähigkeit, Probleme zu lösen. Zudem können Kinder bei dieser Übung gut ihrem natürlichen Bewegungsdrang nachkommen.

Vorgehensweise:

1. Legen Sie einige Pappteller unsortiert auf einem ebenen Untergrund aus – zum Beispiel auf der Terrasse oder einem Gartenweg. Gerne kann Ihr Kind beim Verteilen der Teller helfen.
2. Zeigen Sie ihrem Kind nun einmal, wie es das Ende der Strecke erreichen kann, indem es nur auf die Teller tritt. Danach ist Ihr Kind dran.
3. Später können Sie das Spiel variieren, indem Sie die Anordnung der Teller verändern und beispielsweise die Abstände vergrößern.

36 Obst zuordnen

3+

Schwierigkeitsgrad: **mittel**
Zeitaufwand: **20 Minuten**

Materialien

• Fotos von verschiedenen Obstsorten – jeweils im Ganzen • halbiert • in kleinen Stücken und nur die Kerne • Korb

Bei diesem Spiel stellt Ihr Kind sein Wissen über Obst auf die Probe. Wie sieht eine geschnittene Birne aus und wodurch unterscheidet sie sich von einem Apfel? Welcher Kern gehört zur Pflaume? Beim Zuordnen lernt Ihr Kind die saisonalen und heimischen Früchte besser kennen.

Vorgehensweise:

1. Legen Sie die Fotos von den unterschiedlichen Obstsorten in einen Korb.
2. Zeigen Sie Ihrem Kind anhand einer Frucht, wie das Spiel funktioniert: Ordnen Sie die ganze und die halbierte Frucht sowie die Fruchtstücke und die Kerne einander zu.
3. Fordern Sie Ihr Kind auf, es Ihnen gleichzutun. Sprechen Sie über die Früchte: Wo wachsen sie? Wie schmecken sie? Sind die Kerne groß oder klein?

37 Mehl herstellen

3+

Schwierigkeitsgrad: **mittel**
Zeitaufwand: **15 Minuten**

Materialien

• Buchweizenkörner • leistungsstarker Mixer mit kleiner Klinge oder Kaffee- oder Getreidemühle

Ab Ende August werden die Felder abgeerntet. Jetzt ist ein guter Moment, um mit Ihrem Kind selbst Mehl herzustellen. Dadurch lernt es, dass Mehl aus gemahlenem Getreide produziert wird. Diese Übung erweitert sein Wissen über eine gesunde und schmackhafte Ernährung und stärkt sein Selbstvertrauen.

Vorgehensweise:

1. Sprechen Sie mit Ihrem Kind über Getreide, seine Bedeutung für unsere Ernährung und seine Herkunft. Beobachten Sie mit ihm, wie die Traktoren die Felder im Spätsommer ernten – entweder live vor Ort oder durch einen geeigneten Film.
2. Stellen Sie nun selbst Mehl zu Hause her. Dafür eignet sich Buchweizen besonders gut, denn er ist weicher als Weizen.
3. Zeigen Sie Ihrem Kind, wie es die Körner in das Gerät füllen und dann selbst feines Mehl herstellen kann.
4. Im Idealfall gehen Sie noch einen Schritt weiter und backen aus dem Mehl Brötchen oder Crêpes. Dann versteht Ihr Kind den gesamten Prozess von der Ernte des Korns bis zum verzehrfertigen Lebensmittel.

38 Orangensaft pressen

3+

Schwierigkeitsgrad: **mittel**
Zeitaufwand: **15 Minuten**

Materialien

• Orangen • Saftpresse • Gläser • Schwamm • Tablett • Deko-Zubehör für Cocktails

Orangensaft schmeckt im Sommer wunderbar erfrischend und kann schon von kleinen Kindern relativ einfach selbst gepresst werden. Bei dieser Übung lernt Ihr Kind bestimmte Handgriffe und die richtige Dosierung der eigenen Kraft. Sie ist perfekt, um die Feinmotorik zu schulen und die Kreativität zu fördern.

Vorgehensweise:

1. Zeigen Sie Ihrem Kind, wie die Orangen halbiert und in der Saftpresse ausgepresst werden können.
2. Fordern Sie es auf, selbst Orangenhälften auszupressen.
3. Alle weiteren Aufgaben kann es ebenfalls übernehmen: den Saft in die Gläser schütten, diese mit Dekomaterial verschönern und kleine Pfützen aufwischen, wenn etwas danebengeht.
4. Nun stellt Ihr Kind die dekorierten Gläser auf das Tablett und serviert es vorsichtig, sodass alle Familienmitglieder einen Saft trinken können.

---

39 Ein Herbarium anlegen

3+

Schwierigkeitsgrad: **mittel**
Zeitaufwand: **20 bis 60 Minuten**

Materialien

• DIN-A4-Heft mit stabilem Papier – alternativ Klarsichtfolien mit weißem Papier • Klebeband • schwere Bücher • Löschpapier • Korb • Schere

Ein Kind, das zu Hause ein Herbarium besitzt, wird auf Spaziergängen in Zukunft die Natur viel genauer betrachten und immer ein paar Mitbringsel mitnehmen wollen, um sie darin aufzubewahren. Dadurch fördert diese Aktivität die Beobachtungsgabe, den Respekt vor der Umwelt und auch die Ausdauer.

Vorgehensweise:

1. Bei Spaziergängen soll Ihr Kind die Augen nach schönen Blumen oder Pflanzen offen halten und auf Dinge zeigen, die ihm besonders gut gefallen.
2. Demonstrieren Sie Ihrem Kind, wie es die Pflanzen behutsam selbst abschneiden kann. Fordern Sie es auf, nur Pflanzen mitzunehmen, die es auch wirklich für das Herbarium benutzen möchte und erklären Sie, warum es geschützte Arten und empfindliche Pflanzen stehen lassen soll.
3. Daheim kann Ihr Kind dann die Blätter einzeln zwischen zwei Blätter Löschpapier legen und für einige Stunden mit dicken Büchern beschweren.
4. Später können die Pflanzen vorsichtig in das Heft oder auf das Papier geklebt werden. Darunter halten Sie oder Ihr Kind die wichtigsten Details zur Pflanze fest: den Namen, das Funddatum und den Fundort.

40 Mit Bällen die Balance trainieren

3+

Schwierigkeitsgrad: **mittel**
Zeitaufwand: **10 Minuten**

Materialien

• zwei Kisten • Bälle in unterschiedlichen Größen • Kinderschaufel

Der Sommer ist perfekt, um draußen im Freien mit gezielten Spielen die Balance, die Koordination und Geschicklichkeit Ihres Kindes zu trainieren. Dort haben Sie viel Platz und Ihr Kind kann sich ganz auf seine Aufgabe konzentrieren.

Vorgehensweise:

1. Stellen Sie jeweils eine Kiste an ein Ende einer größeren freien Fläche im Garten. Eine Kiste ist leer, in der anderen befinden sich die Bälle.
2. Geben Sie Ihrem Kind eine Kinderschaufel in die Hand.
3. Damit soll es die Bälle aus der einen Kiste entnehmen und auf der Schaufel bis zur leeren Kiste befördern.
4. Das Spiel kann auch gegeneinander gespielt werden und der Schnellere gewinnt.
5. Für ältere Kinder lässt sich der Schwierigkeitsgrad durch einen Hindernisparcours oder einen Slalomlauf erhöhen

---

41 Seifenblasen machen

3+

Schwierigkeitsgrad: **mittel**
Zeitaufwand: **60 Minuten**

Materialien

• 300 Milliliter Wasser • 90 Milliliter Spülmittel • 40 Milliliter Maissirup • dünne Zweige • Pfeifenputzer • Perlen

Seifenblasen bereiten im Sommer allen Kindern große Freude. Verzichten Sie auf moderne Seifenblasenpistolen, die auf Knopfdruck Seifenblasen in die Luft schießen. Lassen Sie Ihr Kind lieber selbst Seifenblasen herstellen – und zwar von der Seifenlauge bis zu den Seifenblasenstäben. Das stärkt nicht nur die Feinmotorik Ihres Kindes, sondern nebenbei auch noch die Kreativität und das Selbstvertrauen.

Vorgehensweise:

1. Mischen Sie das Wasser, das Spülmittel und den Maissirup und lassen Sie die Mischung eine Stunde lang ziehen. Danach rühren Sie die Lösung noch einmal gut durch.

2. Während die Seifenblasenlösung zieht, können Sie die Seifenblasenstäbe basteln. Formen Sie mit dem Pfeifenputzer eine Öffnung, durch die Ihr Kind pusten kann. Diese kann wahlweise ganz klassisch rund oder auch etwas ausgefallener sein – zum Beispiel stern- oder herzförmig.
3. Fädeln Sie einige Perlen auf den Griff des Seifenblasenstabes. Wickeln Sie ihn anschließend um einen dünnen Zweig, um ihm mehr Stabilität zu verleihen.
4. Danach kann Ihr Kind loslegen, die Öffnung in die Seifenblasenlösung tauchen und kräftig pusten, um schöne Seifenblasen zu zaubern.

42 Im Sand malen

3+

Schwierigkeitsgrad: **leicht**
Zeitaufwand: **15 Minuten**

Materialien

• (Farbiges) Tablett • Sand

Das Spielen im Sand ist für Kinder immer eine tolle Erfahrung. Kein Wunder also, dass der Sandkasten bei den Kleinen so beliebt ist. Bei Regenwetter kann Ihr Kind dank dieser Anregung auch drinnen neue Erfahrungen mit Sand sammeln. Sie fördert die Konzentration, die Kreativität und die taktile Wahrnehmung Ihres Kindes.

Vorgehensweise:

1. Geben Sie Sand auf das Tablett.
2. Zeigen Sie Ihrem Kind, wie es mit dem Finger darauf zeichnen kann.
3. Beobachten Sie, wie Ihr Kind zunächst einfache Muster in den Sand malt.
4. Demonstrieren Sie ihm dann, wie es spezielle Formen wie gerade Linien oder Spiralen malt.

43 Das Leben in einem Gewässer studieren

3+

Schwierigkeitsgrad: **leicht**
Zeitaufwand: **30 Minuten**

Materialien

• Pfütze oder anderes stehendes Gewässer • Fangnetz • Einmachglas (durchsichtig), Lupe

Diese Aktivität ist perfekt, um auch bei regnerischem Sommerwetter einen Grund zu haben, nach draußen zu gehen. Sie funktioniert aber auch bei Sonnenschein, wenn Sie ein stehendes Gewässer wie einen Teich in der Nähe haben. Bei der Übung lernt Ihr Kind, seinen Blick für das Detail zu schärfen, seine Umwelt zu respektieren und die Natur aufmerksam zu beobachten.

Vorgehensweise:

1. Suchen Sie mit Ihrem Kind eine Pfütze oder ein anderes stehendes Gewässer aus.
2. Ihr Kind soll nun an einer geeigneten Stelle vorsichtig an das Wasser herangehen und die Lebewesen darin beobachten. Dies kann es mit oder ohne Lupe tun.
3. Mit dem Fangnetz oder dem Einmachglas kann es auch etwas Wasser herausnehmen, um die Tiere und Pflanzen genauer begutachten zu können.
4. Fordern Sie Ihr Kind jedoch auf, die Lebewesen anschließend wieder freizulassen.
5. Sprechen Sie über alles, was Ihr Kind sieht und beantworten Sie seine Fragen geduldig.

---

44 Salat anrichten

3+

Schwierigkeitsgrad: **leicht**
Zeitaufwand: **15 Minuten**

Materialien

• Kopfsalat im Ganzen • Teller • Salatschleuder

Ab Juli hat der Kopfsalat Saison. Damit beginnt eine perfekte Zeit, um Ihr Kind einen Salat zubereiten zu lassen. Diese Übung fördert den Fleiß, die Selbstständigkeit und das Selbstvertrauen sowie die Feinmotorik Ihres Kindes.

Vorgehensweise:

1. Ernten Sie mit Ihrem Kind, wenn möglich, im Garten einen Kopfsalat oder kaufen Sie gemeinsam ein schönes Exemplar.
2. Zeigen Sie, wie der Strunk entfernt wird. Ihr Kind kann es auch selbst probieren.
3. Danach verlesen Sie die Blätter und animieren Ihr Kind dazu, es Ihnen nachzumachen.
4. Nun kann es die Salatblätter vorsichtig waschen und anschließend in der Salatschleuder trocknen.
5. Zum Schluss soll es die Blätter auf den Teller legen.
6. Gerne kann es nun noch eine Salatsoße zubereiten.

45 Karotten in unterschiedlichen Formen kennenlernen

3+

Schwierigkeitsgrad: **leicht**
Zeitaufwand: **60 Minuten**

Materialien

• Karotten • Schälmesser • Messer • Schneidebrett • Küchenreibe

Je nach Aussaat ist es ab Juni möglich, Karotten zu ernten. Diese Übung ist perfekt, um das beliebte Gemüse in verschiedenen Formen kennen und schätzen zu lernen. Sie trainiert nebenher die Fähigkeit, genau zu beobachten und zu vergleichen. Außerdem lernt Ihr Kind, Nuancen zu unterscheiden und einfache Handgriffe in der Küche auszuführen. Vielleicht steigert diese Idee auch die Lust darauf, in Zukunft häufiger beim Kochen zu helfen.

Vorgehensweise:

1. Ernten Sie mit Ihrem Kind Karotten im eigenen oder in Omas Garten. Alternativ können Sie auch gemeinsam einen Bund Möhren mit Grün im Handel kaufen.
2. Bereiten Sie die Karotten nun zusammen mit Ihrem Kind auf fünf verschiedene Arten zu: in kleine Stifte geschnitten, geraspelt, püriert und in Scheiben geschnitten – einmal gedünstet und einmal im Ofen gebacken. Lassen Sie Ihr Kind helfen, wo immer es geht.
3. Danach kann es probieren und die Unterschiede im Geschmack, der Farbe, der Struktur, dem Geruch und der Festigkeit mit Ihnen besprechen.

---

46 Welches Tier lebt wo?

4+

Schwierigkeitsgrad: **mittel**
Zeitaufwand: **20 Minuten**

Materialien

• drei Schraubgläser • Erde • Wasser • Fotos unterschiedlicher Tiere oder alternativ Kunststoff- oder Holztiere

Schmetterlinge, Bienen, Eichhörnchen, Fische, Igel und viele verschiedene Vögel – der Sommer hat allerhand Tiere zu bieten, die Ihr Kind mit etwas Glück in der Natur beobachten und kennenlernen kann. Bei dieser Übung geht es darum, ebendiese Tiere ihren Lebensräumen zuzuordnen. Dadurch stärken Sie das Allgemeinwissen Ihres Kindes und sein Interesse an der Natur auf spielerische Weise.

Vorgehensweise:

1. In ein Schraubglas kommt etwas Erde, in das zweite Wasser und in das dritte nur Luft – es bleibt also leer. Verschließen Sie die Gläser mit den Deckeln und stellen Sie sie nebeneinander auf.
2. Legen Sie nun die Tierfotos oder die Spielzeugtiere bereit.
3. Ihr Kind soll nun die Tiere ihren Lebensräumen zuordnen und entsprechend vor den Gläsern platzieren. Welches Tier lebt in der Luft, welches im Wasser und welches auf der Erde?
4. Sprechen Sie nebenbei so viel wie möglich über die verschiedenen Tierarten, damit Ihr Kind sie besser kennenlernen kann.

47 Buchstabenerdbeeren zuordnen

4+

Schwierigkeitsgrad: **mittel**
Zeitaufwand: **20 Minuten**

Materialien

• Eierkarton • grüne Farbe • Buntpapier • Filzstifte • Holzstäbe • Cuttermesser • Schere • Kleber

Im Alter von vier Jahren können Kinder erste Erfahrungen mit Buchstaben sammeln. Vor allem das Zuordnen identischer Buchstaben wird mit dieser sommerlichen Upcycling-Aktivität gefördert, sodass Ihr Kind ein erstes Gefühl für die Form der Buchstaben bekommt.

Vorgehensweise:

1. Bemalen Sie einen Eierkarton in grüner Farbe, da dieser die Wiese symbolisieren soll.
2. Gestalten Sie aus Buntpapier kleine Erdbeeren, die Sie mit den Buchstaben beschriften, welche Sie mit Ihrem Kind üben möchten.
3. Kleben Sie die Erdbeeren an den Holzstäben fest.
4. Schneiden Sie mit dem Cuttermesser Schlitze in den Eierkarton und beschriften Sie ihn darunter mit denselben Buchstaben.
5. Ihr Kind hat nun die Aufgabe, die Buchstabenerdbeeren den richtigen Buchstaben auf dem Eierkarton zuzuordnen und die Holzstäbe in die Schlitze zu stecken.
6. Um später den Schwierigkeitsgrad zu steigern, können Sie auch auf den Eierkarton die Großbuchstaben und auf die Erdbeeren die passenden Kleinbuchstaben schreiben.

48 Früchte- und Samen-Paare finden

4+

Schwierigkeitsgrad: **mittel**
Zeitaufwand: **15 Minuten**

Materialien

• saisonale Gemüse- und Obstsorten • Messer • Schüssel

Diese Übung verbessert das Allgemeinwissen Ihres Kindes zum Thema Obst und Gemüse. Ihr Kind lernt verschiedene Gemüse- und Obstsorten, die im Sommer geerntet werden können, intensiver kennen und übt sich nebenher im Vergleichen, Sortieren und Zuordnen.

Vorgehensweise:

1. Wählen Sie einige Obst- und Gemüsesorten mit gut sichtbaren Kernen aus, die im Sommer Saison haben. Geeignet sind zum Beispiel Paprika, Tomate, Gurke, Birne, Apfel und Kiwi.
2. Schneiden Sie die Früchte mit Ihrem Kind auf und schauen Sie gemeinsam, was jetzt zu sehen ist. Begutachten und besprechen Sie die Größe, Anzahl und Farbe der Kerne.
3. Ihr Kind kann nun einige Samen der Früchte entfernen und in die Schüssel legen.
4. Jetzt hat es die Aufgabe, die gemischten Kerne wieder den richtigen Obst- und Gemüsesorten zuzuordnen.

---

49 Verschiedene Baumrinden vergleichen

4+

Schwierigkeitsgrad: **mittel**
Zeitaufwand: **30 Minuten**

Materialien

• verschiedene Bäume • Bleistift mit weicher Miene • weißes Papier • Kreppband

Die Natur hat eine enorme Vielfalt zu bieten. Indem Sie Ihrem Kind verschiedene Bäume und deren Rinden zeigen, stärken Sie sein Interesse und seinen Respekt vor der Natur. Gleichzeitig spricht diese Übung den Tastsinn Ihres Kindes an und trägt zu einem guten Allgemeinwissen bei.

Vorgehensweise:

1. Besuchen Sie einen Ort mit vielen verschiedenen Bäumen und lassen Sie Ihr Kind zunächst die Baumrinden fühlen. Es soll mit geschlossenen Augen mit den Fingern über die Rinden fahren und beschreiben, was es dabei fühlt. Ist die Rinde hart, kalt, weich, stachelig…?

2. Jetzt klebt das Kind auf der Rinde eines jeden Baumes ein Blatt Papier mit Kreppband fest.
3. Mit dem Bleistift soll es sanft über das Papier gleiten, sodass sich verschiedene Strukturen auf dem Blatt abbilden lassen.
4. Gemeinsam mit Ihrem Kind können Sie nun die Unterschiede der Baumarten vergleichen.

---

50 Die Strahlen der Sonne zählen

4+

Schwierigkeitsgrad: **mittel**
Zeitaufwand: **10 Minuten**

Materialien

• Holzklammern • Pappe • gelbe Farbe • Pinsel • Filzstift

Holen Sie sich an regnerischen Sommertagen mit dieser Übung ein bisschen Sonne in die Wohnung. Sie soll das erste Zahlenverständnis schulen und Kindern dabei helfen, die Form der einzelnen Ziffern kennenzulernen. Auch das Zählen und die Feinmotorik werden hierbei trainiert.

Vorgehensweise:

1. Bereiten Sie die Übung vor: Schneiden Sie aus der Pappe einige Kreise zu, die Sie gelb anmalen.
2. Auf die Kreise zeichnen Sie verschiedene Ziffern – je nachdem, welche Zahlen Ihr Kind schon kennt und wie weit es zählen kann.
3. Färben Sie die Klammern ebenfalls mit der gelben Farbe ein.
4. Nun soll es so viele Klammern als Sonnenstrahlen an den Kreisen festklammern, wie die Zahl darauf angibt, und dabei laut mitzählen.
5. Auch kleinere Geschwisterkinder, die noch nicht zählen können, haben viel Spaß an der Aktivität und trainieren ihre Feinmotorik, während sie die Klammern als Sonnenstrahlen an den Kreisen anklammern.

---

51 Zahlen mit Naturmaterialien nachlegen

4+

Schwierigkeitsgrad: **leicht**
Zeitaufwand: **10 Minuten**

Materialien

• kleine Naturmaterialien wie Steine • Blüten oder Blätter • Korb • großformatig auf Papier ausgedruckte oder aufgezeichnete Ziffern

Sobald Zahlen für Ihr Kind interessant werden, ist diese Übun[illegible]. Sie kann drinnen oder draußen ausprobiert werden. Beim Spielen lernt Ihr Kind die Form der Ziffern kennen und kann gleichzeitig das Sortieren und Zuordnen trainieren. Auch das Zählen lässt sich nebenbei üben.

Vorgehensweise:

1. Zeichnen oder drucken Sie die Ziffern von 0 bis 9 auf Papier in DIN A5 oder DIN A4.
2. Stellen Sie einen Korb mit kleinen Naturmaterialien bereit.
3. Ihr Kind soll nun die Ziffern mit den verschiedenen Blüten, Blättern und Steinen nachlegen. Dabei kann es die Materialien mischen oder gleichzeitig sortieren, ganz wie es Lust hat.
4. Es ist auch möglich, nebenbei zu zählen, wie viele Blüten, Blätter oder Steine das Kind schon auf die Ziffernvorlagen gelegt hat.

---

52 Eiskugeln zählen und farblich sortieren

4+

Schwierigkeitsgrad: **leicht**
Zeitaufwand: **15 Minuten**

Materialien

• Pompons in Gelb • Grün • Rot • Blau und Braun • weißes Papier • Stifte • kleine Kinderpinzette

Diese Übung ist hervorragend, um das Zählen und das Zuordnen von Farben gleichzeitig zu lernen. Ihr Kind kann die ersten Ziffern kennenlernen und nebenher seine Feinmotorik trainieren, wenn es mit der Pinzette arbeitet.

Vorgehensweise:

1. Zeichnen Sie auf das Blatt Papier nebeneinander fünf Eiswaffeln. Verwenden Sie für jede Eiswaffel eine andere Farbe.
2. Schreiben Sie über jede Eiswaffel eine Ziffer von 1 bis 5.
3. Ihr Kind soll nun die Pompons mit der Pinzette über die Eiswaffeln legen – und zwar in der Farbe der Eistüte und in der richtigen Anzahl.
4. Zählen Sie gemeinsam, wie viele „Kugeln" jede Eiswaffel hat, und benennen Sie die Farben. Welche echte Eissorte hat diese Farbe?

53 Marienkäfer-Punkte zählen

4+

Schwierigkeitsgrad: **leicht**
Zeitaufwand: **15 Minuten**

Materialien

• rotes Tonpapier • Schere • Filzstifte • Holzklammern • Moosgummiziffern

Kann Ihr Kind schon gut von 1 bis 10 zählen, können Sie seine Zählfähigkeiten mit dieser Übung kräftigen und verfeinern. Darüber hinaus stellen Sie hiermit die Fingerfertigkeiten Ihres Kindes auf die Probe.

Vorgehensweise:

1. Gestalten Sie aus dem Tonpapier zehn Marienkäfer.
2. Bemalen Sie die Marienkäfer mit Punkten in der Anzahl von 1 bis 10.
3. Breiten Sie außerdem Moosgummizahlen (oder selbst gebastelte Zahlen) von 1 bis 10 vor Ihrem Kind aus.
4. Ihr Kind soll die Punkte der Marienkäfer zählen und an jedem Käfer die richtige Anzahl an Holzklammern befestigen.
5. Zum Schluss legt das Kind den Marienkäfer noch zu der Zahl, die der Anzahl der Punkte entspricht.

54 Einen Regenbogen erzeugen

4+

Schwierigkeitsgrad: **leicht**
Zeitaufwand: **5 Minuten**

Materialien

• Sonnenschein • Gartenschlauch

Leider haben Sie eher selten die Möglichkeit, mit Ihrem Kind einen echten Regenbogen zu beobachten. Mit dieser Anregung können Sie aber ganz einfach selbst einen erzeugen. Dadurch bringen Sie nicht nur Ihr Kind zum Staunen, sondern vermitteln ihm auch ein erstes Wissen zur Brechung des Lichts. Das schult die Beobachtungsgabe und die Experimentierfreude enorm.

Vorgehensweise:

1. Gehen Sie am späten Nachmittag nach draußen, wenn die Sonne schon möglichst tief steht.
2. Stellen Sie die Düse des Wasserschlauchs so ein, dass die Tropfen so fein wie möglich sind.

3. Geben Sie Ihrem Kind den Wasserschlauch in die Hand. Es soll versuchen, einen Regenbogen zu erzeugen.
4. Schlagen Sie ihm vor, dass es sich zunächst mit dem Rücken zur Sonne stellt und sich dann langsam dreht, bis es einen Regenbogen sieht.

55 Feuer löschen

4+

Schwierigkeitsgrad: **mittel**
Zeitaufwand: **20 Minuten**

Materialien

• transparente Kiste • Rasierschaum • Fingerfarben in Rot • Orange und Gelb • Foto oder Zeichnung eines Hauses in DIN A4 • Löffel • kleine Wasserspritzpistole • Schüssel mit Wasser

Diese Spielidee bereitet Kindern viel Freude, sorgt an warmen Tagen für Abwechslung und ist gerade für draußen ideal. Gleichzeitig trainiert Ihr Kind seine Koordination und die Fingermotorik, wenn es das „Feuer" löscht.

Vorgehensweise:

1. Das Bild eines Hauses kleben Sie auf die Unterseite der Kiste – und zwar so, dass es sichtbar ist, wenn Sie von oben in die Kiste blicken.
2. Sprühen Sie Rasierschaum in die Kiste und fügen Sie orange, rote und gelbe Farbe hinzu. Mischen Sie die Farben mit einem Löffel und versuchen Sie, kleine Spitzen in den Schaum zu formen, um die Feueroptik nachzubilden.
3. Stellen Sie die Kiste Hochkant auf – und zwar am besten etwas erhöht, sodass sie auf Augenhöhe mit Ihrem Kind ist.
4. Jetzt kann Ihr Kind beginnen, das Feuer zu löschen: Erst füllt es die Wasserspritzpistole in der Schüssel mit Wasser. Dann spritzt es das Wasser damit in die Kiste, um den Schaum abzuspülen, bis das „Feuer gelöscht" und das Haus wieder sichtbar ist.

56 Buchstaben mit Blüten nachlegen

5+

Schwierigkeitsgrad: **leicht**
Zeitaufwand: **10 Minuten**

Materialien

• gezeichnete oder ausgedruckte Buchstaben in DIN-A4-Format • Rosenblätter • Lavendelblüten • Gänseblümchen • Klee und/oder andere sommerliche Naturmaterialien

Diese Aktivität ist perfekt, um Ihr Kind erste Erfahrungen mit der Form und der Aussprache von Buchstaben sammeln zu lassen. Sie ist eine gute Vorbereitung für das spätere Lesen und Schreiben. Nebenbei spricht die Montessori-Übung den Schönheitssinn des Kindes an und schult die Augen-Hand-Koordination durch das Nachlegen der Buchstaben mit den kleinen Materialien.

Vorgehensweise:

1. Beginnen Sie am besten mit den Vokalen A, E, I, O, U, wenn Ihr Kind vorher noch nicht mit Buchstaben in Kontakt gekommen ist.
2. Animieren Sie Ihr Kind, die ausgedruckten oder vorgezeichneten Buchstaben mit Blüten und Blättern nachzulegen.
3. Sprechen Sie dabei immer wieder die Buchstaben laut vor und nennen Sie Beispiele für Wörter mit diesem Anfangsbuchstaben.
4. Später kann die Übung mit anderen Buchstaben wiederholt werden. Dann kann Ihr Kind beispielsweise auch versuchen, seinen Namen mit den verschönerten Buchstaben zu legen.

---

57 Wassermelonenkerne zählen

5+

Schwierigkeitsgrad: **mittel**
Zeitaufwand: **25 Minuten**

Materialien

• ein Pappteller • Wasserfarben in Pink und Grün • Pinsel • Schere • Filzstift • Kaffeebohnen in einer kleinen Schale • Pinzette für Kinder

Diese Übung fordert Ihr Kind auf vielerlei Weisen heraus, denn sie schult das Lesen von Zahlen, das Zählen, die Geduld und die Feinmotorik gleichermaßen. Wenn Ihr Kind beim Vorbereiten der Übung fleißig hilft, wird zudem die Kreativität gefördert. Eine perfekte Übung für graue Regentage im Sommer!

Vorgehensweise:

1. Zunächst werden aus dem Pappteller Melonenstücke gebastelt: Ihr Kind soll den Rand des Tellers mit den Wasserfarben grün und das Innere pink anmalen.
2. Nach dem Trocknen schneidet Ihr Kind den Teller in vier gleich große „Melonenstücke“. Beschriften Sie diese mit den Ziffern von 1 bis 4.
3. Ihr Kind hat nun die Aufgabe, mit der Kinderpinzette die Kaffeebohnen aus der Schale zu entnehmen und als Kerne auf den Melonenstücken zu platzieren – und zwar in der von der Ziffer vorgegebenen Anzahl.
4. Zählen Sie beim Zuordnen der Kerne am besten laut mit. Auch nach Abschluss der Übung können Sie zusammen noch einmal alle Melonenkerne zählen.
5. Später kann die Übung mit anderen Ziffern variiert werden.

58 Naturmaterialien unter dem Mikroskop betrachten

5+

Schwierigkeitsgrad: **leicht**
Zeitaufwand: **25 Minuten**

Materialien

• Mikroskop • sommerliche Objekte zum Betrachten wie Blüten • Blätter • Pollen • Sand • Obstkerne oder Fruchtschalen

Für Kinder ist es sehr spannend, mit dem Mikroskop eine völlig neue Welt zu entdecken. Dabei können viele Details sichtbar gemacht werden, die für das bloße Auge nicht erkennbar sind. Ihr Kind lernt dabei, dass nicht alles so ist, wie es auf den ersten Blick scheint. Außerdem stärkt diese Übung das Konzentrationsvermögen, die genaue Beobachtungsgabe und die Experimentierfreude.

Vorgehensweise:

1. Sammeln Sie mit Ihrem Kind verschiedene sommerliche Dinge, die es gerne näher betrachten würde.
2. Erklären Sie ihm kurz, wie das Mikroskop funktioniert und wie es verwendet wird.
3. Nun kann Ihr Kind nach Herzenslust die gesammelten Materialien unter dem Mikroskop betrachten.

---

59 Eine Reisekarte anlegen

5+

Schwierigkeitsgrad: **leicht**
Zeitaufwand: **2 Minuten pro „Reise“**

Materialien

• eine Landkarte Ihrer Region • Deutschlands oder der Welt • Reißzwecken oder Klebepunkte

Sommerzeit ist Reisezeit! Somit ist der Sommer die perfekte Jahreszeit, um mit Ihrem Kind eine Reisekarte anzulegen. Selbst kurze Reisen werden dadurch für Ihr Kind viel spannender. Diese Übung fördert die Allgemeinbildung und den Sinn für Selbstständigkeit. Außerdem hilft sie Ihrem Kind dabei, sich in der Welt besser zurechtzufinden.

Vorgehensweise:

1. Besorgen Sie eine Landkarte, die zu Ihrem Reiseverhalten passt. Sind Sie viel in der Welt unterwegs, dann gerne eine Weltkarte, falls Sie eher innerhalb Deutschlands reisen, wählen Sie eine Deutschlandkarte. Sofern Sie sich vorwiegend in Ihrer Region aufhalten, tut es auch eine Karte Ihres Landkreises, Ihrer Stadt oder Ihrer Siedlung.
2. Nach jeder „Reise" markiert Ihr Kind den Ort, den es besucht hat, mit einem farbigen Klebepunkt oder einer Reißzwecke.
3. Nach und nach wird sich die Reisekarte füllen und viele wertvolle Erinnerungen an die ersten Reisen Ihres Kindes für die Ewigkeit aufbewahren. Sicher animiert sie Ihr Kind auch dazu, Regionen zu besuchen, die bisher leer sind.

---

60 Den Mond beobachten

5+

Schwierigkeitsgrad: **mittel**
Zeitaufwand: **jeden Abend 10 Minuten**

Materialien

• Heft • Stifte • alternativ Kamera • Himmel bei Nacht

Bei dieser Übung geht es darum, dass Ihr Kind 28 Tage lang den Mond beobachtet und so alle Mondphasen kennenlernt und die Veränderungen beobachten kann. Der August oder der September eignen sich für diese Beobachtungen besonders gut, weil der Himmel oft klar ist und die Temperaturen abends noch angenehm sind, es aber schon wieder früher dunkel wird. Die Aktivität ist perfekt, um das Vergleichen und Beobachten zu üben und die Allgemeinbildung zu fördern.

Vorgehensweise:

1. Erinnern Sie Ihr Kind jeden Abend zur gleichen Zeit daran, den Mond zu betrachten.
2. Sprechen Sie darüber, welche Veränderungen in puncto Position, Farbe und Form zu sehen sind.
3. Ihr Kind soll in seinem Heft Abend für Abend eine möglichst realistische Zeichnung des Mondes anfertigen, damit es nach 28 Tagen einen kompletten Zyklus abgebildet hat und die Unterschiede gut sehen kann. Alternativ macht es jeden Abend ein Foto des Mondes zum Vergleich.

61 Mit sechs Kreidelinien im Freien austoben

5+

Schwierigkeitsgrad: **leicht**
Zeitaufwand: **15 Minuten**

Materialien

- Straßenkreide

Langeweile an warmen Sommertagen im Freien? Mit dieser Anregung können Sie dem entgegenwirken. Sie benötigen lediglich sechs Kreidelinien auf einem Weg, um insgesamt fünf verschiedene Bewegungsspiele zu realisieren. Jedes von ihnen wirkt sich positiv auf den Gleichgewichtssinn, die Koordination und die motorische Entwicklung Ihres Kindes aus.

Vorgehensweise:

1. Zeichnen Sie auf einen möglichst ebenen Weg sechs Linien mit der Straßenkreide, die jeweils einen Abstand von 30 Zentimetern haben sollten. Jede Linie ist dabei etwa 40 Zentimeter lang.
2. Nun können Sie Ihrem Kind verschiedene Übungen vorschlagen: Zunächst soll es einfach von Linie zu Linie springen.
3. Danach kann es versuchen, rückwärts auf die Linien zu springen.
4. Jetzt besteht die Aufgabe darin, auf einem Bein von Linie zu Linie zu hopsen.
5. Beim nächsten Spiel geht es darum herauszufinden, wie weit die Hände des Kindes reichen. Dafür stellt es die Füße auf die erste Linie und läuft dann mit den Händen so weit wie möglich nach vorne.
6. Zum Schluss kann Ihr Kind sich noch messen. Dabei legt es sich mit den Füßen an die untere Linie und Sie können gemeinsam schauen, bei welcher Linie sich sein Kopf befindet.

62 Eine Nacht unter dem Sternenhimmel schlafen

5+

Schwierigkeitsgrad: **mittel**
Zeitaufwand: **eine ganze Nacht**

Materialien

- sicherer Ort im Freien • Zelt • Schlafsäcke • Taschenlampe • weiteres Equipment nach den Vorlieben Ihres Kindes

Diese Übung wird sicher für immer im Gedächtnis Ihres Kindes bleiben. Sie hilft ihm dabei, sich auf das Wesentliche zu konzentrieren und steigert den Respekt vor der Natur. Zugleich können Sie das Organisationstalent Ihres Kindes fördern.

Vorgehensweise:

1. Schlagen Sie Ihrem Kind an einem warmen und trockenen Sommertag vor, unter freiem Himmel zu schlafen.
2. Übertragen Sie ihm die Aufgabe, alles Wichtige für die Nacht im Freien zu organisieren und einzupacken: die Schlafsäcke, das Zelt, ein Picknick für den Abend, Getränke, die Taschenlampe und so weiter. Ihr Kind sollte so viel Verantwortung wie möglich übernehmen, um seine Selbstständigkeit und das Selbstvertrauen zu fördern.
3. Auch der eigentliche Abend im Freien kann nach den Vorlieben Ihres Kindes gestaltet werden: Möchte es die Sterne beobachten, sich über Gott und die Welt unterhalten oder einfach den Geräuschen der Natur lauschen?

---

63 Die Sterne entdecken

5+

Schwierigkeitsgrad: **mittel**
Zeitaufwand: **30 Minuten**

Materialien

• Sternenhimmel • bei Bedarf Teleskop

Der Sternenhimmel wirkt auf Kinder äußerst faszinierend. Der Sommer erweist sich als perfekt, um Ihrem Kind erste Grundlagen in Astronomie beizubringen und das unendliche Große zu begreifen. Diese Übung lässt sich auch gut mit der Anregung 62 „Eine Nacht unter dem Sternenhimmel schlafen“ verbinden.

Vorgehensweise:

1. Animieren Sie Ihr Kind in einer warmen und klaren Nacht dazu, den Sternenhimmel zu beobachten. Gehen Sie nach draußen und warten Sie, bis sich die Augen Ihres Kindes an die Dunkelheit gewöhnt haben.
2. Zeigen Sie Ihrem Kind die wichtigsten Grundlagen der Astronomie wie etwa die Milchstraße, den Polarstern und verschiedene, einfach zu findende Sternbilder. Nutzen Sie dafür bei Bedarf ein Teleskop.
3. Weisen Sie auch auf künstliche Objekte wie Flugzeuge und Satelliten hin, damit Ihr Kind lernt, diese von Sternen und Planeten zu unterscheiden.

64 Lebensmittelfarbe sprudeln lassen

5+

Schwierigkeitsgrad: **leicht**
Zeitaufwand: **20 Minuten**

Materialien

• Auflaufform • Wasser • ein paar Gläser • Pipette • 4-5 Packungen Backpulver • Lebensmittelfarben

Mit Wasser zu experimentieren ist eine sehr schöne Aktivität für den Sommer. Bei diesem kleinen Versuch wird der Experimentierdrang Ihres Kindes bedient. Gleichzeitig können Sie sein Allgemeinwissen stärken und seine Kreativität anregen.

Vorgehensweise:

1. Geben Sie ein das Backpulver in die Auflaufform und streichen Sie es glatt, bis der Boden gut bedeckt ist.
2. Ihr Kind kann nun Wasser in die Gläser füllen und ein paar Tropfen Lebensmittelfarbe hineingeben, um das Wasser zu färben.
3. Jetzt beginnt das eigentliche Experiment: Ihr Kind wählt eine Farbe aus, nimmt ein paar Tropfen mit der Pipette auf und träufelt diese in die Auflaufform.
4. Danach kann es beobachten, wie das Wasser durch das Backpulver zu sprudeln beginnt, was sehr interessant aussieht.
5. Im Anschluss hat das Kind die Möglichkeit, ein kreatives Sprudelbild zu „malen".

---

65 Eine Wolkensammlung anfertigen

5+

Schwierigkeitsgrad: **mittel**
Zeitaufwand: **täglich 10 Minuten**

Materialien

• Himmel • Notizbuch • Buntstifte

Im Sommer ist es eine schöne Aufgabe, die Wolken zu beobachten. Der Himmel sieht mehrmals täglich anders aus, weil sich die Wolkenform immer wieder verändert. Mit dieser Übung schärft Ihr Kind seine Beobachtungsgabe, sammelt erstes Wissen über unterschiedliche Wolken und über das Wetter im Allgemeinen.

Vorgehensweise:

1. Animieren Sie Ihr Kind dazu, ein Wolkenbuch anzufertigen.
2. Dafür soll es jeden Tag zur selben Uhrzeit einen kleinen Teil des Himmels in sein Notizbuch zeichnen – einschließlich der aktuellen Wolkenform.

3. Sie können dann über die Wolken, die es gesehen hat, sprechen und die Wolkenart benennen.
4. Nebenbei haben Sie die Möglichkeit, über die Entstehung der Wolken und die Einflüsse der Tageszeit und des Wetters zu sprechen.

66 Sensorik-Spiel: den Sumpf entdecken

6+

Schwierigkeitsgrad: **leicht**
Zeitaufwand: **20 Minuten**

Materialien

• Wanne oder größere Kiste aus Kunststoff • Wasser • Naturmaterialien wie Steine • Moos • Zweige und Gras • im Sumpf lebende Kunststoff-Tiere (Krokodil, Nilpferd, Ente, Schildkröte)

Welche Tiere leben im Sumpf? Wie fühlen sich nasses Moos und Steine in einer Sumpflandschaft an? Welche Materialien schwimmen im Wasser und welche gehen unter? Mit diesem abwechslungsreichen Sensorik-Spiel lässt sich das Allgemeinwissen Ihres Kindes verbreitern. Gleichzeitig fördert es die taktile Wahrnehmung und die Hand-Augen-Koordination – und macht an heißen Sommertagen im Freien einfach viel Spaß.

Vorgehensweise:

1. Füllen Sie Wasser in die Wanne oder Kiste, bis es einige Zentimeter hoch steht.
2. Geben Sie die Naturmaterialien hinzu und gestalten Sie eine kleine Sumpflandschaft.
3. Platzieren Sie die Sumpftiere auf den Steinen.
4. Nun kann Ihr Kind nach Herzenslust frei spielen und die unterschiedlichen Materialien und Tiere entdecken.

67 Das Baumalter bestimmen

6+

Schwierigkeitsgrad: **leicht**
Zeitaufwand: **10 Minuten**

Materialien

• Baumstumpf

Diese Übung ist einfach und bedarf keiner großen Vorbereitung, bereitet Kindern aber jede Menge Freude. Sie vermittelt Ihrem Kind ein breites Wissen über die Natur, das Vergängliche der Zeit, die Jahreszeiten und regelmäßige Abfolgen in unserer Umwelt. Außerdem trägt die Übung dazu bei, dass Ihr Kind später respektvoll mit der Natur umgehen wird.

Vorgehensweise:

1. Schlagen Sie Ihrem Kind bei einem Spaziergang vor, Ausschau nach einem Baumstumpf zu halten. Ideal sind Bäume, die gefällt wurden und noch neben dem Stumpf liegen. Dann lassen sich auch die Baumart und Baumgröße gut bestimmen.
2. Ihr Kind soll nun – gegebenenfalls mit Ihrer Hilfe – die Baumringe zählen.
3. Vermitteln Sie Ihrem Kind das notwendige Hintergrundwissen: Jeder Ring symbolisiert eine Wachstumsphase, weil das Wachstum im Winter eingestellt wird und das Holz währenddessen nachdunkelt. Auf diese Weise lässt sich anhand der Anzahl der Baumringe das Baumalter ermitteln.

---

68 Blattadern studieren

6+

Schwierigkeitsgrad: **leicht**
Zeitaufwand: **25 Minuten**

Materialien

• frische grüne Blätter • Lupe • eventuell Mikroskop • weißes Papier • Bleistifte oder Buntstifte

Mit dieser Aktivität lernt Ihr Kind, wie Wasser und Nährstoffe durch das Blatt gelangen. Das stärkt seine Beobachtungsgabe, sein Allgemeinwissen und seinen Respekt vor der Natur. Auch erste physikalische Zusammenhänge lassen sich mit dieser Übung gut verdeutlichen.

Vorgehensweise:

1. Lassen Sie Ihr Kind ein saftiges, grünes Blatt auswählen, dessen Blattadern gut sichtbar sind.
2. Es soll sich nun die Blattadern ganz genau anschauen – erst mit bloßem Auge, dann unter einer Lupe und eventuell auch mit dem Mikroskop.
3. Ihr Kind kann zusätzlich versuchen, die Blattadern zu ertasten.
4. Die Blattadern werden besser sichtbar, wenn Ihr Kind das Blatt unter Papier legt und mit einem Bleistift oder Buntstift darüber malt, um die Konturen durchzupausen.

69 Hüpfend das ABC lernen

6+

Schwierigkeitsgrad: **mittel**
Zeitaufwand: **15 Minuten**

Materialien

• Straßenkreide • Platz im Freien auf asphaltiertem Untergrund

Diese Übung verbindet die Bewegungsfreude Ihres Kindes mit dem Erlernen des Alphabets. Gerade Schulanfänger, die noch nicht gerne lange still sitzen, können mit dieser Aktivität auf spielerische Weise ihre Buchstabenkenntnis verbessern – und gleichzeitig die Koordination trainieren.

Vorgehensweise:

1. Schreiben Sie alle Buchstaben des Alphabets auf den Boden: drei Buchstaben pro Zeile und mit etwas Platz zwischen den einzelnen Buchstaben.
2. In die Zwischenräume schreiben Sie zum Schluss beliebige andere Buchstaben.
3. Ihr Kind soll nun das Alphabet in der richtigen Reihenfolge nach hüpfen, wobei es die falschen Buchstaben auslässt. Es muss also selbst erkennen, welcher Buchstabe als nächstes an der Reihe ist.

---

70 Die Saugfähigkeit unterschiedlicher Materialien erforschen

6+

Schwierigkeitsgrad: **leicht**
Zeitaufwand: **15 Minuten**

Materialien

• Schale mit Wasser • unterschiedliche Materialien – teilweise saugfähig und teilweise nicht • Teelöffel

Ihr Kind experimentiert im Sommer gerne mit Wasser? Dann wird es auch diese Übung lieben. Sie bedient die Experimentierfreude Ihres Kindes und stärkt zudem sein Allgemeinwissen. Die Aktivität eignet sich für drinnen und für draußen.

Vorgehensweise:

1. Suchen Sie im Haushalt nach Materialien, die Wasser aufsaugen, wie etwa Küchenrolle, Taschentücher und ein Schwamm. Nehmen Sie ein paar weitere dazu, die nicht saugfähig sind.
2. Legen Sie die Objekte nebeneinander und lassen Sie Ihr Kind raten, welche davon das Wasser aufsaugen werden und welche nicht.

3. Danach kann Ihr Kind mit dem Teelöffel Wasser auf die Materialien tropfen und seine Vorhersage überprüfen.

71 Eine echte Kuh melken

6+

Schwierigkeitsgrad: **mittel**
Zeitaufwand: **45 Minuten**

Materialien

• Kuh • Gefäß • Melkschemel

Viele Kinder wachsen heutzutage in der Stadt auf und wissen gar nicht, woher die Milch kommt, die sie morgens auf ihr Müsli kippen. Eine Kuh selbst zu melken, sorgt daher für ein gutes Allgemeinwissen und stärkt gleichzeitig den Respekt vor Tieren.

Vorgehensweise:

1. Kontaktieren Sie einen Bauern in der Nähe und bitten Sie ihn darum, Ihr Kind eine Kuh melken zu lassen.
2. Sprechen Sie vorab mit Ihrem Kind über Säugetiere, Muttermilch und die daraus gewonnenen Milcherzeugnisse.
3. Vor dem Melken kann Ihr Kind die Kuh gerne kennenlernen, sie streicheln und mit ihr sprechen.
4. Nachdem der Bauer Ihrem Kind gezeigt hat, wie es beim Melken vorgehen sollte, kann es selbst probieren, Milch aus dem Euter zu gewinnen.
5. Die frische Milch können Sie mit nach Hause nehmen und daraus etwas Leckeres zubereiten.

72 Einen kleinen Damm mit Naturmaterialien bauen

6+

Schwierigkeitsgrad: **mittel**
Zeitaufwand: **25 Minuten**

Materialien

• Alufolie • kleine Wassereimer • Naturmaterialien

Mit dieser Aktivität kann Ihr Kind ganz einfach zu Hause üben, Wasser mit einem Damm anzustauen und seine Baukünste verbessern. Die Übung stärkt die Konstruktionsfähigkeit und das Alltagswissen Ihres Kindes ebenso wie seine Feinmotorik.

Vorgehensweise:

1. Rollen Sie ungefähr zwei Meter Alufolie von der Rolle ab.
2. Die Ränder an der Seite werden nach oben gedreht, um eine Rinne zu bauen.
3. Legen Sie die Alu-Rinne draußen auf die Wiese und sammeln Sie einige Naturmaterialien mit Ihrem Kind – wie Steine, Hölzer und Gras.
4. Stellen Sie einen oder mehrere kleine Eimer mit Wasser bereit.
5. In der Mitte der Rinne soll Ihr Kind nun aus den Naturmaterialien einen möglichst stabilen Damm bauen.
6. Danach kann Ihr Kind überprüfen, ob der Damm hält, indem es Wasser von der einen Seite in die Rinne gießt.

---

73 Einen Tag auf Strom verzichten

6+

Schwierigkeitsgrad: **mittel**
Zeitaufwand: **25 Minuten**

Materialien

• eventuell Kerzen • Streichhölzer • Gaskocher

Einen Tag ohne Strom zu verbringen, kann Ihrem Kind dabei helfen, seine Sicht auf den Alltag zu verändern. Danach wird es einige Alltäglichkeiten womöglich kritischer hinterfragen als bisher. Gleichzeitig schult die Übung das Allgemeinwissen, das Umweltbewusstsein und die Kreativität.

Vorgehensweise:

1. Sprechen Sie schon einige Tage vorab mit Ihrem Kind über die Idee, einen Tag komplett auf Strom zu verzichten. Erläutern Sie ihm, was das genau bedeutet und dass es an diesem Tag keine elektrischen Geräte zur Verfügung hätte – weder Tablet noch Küchenmaschinen und auch keine Lampen.
2. Wählen Sie gemeinsam einen passenden Tag für Ihr Experiment aus und beginnen Sie ab dem morgendlichen Aufstehen, auf Strom zu verzichten.
3. Schnell wird Ihr Kind merken, wie stark es im Alltag auf Strom angewiesen ist.
4. Finden Sie gemeinsam Spiele und Aktivitäten, die auch ohne Elektrizität gut funktionieren. Werden Sie kreativ, um dennoch zu kochen, für Licht zu sorgen und so weiter.

74 Äpfel aufsammeln mit Hindernissen

6+

Schwierigkeitsgrad: **mittel**
Zeitaufwand: **20 Minuten**

Materialien

• Äpfel • Straßenkreide • Korb

Diese Anregung lässt sich im Sommer optimal im Freien umsetzen – am besten im Spätsommer, wenn die ersten Äpfel Saison haben. Sie regt zu Bewegung an, schult die Feinmotorik und macht eine Menge Spaß.

Vorgehensweise:

1. Zeichnen Sie mit Kreide einen großen Baum auf den Boden.
2. Legen Sie die Äpfel auf die Zweige des Baumes.
3. Ihr Kind soll die Äpfel ernten, wobei es unten am Baumstamm beginnt.
4. Um die Äpfel einzusammeln, sind jedoch ein paar Herausforderungen zu bewältigen, die Sie sich selbst ausdenken können: Lassen Sie Ihr Kind beispielsweise nur auf einem Bein hüpfen oder rückwärts laufen.
5. Die aufgesammelten Äpfel landen im Korb und sollten beim Weitersammeln möglichst nicht herausfallen.

75 Die Meeresströmungen veranschaulichen

6+

Schwierigkeitsgrad: **mittel**
Zeitaufwand: **20 Minuten**

Materialien

• Wanne oder Kiste aus Kunststoff • Wasser • Eiswürfel • Lebensmittelfarbe in Blau und Rot

Der nächste Urlaub am Meer ist noch in weiter Ferne? Mit diesem Experiment können Sie Ihrem Kind dennoch veranschaulichen, wie die Meeresströmung funktioniert. Die Übung fördert das Allgemeinwissen und bereitet vor allem experimentierfreudigen Kindern viel Spaß.

Vorgehensweise:

1. Füllen Sie kaltes Wasser in die Wanne oder Kiste, bis der Füllstand einige Zentimeter beträgt.
2. Geben Sie die Eiswürfel hinzu und warten Sie ab, bis diese fast komplett geschmolzen sind.

3. Färben Sie das Wasser mit der Lebensmittelfarbe blau ein.
4. Gemeinsam mit Ihrem Kind können Sie vier Tassen Wasser zum Kochen bringen. Dort geben Sie die rote Lebensmittelfarbe hinein.
5. Das heiße, rote Wasser wird nun langsam in eine Ecke der Wanne gegossen.
6. Ähnlich wie bei einer Meeresströmung kann Ihr Kind nun beobachten, wie sich Strömungen und Wirbel bilden – nach derselben Funktionsweise wie im echten Ozean.

60 MONTESSORI-IDEEN FÜR DEN HERBST, HALLOWEEN UND MARTINSTAG

Spätestens ab Mitte September müssen wir den Sommer langsam ziehen lassen: Die Tage werden kürzer, das Wetter unbeständiger, der Herbst beginnt. Die Blätter färben sich in bunten Farben und fallen zu Boden – genauso wie unzählige Kastanien und Eicheln, die von Kindern mit Begeisterung gesammelt werden. Auch zum Pfützenspringen und Drachensteigen lädt der Herbst ein.

Für Montessori-Aktivitäten eignet sich der Herbst hervorragend. Gemeinsam mit Ihrem Kind können Sie auf Herbstspaziergängen in der Natur jetzt allerhand neue Materialien finden, um sie für Übungen und zum Basteln zu verwenden. Aber auch im Herbst können noch etliche Anregungen draußen durchgeführt werden. Wir haben hier 75 schöne Ideen für Sie zusammengestellt, mit denen Sie Ihr Kind spielerisch durch den Herbst begleiten und ihm auch besondere herbstliche Anlässe wie Halloween und den Martinstag näherbringen.

1 Kastanien und Eicheln umfüllen

2+

Schwierigkeitsgrad: **leicht**
Zeitaufwand: **10 Minuten**

Materialien

• Kastanien • Eicheln • Korb • zwei identische Schalen • großer Löffel • kleiner Löffel

Diese Idee klingt einfach, spricht aber viele Fähigkeiten Ihres Kindes an: Zum einen muss es genau schauen und vergleichen, zum anderen kann es seine Feinmotorik auf spielerische Weise verfeinern.

Vorgehensweise:

1. Legen Sie die mit Ihrem Kind gesammelten Eicheln und Kastanien gemischt in ein Körbchen. Stellen Sie daneben die zwei anderen Schalen und platzieren Sie eine Kastanie in der einen und eine Eichel in der anderen Schüssel.
2. Ihr Kind soll nun mit dem Löffel die Kastanien und Eicheln aus dem Korb herausholen und in die richtigen Schüsseln befördern.
3. Lassen Sie es mit den unterschiedlichen Löffelgrößen experimentieren. Schnell wird es herausfinden, mit welcher Löffelgröße es am besten zurechtkommt.

---

2 Klebeigelmit bunten Blättern gestalten

2+

Schwierigkeitsgrad: **leicht**
Zeitaufwand: **10 Minuten**

Materialien

• Karton • Cuttermesser • Stift • Klebefolie • herbstliche Naturmaterialien

Benötigt Ihr Kind beim Spazierengehen eine Aufgabe oder sammelt gerne herbstliche Naturmaterialien, ist diese Anregung perfekt: Ihr Kind kann sich beim Laufen die ganze Zeit nach schönen Dingen umsehen und diese direkt auf den Igel aufkleben. Am Ende entsteht ein kleines Kunstwerk, das Ihr Kind als herbstliche Dekoration aufbewahren kann. Diese Übung fördert die Kreativität, den genauen Blick für die Umwelt und das Selbstvertrauen.

Vorgehensweise:

1. Zeichnen Sie einen Igel auf den Karton. Schneiden Sie das Innere des stacheligen Körpers mit dem Cuttermesser heraus.

2. Auf der Rückseite befestigen Sie die Klebefolie, sodass die klebende Seite nach oben zeigt.
3. Nun können Sie den Klebeigel bei jedem Spaziergang mitnehmen.
4. Ihr Kind kann bunte Blätter, Hagebutten, Kastanien und Eicheln sammeln und diese auf der Klebefolie festkleben.

---

3 Waldtiere befreien

2+

Schwierigkeitsgrad: **mittel**
Zeitaufwand: **10 Minuten**

Materialien

• einige Waldtiere aus Holz oder Kunststoff (Eichhörnchen, Igel, Fuchs, Hirsch, Reh) • Haargummis

Mit dieser kleinen Anregung für zwischendurch sprechen Sie nicht nur die Problemlösefähigkeit, die Geduld und die Feinmotorik Ihres Kindes an. Nebenbei können Sie ihm wertvolles Wissen über die heimischen Waldtiere vermitteln und seinen Wortschatz erweitern.

Vorgehensweise:

1. Wickeln Sie einen oder mehrere Haargummis um die Körper der Tierfiguren.
2. Fordern Sie Ihr Kind auf, die Waldtiere zu befreien, indem es die Haargummis löst.
3. Erzählen Sie danach etwas über die befreiten Tiere, deren Lebensraum und Besonderheiten.

---

4 Ein Küchensieb in einen Igel verwandeln

2+

Schwierigkeitsgrad: **mittel**
Zeitaufwand: **20 Minuten**

Materialien

• feines Küchensieb • Zahnstocher

Diese Anregung eignet sich perfekt als kleine Übung zwischendurch, da sie wenig Vorbereitungszeit und kaum Materialien erfordert. Nichtsdestotrotz ist sie für Kinder sehr herausfordernd, denn sie stellt die Geduld, die Konzentrationsfähigkeit, die Genauigkeit und die Feinmotorik auf die Probe.

Vorgehensweise:

1. Drehen Sie das Küchensieb um, sodass die Löcher nach oben zeigen.
2. Zeigen Sie ihrem Kind, wie es Zahnstocher in die Löcher des Siebs stecken kann, sodass daraus nach und nach ein Igel entsteht.
3. Nun kann Ihr Kind es selbst probieren und dem „Igel“ neue Stacheln hinzufügen, solange es möchte.
4. Tipp: Sprechen Sie über den Igel und warum er überhaupt Stacheln hat, um Ihrem Kind wertvolles neues Wissen zu vermitteln.

5 Blätter stempeln mit Schwämmen

2+

Schwierigkeitsgrad: **leicht**
Zeitaufwand: **15 Minuten**

Materialien

• Fingerfarben in Orange • Rot • Gelb und Braun • Schwämme • Schere • weißes Papier • Teller • Pinsel

Mit längeren Bastelarbeiten können die Kleinsten oft noch nicht viel anfangen. Diese Idee geht jedoch so schnell, dass auch Zweijährige schon mit Begeisterung bei der Sache sind. Sie fördert daher die Kreativität und das Selbstvertrauen Ihres Kindes.

Vorgehensweise:

1. Schneiden Sie aus den Schwämmen die Formen typischer Herbstblätter zu.
2. Geben Sie die orange Fingerfarbe auf flache Teller.
3. Zeigen Sie Ihrem Kind, wie es die Schwämme in die Fingerfarbe drücken und dann farbenfrohe Herbstblätter auf das Papier stempeln kann.
4. Danach soll es selbst einige Herbstblätter stempeln.
5. Wenn es möchte, kann es auch die Stempelschwämme mit dem Pinsel in verschiedenen Farben anmalen, damit noch buntere Blätter entstehen.

6 Blätterformen zuordnen

2+

Schwierigkeitsgrad: **mittel**
Zeitaufwand: **15 Minuten**

Materialien

• gesammelte Blätter von verschiedenen Bäumen • weißes Papier • Bleistift • Buntstifte

Diese Aktivität ist für vielerlei Fähigkeiten Ihres Kindes förderlich: die Form- und Farberkennung, das logische Denkvermögen und die Feinmotorik. Gleichzeitig stärkt sie das Allgemeinwissen über heimische Bäume, weshalb sie sich auch gut für ältere Kinder eignet.

Vorgehensweise:

1. Sammeln Sie gemeinsam mit Ihrem Kind Blätter in der Natur. Gut geeignet für diese Übung sind Eichen-, Kastanien-, Linden- und Ahornblätter.
2. Daheim legen Sie die Blätter auf weißes Papier und zeichnen die Umrisse mit einem Bleistift nach. Malen Sie die vorgezeichneten Blätter dann mit Buntstiften aus, sodass sie farblich dem echten Blatt möglichst nahekommen.
3. Jetzt soll Ihr Kind die echten Blätter den von Ihnen gemalten Blättern zuordnen und sie auf ihre richtige Position legen.
4. Sie können den Schwierigkeitsgrad steigern, indem Sie mehrere Blätter einer Art in unterschiedlichen Farbnuancen verwenden.
5. Sprechen Sie nach der Übung über die Blätter: Verraten Sie Ihrem Kind, zu welchen Bäumen sie gehören und wodurch sie sich auszeichnen.

---

7 Frei tanzen zu Herbstmusik

2+

Schwierigkeitsgrad: **leicht**
Zeitaufwand: **5 bis 10 Minuten**

Materialien

• herbstliche Musik • Platz in der Wohnung

Bei kleineren Kindern bringt der Herbst mit seinem teils anhaltenden Regenwetter die Schwierigkeit, dass sie ihren Bewegungsdrang nicht gut ausleben können. Die Zeit im Freien ist meist kurz. In der Wohnung ist es hingegen oft schwierig, die Kleinsten zu Bewegung zu animieren. Hier kann diese Anregung Abhilfe schaffen, die nebenbei die Kreativität, die Koordination, das Rhythmusgefühl und das Selbstbewusstsein sch ult.

Vorgehensweise:

1. Suchen Sie ein paar schöne Herbstlieder heraus – wie zum Beispiel „Der Herbst ist da“, „Regentropfen hüpfen“ oder „Hui, hui, hui – Ich in der Wind“.
2. Schlagen Sie Ihrem Kind nun vor, zu der Musik zu tanzen – entweder ganz frei oder bei Bewegungsliedern den Vorgaben entsprechend.
3. Tanzen Sie mit Ihrem Kind gemeinsam, wenn es zu schüchtern ist und sich allein nicht traut.

8 Walnüsse knacken

2+

Schwierigkeitsgrad: **schwer**
Zeitaufwand: **20 Minuten**

Materialien

• Walnüsse mit Schale • Nussknacker • zwei Schüsseln

Sammeln Sie mit Ihrem Kind Walnüsse in der Natur und üben Sie daheim, wie sie geknackt werden. Beim Knacken der Nüsse lernt Ihr Kind, seine Kraft richtig zu dosieren und einfache Handgriffe zu verfeinern. Auch das Greifen mit Daumen und Zeigefinger wird gefördert – eine perfekte Vorbereitung für das spätere Schreiben.

Vorgehensweise:

1. Führen Sie Ihrem Kind vor, wie der Nussknacker verwendet wird.
2. Nach dem Öffnen der Schale zeigen Sie Ihrem Kind, wodurch sich die innere Membran, die kleinen Schalenstücke und der eigentliche Kern voneinander unterscheiden.
3. Es soll nun die Kerne in die eine Schüssel und den nicht essbaren Rest in die andere Schüssel einsortieren.
4. Ihr Kind kann so viele Nüsse knacken und sortieren, wie es möchte – alleine oder mit Ihrer Unterstützung.

9 Mit Herbstblättern stempeln

2+

Schwierigkeitsgrad: **leicht**
Zeitaufwand: **15 Minuten**

Materialien

• Herbstblätter • Fingerfarben • Pinsel • weißes Papier • Buntstifte

Wenn Ihr Kind auf Spaziergängen gerne Herbstblätter sammelt, können sie für dieses Bastelprojekt verwendet werden, bei dem schon die Kleinsten mitmachen können. Es fördert die Kreativität, das Selbstvertrauen und die Feinmotorik Ihres Kindes.

Vorgehensweise:

1. Pinseln Sie die Blätter gemeinsam mit Ihrem Kind in bunten Farben ein.
2. Danach kann Ihr Kind die Blätter drehen und auf das weiße Papier pressen, um farbenfrohe Herbstblätter zu stempeln.
3. Mit Buntstiften können Sie die Blattstiele dazu malen.

4. Tipp: Mit den Blättern können Sie auch auf braunes Einpackpapier stempeln, um ein schönes DIY-Geschenkpapier für alle Herbstgeburtstagskinder zu gestalten.

10 Fegen üben

2+

Schwierigkeitsgrad: **mittel**
Zeitaufwand: **15 Minuten**

Materialien

• Kreide • Körner • Besen • Kehrschaufel • Handfeger • Eimer

Im Herbst gibt es draußen allerhand Blätter aufzufegen. Damit Ihr Kind dabei mithelfen kann, sollten Sie vorab mit ihm die grundsätzlichen Handgriffe, die mit dieser Aufgabe verbunden sind, üben. Mit dieser Aktivität fördern Sie den Sauberkeitssinn, die Konzentration und die Fingerfertigkeit Ihres Kindes.

Vorgehensweise:

1. Zeichnen Sie mit Kreide ein Rechteck auf den Boden und streuen Sie dort die Körner aus. Das ist wichtig, damit Ihr Kind ein klares Ziel hat und den Überblick behält, welcher Bereich sauber gemacht werden soll.
2. Demonstrieren Sie nun, wie der Besen gehalten wird und wie die Körner zusammengekehrt werden. Danach kann Ihr Kind es selbst probieren.
3. Im Anschluss soll es die Körner mit dem Handfeger und der Kehrschaufel aufnehmen und in den Eimer kippen.
4. Klappt die Übung gut, kann Ihr Kind beim nächsten Mal auch im Freien beim Aufkehren der Blätter mithelfen.

11 Bunte Reis-Igel basteln

2+

Schwierigkeitsgrad: **leicht**
Zeitaufwand: **30 Minuten**

Materialien

• Pappe • Stift • Lebensmittelfarbe • Essig • Gefrierbeutel • Reis • Kleber • Wackelaugen • kleine Schalen • Löffel

Diese kleine Bastelidee bereitet schon den Kleinsten viel Spaß. Sie schult die feinmotorischen Fähigkeiten und die Kreativität. Die gebastelten Igel kann Ihr Kind behalten oder verschenken. Es wird sehr stolz sein!

Vorgehensweise:

1. Zeichnen Sie mehrere Igel auf Pappe und schneiden Sie sie aus.
2. Färben Sie Reis in verschiedenen Farben, indem Sie ihn in Gefrierbeutel füllen und etwas Essig und Lebensmittelfarbe hinzugeben. Kneten Sie den Reis gut durch, damit sich die Farbe verteilt, und lassen Sie ihn dann am besten farblich sortiert in verschiedenen Schüsseln trocknen.
3. Verteilen Sie auf den Pappigeln großzügig den Bastelkleber.
4. Mit dem Löffel kann Ihr Kind den Reis aus einer Schüssel entnehmen und auf den Igel mit dem Kleber streuen.
5. Danach bekommt der Igel noch ein Wackelauge und ein freundliches Lächeln.
6. Sie können die Aktivität auch in ein Farbzuordnungsspiel abwandeln, indem Sie die Beine des Igels mit Buntstiften in einer Farbe ausmalen, sodass Ihr Kind dann den farblich passenden Reis auf den Igel streuen kann.

---

12 Kastanien mit der Zange aufnehmen

2+

Schwierigkeitsgrad: **mittel**
Zeitaufwand: **10 Minuten**

Materialien

• Kastanien • Muffinform • Zange aus Holz

Durch diese herbstliche Anregung lernt Ihr Kind den richtigen Umgang mit der Zange – und das ist gar nicht so einfach: Es muss erst herausfinden, wie es die Zange zusammendrücken und öffnen kann und wie sich die Kastanien damit transportieren lassen. Viele Kinder haben großen Spaß an dieser Übung und verbessern nebenbei ihre Feinmotorik und ihre Augen-Hand-Koordination.

Vorgehensweise:

1. Stellen Sie Ihrem Kind ein paar gesammelte Kastanien in einem Korb, eine Zange aus Holz und eine Muffinform bereit.
2. Zeigen Sie einmal ganz langsam, wie sich die Kastanien mit der Zange aufnehmen und in die Muffinform befördern lassen.
3. Danach soll Ihr Kind es selbst probieren und die Kastanien in die Muffinform legen.

13 Einen Turm mit Baumscheiben stapeln

2+

Schwierigkeitsgrad: **leicht**
Zeitaufwand: **10 Minuten**

Materialien

• einige Baumscheiben • Korb

Hierbei handelt es sich um eine einfache Übung, die keine große Vorbereitungszeit erfordert und daher gut passt, wenn es in Ihrem Alltag einmal etwas hektischer zugeht. Das Stapeln der Baumscheiben fördert die Kreativität Ihres Kindes, die Feinmotorik und natürlich die Geduld.

Vorgehensweise:

1. Suchen Sie bei einem Waldspaziergang einen größeren Ast, den Sie in mehrere Scheiben zersägen können. Alternativ gibt es im Handel Baumscheiben zu kaufen.
2. Bieten Sie Ihrem Kind die Baumscheiben zum freien Spiel an, damit es sie anschauen und angreifen kann.
3. Wahrscheinlich wird es bald von ganz allein auf die Idee kommen, sie übereinanderzustapeln. Falls nicht, machen Sie es einmal vor.
4. Meist werden Kinder beim Bauen sehr kreativ und stapeln die Scheiben auf die verschiedensten Weisen übereinander.

---

14 Kastanien und Eicheln in eine Dose stecken

2+

Schwierigkeitsgrad: **leicht**
Zeitaufwand: **15 Minuten**

Materialien

• zwei leere Konservendosen mit passenden Silikondeckeln • weißes Papier • Kleber • Cuttermesser • Eicheln • Kastanien

Diese Montessori-Anregung verlangt Ihrem Kind mehr ab, als es auf den ersten Blick scheint: Es muss die Größen von Gegenständen richtig einschätzen, unterschiedliche Objekte sortieren und Fingerspitzengefühl beweisen.

Vorgehensweise:

1. Bekleben Sie die Konservendosen von außen mit weißem Papier, damit Ihr Kind bei der Übung nicht durch das Etikett abgelenkt wird.
2. Schneiden Sie in die Silikondeckel zwei verschiedengroße Öffnungen: eine, die groß genug für die Kastanien ist, und eine kleinere für die Eicheln.

3. Ihr Kind soll nun selbst herausfinden, in welches Gefäß die Eicheln und in welches die Kastanien einzuordnen sind, um ein Gefühl für die unterschiedlichen Größen zu bekommen.

15 In einer Kastanienwanne experimentieren

2+

Schwierigkeitsgrad: **leicht**
Zeitaufwand: **20 Minuten**

Materialien

• Babywanne oder große Kunststoffkiste • viele Kastanien • farbige Pompons • Löffel • Zange • Kelle • Becher und Schüsseln nach Belieben

Für das Planschbecken ist es im Herbst zu kalt, aber was spricht gegen ein Bad in Kastanien? Am besten spielt Ihr Kind darin barfuß, um das Kastanienbad mit allen Sinnen genießen zu können.

Vorgehensweise:

1. Füllen Sie möglichst viele Kastanien in die Wanne oder Kiste. Es sollte ein Füllstand von einigen Zentimetern erreicht werden.
2. Geben Sie ein paar Pompons hinzu.
3. Schlagen Sie Ihrem Kind vor, sich in die Wanne zu setzen. Wenn es möchte, kann es aber auch einfach daneben sitzen bleiben.
4. Ihr Kind kann nun nach Herzenslust spielen, indem es beispielsweise die Pompons sucht und mit dem Löffel oder der Zange in eine Schüssel befördert – gerne auch farblich sortiert.
5. Sie können die Übung abwandeln, indem Sie Tierfiguren oder andere Dinge zwischen den Kastanien verstecken.

16 Blätter harken

2+

Schwierigkeitsgrad: **mittel**
Zeitaufwand: **20 Minuten**

Materialien

• Garten • Harke vier Eimer • großer Sack • alternativ: Schubkarre

Das Blätterharken im Herbst ist eine Aufgabe, bei der Sie Ihr Kind gut mit einspannen können. Dabei kann es nämlich seine Koordination, seinen Sauberkeitssinn und seine Feinmotorik verbessern. Wenn Sie möchten, vermitteln Sie Ihrem Kind nach Abschluss der Übung noch die ersten Grundlagen des Kompostierens.

Vorgehensweise:

1. Grenzen Sie auf der Wiese einen Bereich ab, in dem Ihr Kind Blätter harken soll. Dafür stellen Sie an vier Ecken umgedrehte Eimer auf. Das ist wichtig, um Ihr Kind nicht gleich zu überfordern.
2. Demonstrieren Sie Ihrem Kind den richtigen Umgang mit der Harke. Animieren Sie es dann dazu, es ebenfalls zu versuchen.
3. Hat es alle Blätter zusammengeharkt, soll es diese in einen großen Sack oder eine Schubkarre werfen.

---

17 Mit kinetischem Sand Baustelle spielen

2+

Schwierigkeitsgrad: **leicht**
Zeitaufwand: **30 Minuten**

Materialien

• kinetischer Sand • Kiste • kleine Spielzeug-Baustellenfahrzeuge • Naturmaterialien wie Kastanien • Steine • Holzstücke • Eicheln und Blätter

Der Sandkasten gehört im Sommer zu den beliebtesten Beschäftigungen Ihres Kindes, ist nun im Herbst aber weggeräumt oder zugedeckt? Dann können Sie Ihr Kind mit dieser Beschäftigungsidee sicher eine große Freude bereiten. Sie spricht nicht nur die Feinmotorik, sondern vor allem auch die Kreativität Ihres Kindes an und sorgt für eine Verbesserung der taktilen Wahrnehmung.

Vorgehensweise:

1. Füllen Sie kinetischen Sand – gekauft oder selbst hergestellt aus Vogelsand, Speisestärke und Wasser – in die Kiste, sodass der Boden einige Zentimeter bedeckt ist.
2. Verteilen Sie die Naturmaterialien in der Kiste und stellen Sie die Baustellenfahrzeuge hinein.
3. Die kleine Indoor-Baustelle kann nun von Ihrem Kind nach Belieben bespielt werden.
4. Fördern Sie zusätzlich das Sozialverhalten Ihres Kindes, indem Sie zu diesem Spiel noch andere Kinder einladen oder selbst mitspielen.

18 Ein Vogelhaus im Garten aufstellen

3+

Schwierigkeitsgrad: **mittel**
Zeitaufwand: **circa 2 bis 3 Stunden**

Materialien

• Vogelhaus • Holzfarbe • Vogelfutter

Für Kinder ist es eine spannende und nützliche Beschäftigung, Tiere zu beobachten. Der frühe Herbst ist ideal, um mit dem Füttern der heimischen Vögel anzufangen und somit möglichst viele verschiedene Arten anzulocken. Diese werden das Futterhaus dann im Winter regelmäßig besuchen. Darf Ihr Kind beim Aussuchen, Vorbereiten und Aufstellen des Vogelhäuschens mithelfen, fördert das seinen Fleiß, das Selbstvertrauen und die Kreativität.

Vorgehensweise:

1. Suchen Sie mit Ihrem Kind ein fertiges Vogelhaus aus unbehandeltem Holz im Handel aus.
2. Ihr Kind darf das Holz nun nach seinen Vorlieben farblich gestalten. Achten Sie darauf, dass das Innere des Häuschens unbehandelt bleibt.
3. Wählen Sie gemeinsam mit Ihrem Kind einen sicheren Standort aus, der ihm das tägliche Beobachten der Vögel problemlos ermöglicht. Stellen Sie das Vogelhaus dort auf.
4. Zum Schluss kann Ihr Kind noch Vogelfutter ausstreuen und aufhängen – gerne auch selbst gemachtes (siehe nachfolgende Idee 19).
5. Schon bald werden die ersten Vögel vorbeischauen, die Ihr Kind von nun an in aller Ruhe beobachten, zeichnen, fotografieren und filmen kann.

---

19 Vogelfutter selbst herstellen

3+

Schwierigkeitsgrad: **mittel**
Zeitaufwand: **60 Minuten**

Materialien

• Kokosfett • Vogelkörner • Ausstechformen • Backpapier • Bindfaden

Um Ihrem Kind ein gutes Verständnis darüber zu vermitteln, was Vögel fressen und seinen Respekt vor der Natur zu fördern, können Sie mit ihm Vogelfutter selbst herstellen. Dann wird es noch mehr Freude daran haben, die Vögel regelmäßig mit dem Futter zu versorgen.

Vorgehensweise:

1. Schmelzen Sie das Kokosöl gemeinsam mit Ihrem Kind.
2. Währenddessen kann es die Ausstechformen auf einem Blech mit Backpapier auslegen und in jedes Förmchen ein kleines Stück Bindfaden legen, sodass es an der Seite übersteht. Dadurch lässt sich das Vogelfutter gut am Vogelhaus befestigen.
3. Sobald das Fett geschmolzen ist, gibt Ihr Kind die Körner hinzu.
4. Die Mischung wird dann in die einzelnen Ausstechformen gegossen.
5. Nun muss das Fett wieder abkühlen. Danach ist das Vogelfutter fertig. Ihr Kind darf es vorsichtig aus den Förmchen holen. Sie können das Futter danach zusammen mit Ihrem Kind am Vogelhaus oder an der Fensterbank befestigen.

---

20 Herbstbaum stempeln

3+

Schwierigkeitsgrad: **leicht**
Zeitaufwand: **20 bis 45 Minuten**

Materialien

• Vorlage von einem Baum • Fingerfarben (Rot, Orange, Gelb) • Teller • Wattestäbchen oder alte Zahnbürste

Mit dieser Übung fördern Sie die Kreativität Ihres Kindes und sein Allgemeinwissen über die Jahreszeiten. Gleichzeitig ist sie perfekt, um das Selbstvertrauen Ihrs Kindes zu stärken, weil es sieht, dass es schon ganz allein in der Lage ist, ein kleines Kunstwerk zu erschaffen.

Vorgehensweise:

1. Schauen Sie sich mit Ihrem Kind an, wie Bäume im Herbst aussehen – am besten bei einem Spaziergang durch die Natur oder alternativ anhand von Fotos in Büchern. Weisen Sie dabei vor allem auf die vielen bunten Blätter und die dominierenden Farben Rot, Orange und Gelb hin.
2. Geben Sie dann Fingerfarben in den genannten Farbtönen auf einen Teller und legen Sie die Wattestäbchen oder die Zahnbürste daneben.
3. Zeigen Sie Ihrem Kind, wie es die Wattestäbchen oder die Zahnbürste in die Fingerfarben eintauchen und anschließend dem leeren Baum ein herbstliches Blattwerk stempeln kann.
4. Wenn Ihr Kind noch Lust hat, können Sie danach noch die anderen Jahreszeiten besprechen und es die Jahreszeiten-Bäume für den Frühling, den Sommer und den Winter stempeln lassen. Damit vermitteln Sie ein gutes erstes Wissen zu den unterschiedlichen Jahreszeiten.

21 Pilze suchen

3+

Schwierigkeitsgrad: **mittel**
Zeitaufwand: **nach Belieben**

Materialien

• Korb • Taschenmesser • Pilzführer für Kinder

Ein Waldspaziergang bietet sich an, um nach essbaren Pilzen Ausschau zu halten und Ihrem Kind ein erstes Wissen über Pilze zu vermitteln. Mit dieser Aktivität fördern Sie die Naturverbundenheit, den Respekt vor der Umwelt, die Allgemeinbildung und die Beobachtungsgabe Ihres Kindes.

Vorgehensweise:

1. Schlagen Sie Ihrem Kind an einem schönen Herbsttag vor, im Wald nach essbaren Pilzen zu suchen.
2. Bereiten Sie es auf den Ausflug vor, indem Sie sich den Pilzführer anschauen und die wichtigsten Unterschiede zwischen essbaren und giftigen Pilzen erläutern. Weisen Sie Ihr Kind außerdem darauf hin, dass es nur die Pilze berühren und ernten darf, die Sie mitnehmen möchten.
3. Fordern Sie Ihr Kind beim Spaziergang auf, nach Pilzen Ausschau zu halten.
4. Bestimmen Sie gefundene Pilze gemeinsam mit dem Pilzführer.
5. Haben Sie essbare Pilze entdeckt, zeigen Sie Ihrem Kind, wie diese korrekt geerntet werden: Drehen Sie den Pilz vorsichtig heraus oder schneiden Sie ihn mit einem kleinen Messer unmittelbar über dem Boden ab.
6. Im Idealfall darf Ihr Kind daheim auch beim Putzen und Zubereiten der Pilze helfen.

---

22 Blättertiere kleben

3+

Schwierigkeitsgrad: **leicht**
Zeitaufwand: **15 Minuten**

Materialien

• Herbstblätter • Filzstifte • Wackelaugen • weißes Papier • Kleber

Diese einfache Bastelarbeit ist ideal für kleinere Kinder. Sie regt die Kreativität an und stärkt das Allgemeinwissen über die Natur und heimische Waldtiere. Außerdem schult sie die Feinmotorik.

Vorgehensweise:

1. Sammeln Sie mit Ihrem Kind einige Herbstblätter bei einem Spaziergang. Die Blätter sollten möglichst unterschiedliche Formen haben.
2. Ihr Kind soll die Blätter nun betrachten und überlegen, welche Tiere sich daraus legen lassen – zum Beispiel ein Igel, ein Fuchs oder ein Eichhörnchen. Danach klebt es die Blätter seinen Vorstellungen entsprechend auf.
3. Die Wackelaugen verleihen den Tieren ein realistischeres Gesicht. Zusätzlich kann es – gegebenenfalls mit Ihrer Hilfe – den Tieren noch weitere Elemente mit den Stiften zeichnen: Beine, Stacheln, einen langen Schwanz... Der Kreativität sind hier keine Grenzen gesetzt.

23 Mit Herbstmaterialien „kochen"

3+

Schwierigkeitsgrad: **leicht**
Zeitaufwand: **5 Minuten Vorbereitung, Spielzeit nach Belieben**

Materialien

• Kastanien • Eicheln • Walnüsse • Haselnüsse • Herbstblätter • Zapfen • Steine • eine Spielküche für Kinder • gegebenenfalls ein paar Körbe

Hat Ihr Kind eine Spielküche mit Spielzeug-Nahrungsmitteln aus Holz oder Kunststoff, können Sie diese im Herbst sehr gut durch Naturmaterialien ersetzen. Das steigert das Interesse an der Kinderküche wieder und regt die Kreativität Ihres Kindes an. Sicher wird es gerne neue „Rezepte" ausprobieren.

Vorgehensweise:

1. Schlagen Sie Ihrem Kind bei einem Herbstspaziergang vor, Naturmaterialien zu sammeln, mit denen es in der Kinderküche kochen kann.
2. Sortieren Sie die Materialien daheim in die Küche ein – am besten geordnet in ein paar Körben oder Schalen.
3. Danach darf Ihr Kind frei spielen und nach Herzenslust Kastanien kochen, Eicheln braten und Nüsse im Ofen backen.
4. Die Aktivität lässt sich auch ohne Spielzeugküche realisieren: Stellen Sie Ihrem einfach ein paar Töpfe, Pfannen und Kochlöffel bereit, damit es mit den Naturmaterialien „kochen" kann.

24 Herbstblätter sammeln, trocknen und zerschneiden

3+

Schwierigkeitsgrad: **leicht**
Zeitaufwand: **10 Minuten**

Materialien

• Korb • Herbstblätter • Kinderschere

Ab einem Alter von etwa drei Jahren entwickeln Kinder großes Interesse an der Schere. Mit dieser Übung können Sie der Neugierde Ihres Kindes nachkommen und seine feinmotorischen Fähigkeiten sowie seine Augen-Hand-Koordination stärken. Die Arbeit mit den Blättern spricht zudem die taktile Wahrnehmung an.

Vorgehensweise:

1. Bringen Sie von einem Spaziergang einen Korb voller Herbstblätter mit.
2. Pressen Sie die Blätter am besten einige Tage lang mit schweren Büchern.
3. Legen Sie dann eine Schere bereit und zeigen Sie Ihrem den richtigen Umgang damit.
4. Danach kann es üben, die Blätter zu zerschneiden.
5. Je nach Fähigkeiten und Alter Ihres Kindes lässt sich die Übung gut abwandeln: Es kann die Blätter auch stanzen, lochen, zerreißen oder zerbröseln.

25 Klorollen-Herbstigel befüllen

3+

Schwierigkeitsgrad: **leicht**
Zeitaufwand: **15 Minuten**

Materialien

• Karton • Klopapierrollen • Schere • Reis oder andere Schüttmaterialien in kleinen Schüsseln • Kleber • Stifte • kleine Holzschöpfer oder Löffel

Diese Aktivität spricht die Fähigkeiten Ihres Kindes auf mehreren Ebenen an: Es muss seine Fingerfertigkeiten unter Beweis stellen, Geduld zeigen und sich konzentrieren. Außerdem bekommt es ein Gefühl für Mengen.

Vorgehensweise:

1. Zerschneiden Sie die leeren Klopapierrollen in kleinere Ringe und drücken Sie diese etwas zusammen, sodass eine spitze Form entsteht. Diese sind die Stacheln des Igels.

2. Zeichnen Sie einen Igel auf den Karton und kleben Sie die Klopapierrollenstücke als Stacheln auf seinen Körper.
3. Ihr Kind hat nun die Aufgabe, mit einem Holzschöpfer oder einem Löffel den Reis oder andere Schüttmaterialien in die Klopapierrollen zu füllen.
4. Natürlich kann diese Aktivität auch mit anderen Herbsttieren abgewandelt werden.

26 Kastanien bemalen und sortieren

3+

Schwierigkeitsgrad: **leicht**
Zeitaufwand: **15 Minuten**

Materialien

• Fingerfarben • Pinsel • Kastanien • Eierkarton • großer Löffel

Interessiert sich Ihr Kind momentan sehr für das Zuordnen und Benennen von Farben, ist diese Tätigkeit perfekt! Sie fördert das Farbenverständnis, die Kreativität und die Feinmotorik.

Vorgehensweise:

1. Malen Sie den weißen Fleck der Kastanien zusammen mit Ihrem Kind in unterschiedlichen Farben an. Jede Kastanie bekommt eine andere Farbe.
2. In denselben Farben wird nun der Eierkarton bemalt.
3. Nach dem Trocknen geht es los: Ihr Kind greift zum Löffel, wählt eine Kastanie aus und benennt die Farbe. Falls es die Farbe noch nicht kennt, helfen Sie ihm beim Benennen.
4. Danach legt Ihr Kind die Kastanie mit dem Löffel an die richtige Stelle im Eierkarton.

27 Einen Wattestäbchen-Igel basteln

3+

Schwierigkeitsgrad: **leicht**
Zeitaufwand: **15 Minuten**

Materialien

• braunes Tonpapier • Schere • braune Knete • Wattestäbchen • Lebensmittelfarbe in Braun • Wackelauge • schwarzer Filzstift • schwarzer Pompon • Kleber

Diese Anregung spricht die Feinmotorik, die Ausdauer, den Fleiß und die Kreativität Ihres Kindes an. Sie eignet sich gut, um ihm zusätzlich ein wenig Hintergrundwissen zum Igel zu vermitteln.

Vorgehensweise:

1. Schneiden Sie die Form eines Igels aus dem braunen Tonpapier aus.
2. Füllen Sie den Rücken des Igels mit brauner Knete aus und kleben Sie diese auf dem Tonpapier-Igel fest.
3. Ihr Kind kann die Wattestäbchen mit brauner Lebensmittelfarbe einfärben.
4. Halbieren Sie die Stäbchen.
5. Anschließend steckt Ihr Kind die Wattestäbchen in die Knete, sodass der Igel nach und nach immer mehr Stacheln bekommt.
6. Zuletzt erhält der Igel noch einen schwarzen Pompon als Nase, ein Wackelauge und einen aufgemalten Mund.

28 Herbstblätter fädeln

3+

Schwierigkeitsgrad: **mittel**
Zeitaufwand: **15 Minuten**

Materialien

• bunte Herbstblätter • große Sticknadel • Wolle

Mit dieser Anregung können Sie die Feinmotorik und die Kreativität Ihres Kindes fördern. Sie ist ideal für Kinder, die in der Natur gerne Herbstblätter aufsammeln. Je nachdem, wie Sie die Aktivität umsetzen, können Sie dabei auch das Sortieren üben – zum Beispiel nach Farbe, Form oder Größe.

Vorgehensweise:

1. Bereiten Sie die Übung vor, indem Sie eine große Sticknadel, einen Faden Wolle und die in der Natur gesammelten Herbstblätter bereitlegen.
2. Lassen Sie Ihr Kind die Blätter nun nach einem bestimmten Kriterium sortieren – beispielsweise nach der Blattfarbe, der Größe oder der Form.
3. Danach darf Ihr Kind aus den Herbstblättern eine Kette fädeln, indem es die Blätter mit der Nadel durchsticht und dann den Faden einfädelt. Hier können Sie je nach Fähigkeiten des Kindes gerne helfen.
4. Lassen Sie Ihr Kind entweder frei fädeln oder schlagen Sie ihm ein bestimmtes Muster vor.

29 Einen Drachen steigen lassen

3+

Schwierigkeitsgrad: **mittel**
Zeitaufwand: **20 Minuten**

Materialien

• Drachen (mit einer Leine) • windiger Tag

Die Aussicht, einen Drachen steigen zu lassen, animiert auch kleine Stubenhocker an windigen Tagen, sich draußen zu bewegen. Mit einem Einleinerdrachen erzielen schon Kinder ab einem Alter von drei Jahren erste Erfolgserlebnisse mit dem Drachen. Diese Aktivität stärkt die Feinmotorik, das Selbstvertrauen und die Koordination Ihres Kindes.

Vorgehensweise:

1. Schlagen Sie Ihrem Kind an einem Tag mit Windstärke zwei bis drei vor, einen Drachen steigen zu lassen.
2. Lassen Sie Ihr Kind die Schnur halten und entfernen Sie sich mit dem Drachen, bis die Leine gespannt ist. Warten Sie, bis ein Windstoß kommt und der Drachen selbstständig an der Leine zieht. Schubsen Sie ihn dann in die Luft. So trägt der Wind den Drachen nach oben und Ihr Kind muss lediglich die Leine halten.
3. Zeigen Sie Ihrem Kind gegebenenfalls, wie es ihm gelingt, den Drachen oben zu halten, indem es sich dem Wind entsprechend bewegt.

---

30 Blätter-Igel gestalten

3.5+

Schwierigkeitsgrad: **mittel**
Zeitaufwand: **20 Minuten**

Materialien

• Pappe • braunes Buntpapier • Stifte • Schere • Kleber • Herbstblätter

Bei dieser herbstlichen Aktivität kann Ihr Kind von Anfang an fleißig mithelfen. Es lernt, eine Aufgabe von Anfang an bis zum Ende durchzuführen, wodurch die Ausdauer und die Geduld gefördert werden. Zudem regt die Bastelarbeit die Kreativität Ihres Kindes an.

Vorgehensweise:

1. Schlagen Sie Ihrem Kind vor, gemeinsam im Wald Herbstblätter zu sammeln und daraus Igel zu basteln.

2. Daheim soll Ihr Kind die Blätter mit dicken Büchern beschweren, damit sie gut trocknen.
3. Nach einigen Tagen kann das Basteln beginnen: Fertigen Sie eine Igel-Schablone aus Pappe an, mit der Ihr Kind dann selbst in der Lage ist, die Umrisse des Igels auf das braune Buntpapier zu zeichnen. Die Stacheln lassen Sie weg.
4. Schneiden Sie die Igel aus und zeichnen Sie ihnen freundliche Gesichter.
5. Nun kann Ihr Kind die getrockneten Blätter auf die Igelkörper kleben. Die Zacken der Blätter stellen dabei die Stacheln des Igels dar.

31 Ziffern schreiben mit Herbstblättern

4+

Schwierigkeitsgrad: **mittel**
Zeitaufwand: **20 Minuten**

Materialien

• Herbstblätter • Gefrierbeutel • Klebeband • Holzstäbchen • Vorlagen von Ziffern

Mit dieser Übung können Sie Ihrem Kind dabei helfen, erste Erfahrungen mit dem Lesen und Schreiben von Zahlen zu sammeln. Sie spricht die Feinmotorik Ihres Kindes an und bereitet auf das spätere Schreiben vor.

Vorgehensweise:

1. Trocknen Sie in der Natur gesammelte Herbstblätter einige Tage lang unter dicken Büchern.
2. Ihr Kind darf die getrockneten Blätter dann ganz fein zerbröseln und in einen Gefrierbeutel füllen. Die Fläche sollte, wenn der Beutel auf einem Tisch liegt, mit den Blätterstücken gut bedeckt sein.
3. Der Beutel mit den Blättern wird am Tisch mit Klebeband festgeklebt.
4. Nun soll Ihr Kind mit dem Holzstäbchen über den Gefrierbeutel fahren und die Form einer Ziffernvorlage nachzeichnen. Die zerbröselten Blätter schieben sich dann zur Seite, sodass die nachgezeichnete Form sichtbar wird.
5. Ist Ihr Kind mit einer Ziffer fertig, lässt sich die gezeichnete Form einfach wieder wegwischen und es kann mit der nächsten Zahl weitergehen.
6. Das Spiel lässt sich auch mit Buchstaben spielen.

32 Herbstmaterialien auftauen

4+

Schwierigkeitsgrad: **leicht**
Zeitaufwand: **20 Minuten**

Materialien

• Eicheln • Kastanien • Haselnüsse • Hagebutten und andere kleine Herbstmaterialien • Eiswürfelform • Salz • kleiner Löffel • Pipette für Kinder • Glas mit warmem Wasser

Diese Aktivität richtet sich speziell an experimentierfreudige Kinder! Zu sehen, wie das Eis schmilzt und die Naturmaterialien wieder freigibt, ist für Kinder sehr interessant. Dabei fördert die Übung nicht nur das Allgemeinwissen über physikalische Grundsätze, sondern auch die Feinmotorik durch den Umgang mit der Pipette.

Vorgehensweise:

1. Geben Sie die Naturmaterialien in die Eiswürfelform und füllen Sie die Förmchen mit Wasser. Stellen Sie sie dann über Nacht ins Gefrierfach.
2. Am nächsten Tag kann das Experiment beginnen: Stellen Sie eine Schale mit Salz und einem kleinen Löffel sowie ein Glas mit warmem Wasser und eine Pipette bereit.
3. Nun kann Ihr Kind experimentieren und beobachten, wie das Eis durch das Salz und das warme Wasser schneller schmilzt und so die Naturmaterialien wieder befreien.

33 Buchstabenjagd durch den Wald

4+

Schwierigkeitsgrad: **mittel**
Zeitaufwand: **30 Minuten**

Materialien

• Buntpapier • Schere • Stift • Klebeband

Mit dieser Montessori-Aktivität können Sie für Bewegung an der frischen Luft sorgen und den nächsten Waldspaziergang abwechslungsreicher gestalten. Zudem fördern Sie die Lesefähigkeit und das genaue Schauen Ihres Kindes.

Vorgehensweise:

1. Beschriften Sie das Buntpapier (am besten DIN A4) mit unterschiedlichen Buchstaben, die Ihr Kind schon gut erkennt. Für Buchstabenanfänger empfehlen sich die Vokale A, E, I, O und U.

2. Während eine andere Bezugsperson bei Ihrem Kind bleibt, verteilen Sie die Buchstabenkarten in einem begrenzten Stück Wald. Kleben Sie die Karten beispielsweise an Baumstämmen, dicken Ästen oder umgefallenen Bäumen fest.
3. Nun beginnt die Buchstabenjagd: Sie nennen einen Buchstaben und Ihr Kind hat die Aufgabe, ihn so schnell wie möglich zu finden.
4. Am besten wird das Spiel mit mehreren Kindern gespielt, sodass ein Wettlauf entsteht, wer den Buchstaben zuerst gefunden hat.

34 Herbstblätter einwickeln

4+

Schwierigkeitsgrad: **leicht**
Zeitaufwand: **15 Minuten**

Materialien

• Pappe • Wolle in Herbstfarben (gerne Reste) • Klebeband • Schere

Diese Anregung ist perfekt, wenn Sie die Augen-Hand-Koordination, die Feinmotorik, die Geduld und die Konzentration Ihres Kindes fördern und stärken möchten. Außerdem trägt sie dazu bei, die Kreativität zu fördern.

Vorgehensweise:

1. Schneiden Sie unterschiedliche Blattformen aus dem Karton aus.
2. Kleben Sie die Wollschnur mit Klebeband auf der Rückseite der Blätter fest.
3. Danach kann Ihr Kind die Blätter nach Herzenslust mit der Wolle umwickeln.

35 Ein Wald-Xylophon basteln

4+

Schwierigkeitsgrad: **schwer**
Zeitaufwand: **45 Minuten**

Materialien

• Aststücke von Buche oder Ahorn • Bohrmaschine • Schnur • Holzstück zum Anschlagen • Säge

Bei dieser Anregung geht es um die musikalische Früherziehung Ihres Kindes. Gleichzeitig fördert sie die Konzentrationsfähigkeit und die Koordination und spricht die Kreativität in besonderem Maße an.

Vorgehensweise:

1. Basteln Sie für Ihr Kind ein Xylophon aus Holz: Dafür benötigen Sie Aststücke von einem Hartholzbaum wie Ahorn oder Buche, die etwa vier Zentimeter breit sein sollten, in unterschiedlichen Längen. Bohren Sie mit der Bohrmaschine oben ein Loch hinein und hängen Sie die Aststücke mit einer Schnur an einem Querast auf.
2. Ihr Kind kann die Hölzer nun mit einem Holzstück anschlagen. Hören Sie gemeinsam hin und versuchen Sie, die Tonhölzer nach dem Klang zu ordnen. Indem Sie kleine Scheiben vom Ast absägen, lässt sich der Klang der Tonhölzer verändern.
3. Je nach Alter des Kindes können auch einfache Melodien gespielt werden.

36 Eine Kette aus Herbstmaterialien basteln

4+

Schwierigkeitsgrad: **leicht**
Zeitaufwand: **15 Minuten**

Materialien

• Hagebutten • Eicheln • Kastanien • leere Schneckenhäuser • Kastanienbohrer • Schnur

Viele Herbstmaterialien sind perfekt geeignet, um daraus eine Naturkette oder ein Armband zu fädeln. Diese Bastelarbeit fördert die Kreativität, die Feinmotorik, die Koordination und die Geduld Ihres Kindes. Auch das Selbstvertrauen wird gestärkt.

Vorgehensweise:

1. Zunächst müssen die Materialien mit dem Kastanienbohrer vorsichtig durchbohrt werden.
2. Danach kann Ihr Kind die Naturmaterialien in der von ihm gewünschten Reihenfolge auf eine Schnur fädeln.
3. Diese wird verknotet und kann von Ihrem Kind selbst als Schmuck getragen oder verschenkt werden.

37 Einen Herbststrauch dekorieren

4+

Schwierigkeitsgrad: **leicht**
Zeitaufwand: **15 Minuten**

Materialien

• Zweige • Vase • Sand • herbstliche Deko-Klammern und/oder Anhänger • kleine LED-Lichterkette mit Batteriebetrieb

Diese Anregung ist perfekt, um den Schönheitssinn, der Maria Montessori so wichtig war, zu fördern. Gleichzeitig sprechen Sie mit dieser Übung die Kreativität und die Feinmotorik Ihres Kindes an.

Vorgehensweise:

1. Fordern Sie Ihr Kind bei einem Spaziergang auf, schöne Zweige zu sammeln – am besten auch Hagebuttenzweige.
2. Daheim soll es die Zweige in die Vase stellen und diese mit Sand befüllen, damit sie nicht umkippen kann.
3. Einige Zweige werden mit der LED-Lichterkette umwickelt.
4. Mit den Anhängern und/oder den Klammern dekoriert Ihr Kind danach die Zweige nach Belieben.
5. Abends nach Sonnenuntergang kann Ihr Kind täglich die LED-Beleuchtung anschalten und sich über seine eigene kleine Herbstdekoration freuen.

38 Einen Igelunterschlupf im Garten bauen

4+

Schwierigkeitsgrad: **leicht**
Zeitaufwand: **30 Minuten**

Materialien

• Laub • Äste • Reisig

Vermitteln Sie Ihrem Kind mit dieser Aktivität wertvolles Wissen über den Igel: Warum und wann halten sie Unterschlupf? Warum brauchen sie bei der Überwinterung unsere Unterstützung? Wie lässt sich auf einfache Weise ein Unterschlupf bauen? Mit dieser Übung können Sie den Respekt Ihres Kindes vor der Natur und ein umsichtiges Miteinander fördern.

Vorgehensweise:

1. Wählen Sie mit Ihrem Kind einen geeigneten Ort im Garten aus, an dem Sie

einen Unterschlupf bauen können. Ideal ist ein schattiger und windgeschützter Standort.
2. Anstatt das Laub zu entsorgen, soll Ihr Kind es zu einem großen Laubhaufen auftürmen.
3. Mit Reisig und Ästen deckt Ihr Kind den Laubhaufen ab, um für einen zusätzlichen Schutz zu sorgen.
4. Alternativ und je nach Alter des Kindes können Sie auch ein richtiges Igelhaus kaufen oder komplett selbst bauen und aufstellen.

39 Ein Lagerfeuer machen und darauf kochen

4+

Schwierigkeitsgrad: **mittel**
Zeitaufwand: **nach Belieben**

Materialien

• Feuerschale • Feuerholz • klappbares Grillrost • Kochtopf • Lagefeuerspieße • Zutaten für Eintopf und/oder Stockbrot

Fachen Sie an einem kühlen Herbsttag mit Ihrem Kind ein Feuer im Garten an, um es langsam an die schönen Seiten des Feuers heranzuführen. Dabei können Sie ihm zeigen, dass Feuer nach wie vor dieselben Funktionen erfüllt wie vor vielen Jahren: Es sorgt für Licht, wärmt und kann sogar zur Zubereitung von Mahlzeiten verwendet werden. Diese Aktivität fördert das Allgemeinwissen und den Respekt vor der Umwelt.

Vorgehensweise:

1. Sammeln Sie mit Ihrem Kind im Wald geeignetes Feuerholz und zeigen Sie ihm unter Beachtung aller Vorsichtsmaßnahmen, wie das Feuer entfacht wird. Ältere Kinder ab etwa sechs Jahren können es auch selbst schon probieren.
2. Lassen Sie Ihr Kind eine Suppe oder einen Eintopf aussuchen, den Sie über dem Feuer zubereiten können.
3. Mit etwas Hilfe wird es Ihrem Kind sicher schon gelingen, ein eigenes Stockbrot zu backen.

40 Ein Regentropfen-Experiment ausprobieren

4+

Schwierigkeitsgrad: **leicht**
Zeitaufwand: **15 Minuten**

Materialien

• Vase • Wasser • Rasierschaum • Lebensmittelfarbe • Pipette oder Teelöffel

So manches vierjährige Kind wird an regnerischen Herbsttagen die Frage stellen: „Warum brauchen wir eigentlich Regen?“ Ein guter Moment, um mit diesem Regentropfen-Experiment ein wenig Allgemeinwissen zum Thema Regen zu vermitteln. Nebenbei spricht es auch den Entdeckerdrang und die Beobachtungsgabe Ihres Kindes an.

Vorgehensweise:

1. Besprechen Sie mit Ihrem Kind das Thema Regen – zum Beispiel unter Zuhilfenahme eines Buchs. Erläutern Sie, wie er entsteht und wofür die Natur ihn benötigt.
2. Danach können Sie die Entstehung von Regen mit dem Experiment nachahmen: Füllen Sie Wasser in die Vase und geben Sie ganz oben eine Schicht Rasierschaum hinzu.
3. Ihr Kind kann nun mit der Pipette oder einem kleinen Löffel die unterschiedlichen Lebensmittelfarben auf den Rasierschaum tropfen.
4. Es wird staunen, wenn es plötzlich in der Vase anfängt, farbenfroh zu „regnen“.
5. Sprechen Sie mit Ihrem Kind über seine Beobachtungen und beantworten Sie nach Möglichkeit alle Fragen, die es noch zu diesem Thema hat.

41 Herbstliche Zahlenjagd in der Natur

5+

Schwierigkeitsgrad: **mittel**
Zeitaufwand: **15 Minuten**

Materialien

• Filzstift • Buntpapier

Trainieren Sie mit dieser Übung die Fähigkeit Ihres Kindes Zahlen zu lesen und zu zählen. Auch das Mengenverständnis wird geschult. Ein schöner Nebeneffekt: Ihr Kind kann seinen Bewegungsdrang in der freien Natur ausleben.

Vorgehensweise:

1. Bereiten Sie mit dem Buntpapier einige Zahlenkarten im DIN-A6-Format vor. Schreiben Sie auf jede Karte eine Ziffer von 1 bis 10.
2. Begeben Sie sich in die Natur – zum Beispiel in den Wald – und breiten Sie die Zahlenkarten vor Ihrem Kind aus.
3. Jetzt geht die Zahlenjagd los: Zeigen Sie auf eine Zahlenkarte und fragen Sie, um welche Zahl es sich handelt. Fordern Sie Ihr Kind dann auf, ein bestimmtes Material wie Kastanien, Eicheln, Walnüsse oder Ahornblätter in der jeweiligen Anzahl zu holen.
4. Zählen Sie die gesammelten Materialien. Stimmt die Anzahl, legt Ihr Kind sie direkt unter die richtige Zahlenkarte.

---

42 Mit Äpfeln experimentieren

5+

Schwierigkeitsgrad: **leicht**
Zeitaufwand: **10 Minuten Vorbereitung, 7 Tage Wartezeit, nochmals 10 Minuten Beobachtung**

Materialien

• Apfel • vier Gläser • Wasser • Essig • Öl

Ende September bis Anfang Oktober wird in Deutschland das Erntedankfest gefeiert. Ein guter Zeitpunkt, um mit Äpfeln zu experimentieren, deren Haupterntezeit hierzulande im Herbst liegt. Mit dieser kleinen Anregung kommen Sie der Experimentierfreude Ihres Kindes nach und stärken sein Allgemeinwissen.

Vorgehensweise:

1. Lassen Sie Ihr Kind einen Apfel in vier Teile schneiden.
2. Nun füllt es die Gläser mit unterschiedlichen Flüssigkeiten: In eines kommt Wasser, in das nächste Öl und in das dritte Essig. Das vierte Glas wird mit Luft gefüllt. Es bleibt also leer.
3. In jedes Glas soll Ihr Kind ein Stück Apfel legen.
4. Schauen Sie nach einer Woche wieder nach den Apfelstücken. Wie haben sich die Äpfel verändert? Wodurch lassen sich die Veränderungen begründen? Sprechen Sie mit Ihrem Kind über die Ergebnisse und beantworten Sie seine Fragen.

43 Bastelleim selbst herstellen

5+

Schwierigkeitsgrad: **mittel**
Zeitaufwand: **20 Minuten**

Materialien

• eine Kartoffel • ein Schnapsglas mit Wasser • Kartoffelschäler • Kartoffelreibe • Tuch, Schüssel

Das Erntedankfest Ende September bis Anfang Oktober ist auch eine gute Zeit, um Ihrem Kind mehr über die vielseitige Kartoffel zu erzählen – und einen ungiftigen Bastelleim daraus selbst herzustellen. Diese Übung fördert das Allgemeinwissen, die Experimentierfreude und die Kreativität Ihres Kindes.

Vorgehensweise:

1. Schälen und reiben Sie die Kartoffel. Geben Sie das Wasser hinzu und rühren Sie gut um, sodass ein feiner Brei entsteht.
2. Ihr Kind soll den Brei in einem Tuch fest ausdrücken. Der Saft wird in einer Schüssel aufgefangen.
3. Nach einer Ruhezeit von einer Stunde hat sich in der Schüssel ein weißer Bodensatz gebildet. Das ist die Stärke. Gießen Sie das überschüssige Wasser ab.
4. Nun kann Ihr Kind zwei Teelöffel der Stärke mit zwei Esslöffeln Wasser in einen Topf geben. Erhitzen Sie die Mischung leicht. So entsteht aus dem Stärkebrei ein Kleister, der sich gut zum Basteln verwenden lässt.

---

44 Mit Kastanien und Walnüssen rechnen lernen

5+

Schwierigkeitsgrad: **mittel**
Zeitaufwand: **20 Minuten**

Materialien

• Knete • Nudelholz • jeweils mindestens zehn Kastanien und Walnüsse • zwei Schalen • Holzstäbchen oder Wattestäbchen

Diese Anregung ist ideal, um Ihrem Kind ein erstes mathematisches Verständnis zu vermitteln. Es lernt, die Zahlen besser zu lesen, seine Zählfähigkeit zu steigern und schult nebenbei auch noch seine Feinmotorik.

Vorgehensweise:

1. Rollen Sie eine Kugel Knete zu einer größeren, flachen Platte aus. Daneben stellen Sie eine Schale mit Walnüssen und eine Schale mit Kastanien.

2. Drücken Sie mit dem Holz- oder Wattestäbchen die Form einer Ziffer in die Mitte der Knetplatte.
3. Links von dieser Zahl soll Ihr Kind Walnüsse platzieren – und zwar genau eine weniger. Rechts neben der Zahl legt es die Kastanien hin: exakt eine mehr.
4. Stempeln Sie also die Zahl 5 in die Mitte, soll Ihr Kind links daneben vier Walnüsse und rechts daneben sechs Kastanien platzieren.
5. Hat Ihr Kind die Aufgabe verstanden, können Sie dann auch mit mathematischen Begriffen wie „plus" und „minus" arbeiten.

45 Mit weichem Holz das Hämmern üben

5+

Schwierigkeitsgrad: **mittel**
Zeitaufwand: **15 Minuten**

Materialien

• ein weiches Holzstück aus der Natur • Nägel • Hammer

Das Hämmern ist eine wichtige Aktivität des täglichen Lebens, welche die Feinmotorik, die Augen-Hand-Koordination und die Kraftdosierung hervorragend schult. Halten Sie bei einem Herbstspaziergang im Wald nach einem Stück morschen Holz Ausschau und schon kann es losgehen.

Vorgehensweise:

1. Bieten Sie Ihrem Kind ein Stück morsches Holz, einige große Nägel und einen Hammer an.
2. Zeigen Sie, wie der Hammer richtig gehalten wird und wie es die Nägel einschlagen kann, ohne sich die Finger zu verletzen.
3. Dann kann es losgehen: Ihr Kind sollte den Nagel am besten zunächst nur in das Holz stecken und dann mit dem Hammer tiefer schlagen, ohne den Nagel festzuhalten.
4. Das jüngere Geschwisterkind möchte auch schon hämmern? Dann füllen Sie eine Schüssel mit Knete und bieten Sie dem Kind Golf Tees und einen Spielzeughammer an. Damit können Kinder schon ab zwei Jahren das Hämmern lernen.

46 Pilze züchten

5+

Schwierigkeitsgrad: **leicht**
Zeitaufwand: **täglich einige Minuten**

Materialien

• Pilzzucht-Set • Wasser

Der Herbst ist perfekt, um wissbegierigen Vorschulkindern die Welt der Pilze ein wenig näher zu bringen. Nutzen Sie diese Zeit, um sich im Freien viele Pilze anzusehen, einige essbare Exemplare zu sammeln und mithilfe von Büchern deren besonderes Wachstum zu verstehen. Außerdem können Sie ganz einfach zu Hause Pilze selber züchten – eine perfekte Aktivität für experimentierfreudige Kinder.

Vorgehensweise:

1. Besorgen Sie sich im Handel ein Pilzzucht-Set. Hier gibt es verschiedene Varianten, zum Beispiel für essbare Champignons oder Seitlinge.
2. Schauen Sie sich das Set mit Ihrem Kind gemeinsam an und lesen Sie, welche Arbeitsschritte notwendig sind, um die Pilze zu züchten.
3. Meist müssen die Pilze täglich mit Wasser besprüht oder gegossen werden.
4. Erinnern Sie Ihr Kind an diese tägliche Aufgabe und beobachten Sie gemeinsam, ob sich schon die ersten kleinen Pilze zeigen.
5. Das Tolle daran ist, dass die Pilze oft rasant wachsen und ihre Größe fast täglich verdoppeln. So hat Ihr Kind schnell ein großes Erfolgserlebnis.
6. Ernten Sie die Pilze, sobald sie reif sind und bereiten Sie diese gemeinsam für das Mittag- oder Abendessen zu. Sprechen Sie dabei auch über den Geschmack und die Konsistenz Ihrer selbst gezüchteten Pilze.

---

47 Naturmaterialien anhand der Anfangsbuchstaben finden

5+

Schwierigkeitsgrad: **mittel**
Zeitaufwand: **20 Minuten**

Materialien

• Plastikflasche mit großer Öffnung • kleine Herbstmaterialien (Eicheln, Hagebutten, kleine Kastanien) • Reis • Papier • Stift

Diese Übung verbessert die Lesefähigkeit Ihres Kindes, steigert seine Konzentration und wirkt sich positiv auf die visuelle Wahrnehmung aus. Außerdem erfordert sie Fleiß und Geduld.

Vorgehensweise:

1. Finden Sie in der Natur kleine Herbstmaterialien mit unterschiedlichen Anfangsbuchstaben, die durch den Flaschenhals Ihrer Flasche passen.
2. Füllen Sie die Flasche zu einem Drittel mit Reis. Geben Sie dann die kleinen Gegenstände hinzu und schütteln Sie die Flasche nach dem Verschließen gut durch.
3. Zeichnen Sie mit dem Filzstift die Anfangsbuchstaben Ihrer Objekte auf das Papier und basteln Sie daraus Buchstabenkarten.
4. Nun beginnt das Spiel: Ihr Kind soll eine Buchstabenkarte ziehen und den Gegenstand in der Flasche suchen, der den passenden Anfangsbuchstaben hat.

48 Tannenbaumzapfen zählen

5+

Schwierigkeitsgrad: **leicht**
Zeitaufwand: **10 Minuten**

Materialien

• Tannenzapfen • Korb • weißes Papier • Drucker oder Stifte • Buntpapier • Zange aus Holz

Diese Übung spricht mehrere Schlüsselfähigkeiten Ihres Kindes an: die Feinmotorik, das Zahlenlesen und das Zählvermögen. Zudem bietet sie eine gute Möglichkeit, Ihrem Kind etwas über den Tannenbaum zu erzählen und warum dieser im Gegensatz zu Laubbäumen im Herbst sein Nadelkleid nicht abwirft.

Vorgehensweise:

1. Geben Sie die Tannenzapfen in einen Korb und zeichnen Sie auf weißes Papier einen Tannenbaum. Alternativ können Sie eine Vorlage ausdrucken. Mit Buntpapier und Stift fertigen Sie einige Zahlenkarten an.
2. Legen Sie die vorbereiteten Materialien und die Zange aus Holz vor Ihrem Kind bereit. Die Zahlenkärtchen stapeln Sie übereinander, sodass die Ziffern nach unten zeigen.
3. Ihr Kind zieht nun eine Zahlenkarte und liest die Zahl laut vor.
4. Danach befördert es die richtige Anzahl von Zapfen mit der Zange auf den Tannenbaum und zählt dabei mit.

49 Apfelkonturen nachstecken

5+

Schwierigkeitsgrad: **leicht**
Zeitaufwand: **10 Minuten**

Materialien

• Pinnadeln • Korkuntersetzer • Filzstift

Diese Aktivität erscheint auf den ersten Blick sehr simpel. Sie ist aber eine gute Möglichkeit, um die Feinmotorik, die Geduld und den Fleiß Ihres Kindes auf spielerische Weise zu fördern.

Vorgehensweise:

1. Zeichnen Sie mit schwarzem Filzstift die Kontur eines Apfels auf den Korkuntersetzer.
2. Ihr Kind soll die Kontur mit den Pinnadeln Stück für Stück und so detailliert wie möglich nachstecken.
3. Um den Schwierigkeitsgrad zu steigern, können Sie auch ein gezacktes Herbstblatt zum Nachstechen auf den Untersetzer zeichnen.

---

50 Anfangsbuchstaben zuordnen

5+

Schwierigkeitsgrad: **mittel**
Zeitaufwand: **20 bis 30 Minuten**

Materialien

• Abbildungen einiger Herbstobjekte (Eichhörnchen, Fuchs, Igel, Haselnuss, Regenschirm, Gummistiefel, Kastanie, Blatt, Kürbis und so weiter) • Buchstabenkarten passend zu den Anfangsbuchstaben der gewählten Objekte • alternativ: Holz- oder Magnetbuchstaben

Mit dieser Übung für regnerische Herbsttage schulen Sie die Lesefähigkeit Ihres Kindes und bereiten es gut auf die Schule vor. Nebenher können Sie ihm viel Allgemeinwissen über die unterschiedlichen Tiere, Pflanzen und Objekte des Herbstes vermitteln.

Vorgehensweise:

1. Suchen Sie im Internet nach Abbildungen oder Fotos einiger typischer Herbstobjekte. Wenn Sie gut zeichnen können, greifen Sie zu Stift und Papier und malen Sie die entsprechenden Dinge auf.
2. Fertigen Sie Buchstabenkarten an oder legen Sie die Holz- oder Magnetbuchstaben bereit.

3. Breiten Sie die Abbildungen der Herbstobjekte und die Buchstaben vor Ihrem Kind auf dem Tisch aus.
4. Nun beginnt das Zuordnungsspiel: Ihr Kind soll zu jedem Objekt den passenden Buchstaben finden und diese unter das Bild legen.
5. Das Spiel lässt sich jederzeit mit anderen Herbstobjekten und Buchstaben variieren oder auch an andere Jahreszeiten anpassen.

51 Schatzsuche im Wald machen

6+

Schwierigkeitsgrad: **leicht**
Zeitaufwand: **30 Minuten**

Materialien

• Stoffbeutel oder Korb • Zettel • Stift • Schraubglas

Diese Montessori-Anregung animiert Ihr Kind nicht nur zu Bewegung an der frischen Luft, sie schult auch die sensorische Wahrnehmung und die visuelle Auffassungsgabe. Gleichzeitig stärkt sie das Allgemeinwissen Ihres Kindes.

Vorgehensweise:

1. Denken Sie sich einige Dinge aus, nach denen Ihr Kind auf der Schatzsuche Ausschau halten soll. Je nach Alter des Kindes schreiben oder malen Sie diese auf. Versuchen Sie ruhig, kniffelige und konkrete Aufgaben zu stellen – wie etwa „rotes Ahornblatt“, „kleine Kastanie“ oder „Eichel mit Hut“.
2. Falten Sie die Zettel zusammen und werfen Sie diese in ein Schraubglas, welches Sie zur Schatzsuche mitnehmen.
3. Danach kann es an einem schönen Herbsttag losgehen: Ihr Kind zieht einen Zettel und sucht nach dem vorgegebenen Objekt, um es im Korb oder dem Stoffbeutel zu sammeln
4. Besonders viel Freude bereitet das Spiel, wenn mehrere Kinder daran teilnehmen und miteinander wetteifern können, wer den Gegenstand eher gefunden hat

52 Igelstacheln würfeln

6+

Schwierigkeitsgrad: **mittel**
Zeitaufwand: **30 Minuten**

Materialien

• Pappe • Wackelaugen • Schere • kleine Holzklammern • Filzstift • Würfel

Dieses Spiel ist ideal für Schulanfänger. Es vertieft das Zahlenverständnis und die Zählfähigkeit und schult nebenbei auch noch die Feinmotorik.

Vorgehensweise:

1. Zeichnen Sie auf die Pappe einen Igel mit einem Gesicht und einem Wackelauge. Schneiden Sie den Igel aus.
2. Bereiten Sie einige Holzklammern vor: Zeichnen Sie entsprechend der Würfelaugen ein bis sechs Punkte darauf. Die Klammern mit den unterschiedlichen Würfelaugen sollten dabei jeweils mehrfach vorhanden sein.
3. Ihr Kind kann nun würfeln, die gewürfelte Zahl nennen und eine passende Klammer heraussuchen.
4. Die Klammer befestigt es oben am Igel und würfelt noch einmal.
5. Das Spiel wird wiederholt, bis der Igel einige Klammern bekommen hat, die seine Stacheln symbolisieren. Danach kann Ihr Kind von vorne beginnen.

---

53 Einen Schal stricken

6+

Schwierigkeitsgrad: **schwer**
Zeitaufwand: **60 bis 120 Minuten**

Materialien

• Schal oder Pullover • Wolle • Stricknadeln

Stricken ist keine altmodische Beschäftigung, sondern liegt wieder im Trend. Bei dieser Tätigkeit verfeinert Ihr Kind seine Geduld, die Feinmotorik und die Koordination auf optimale Weise. Gleichzeitig kreiert es sein erstes, eigenes Kleidungsstück, was es mit viel Stolz und Selbstvertrauen erfüllen wird.

Vorgehensweise:

1. Zeigen Sie Ihrem Kind einen gestrickten Schal oder Pullover. Erklären Sie ihm, dass es nur die Stricknadel und die Wolle benötigt, um selbst ein Kleidungsstück zu stricken, um ihm Lust auf diese Aktivität zu machen.
2. Demonstrieren Sie Ihrem Kind, wie Maschen angeschlagen werden, und lassen Sie es dann selbst probieren.
3. Danach zeigen Sie ihm, wie rechte Maschen gestrickt werden und animieren Ihr Kind, es Ihnen nachzumachen.
4. Klappen die rechten Maschen gut und hat Ihr Kind Freude an dieser Arbeit, kann es einen ganzen Schal stricken – und ist damit perfekt ausgerüstet für kühles Herbstwetter.

54 Eine Lavalampe selber basteln

6+

Schwierigkeitsgrad: **leicht**
Zeitaufwand: **20 Minuten**

Materialien

• durchsichtiges Glas • Essig • Öl • Lebensmittelfarbe • Backpulver • Tasse

Leuchten, Lampen und Laternen – all das spielt in der dunklen Herbstzeit eine zunehmend wichtige Rolle. Wahrscheinlich kann Ihr Kind in dieser Zeit auch eine echte Lavalampe beobachten. Wie wäre es da, eine Lavalampe selbst zu basteln? Damit stärken Sie das Wissen über physikalische Zusammenhänge, die Allgemeinbildung und die Experimentierfreude Ihres Kindes.

Vorgehensweise:

1. Dieses Experiment kann Ihr Kind ganz allein durchführen: Zunächst gibt es drei Teelöffel Backpulver auf den Glasboden.
2. Dann gießt es ein beliebiges Pflanzenöl hinzu, bis das Glas zu zwei Dritteln gefüllt ist.
3. In der Tasse mischt Ihr Kind Essig und rote Lebensmittelfarbe. Die Menge sollte ungefähr dem noch übrigen Drittel im ersten Glas entsprechen.
4. Zum Schluss schüttet Ihr Kind die Flüssigkeit aus der Tasse in das Glas.
5. Beobachten Sie gemeinsam, was passiert, und erklären Sie Ihrem Kind die Ursachen für das Phänomen: Öl und Wasser vermischen sich nicht, das farbige Wasser stinkt nach unten und reagiert mit dem Backpulver, wodurch die Lavalampe zu blubbern beginnt.

---

55 Zahlen-Raupen in Äpfel stecken

6+

Schwierigkeitsgrad: **mittel**
Zeitaufwand: **20 Minuten**

Materialien

• rotes Buntpapier • Schere • Holzstäbchen • Filzstift in Schwarz • grüne Wasserfarbe

Das Spiel ist perfekt, um Schulanfängern ein besseres Mengen- und Zahlenverständnis zu vermitteln. Gleichzeitig ist hier eine gute Feinmotorik wichtig, denn das Raupen-Holzstäbchen muss vorsichtig durch die Äpfel aus Buntpapier geschoben werden.

Vorgehensweise:

1. Mit der Wasserfarbe färben Sie die Holzstäbe grün ein. Malen Sie nach dem Trocknen den Würfelaugen entsprechend kleine Punkte auf die einzelnen Stäbchen, sodass die Zahlen von 1 bis 6 vorhanden sind. Auf das andere Ende der Stäbe zeichnen Sie ein Gesicht. Die Holzstäbchen sind die Raupen, die sich durch den Apfel fressen.
2. Zeichnen Sie auf das rote Buntpapier sechs Äpfel und schneiden Sie diese aus. In die Mitte jedes Apfels schreiben Sie eine Ziffer von 1 bis 6. Danach schneiden Sie zwei parallel zueinander liegende Schlitze in die Mitte, durch die Ihr Kind die Holzstäbe stecken kann.
3. Legen Sie die Äpfel vor Ihrem Kind aus und platzieren Sie die Holzstäbchen daneben.
4. Ihr Kind soll nun die Würfelaugen auf den Holzstäbchen zählen und sie durch den Apfel mit der passenden Ziffer stecken.

56 Buchstaben stempeln

6+

Schwierigkeitsgrad: **mittel**
Zeitaufwand: **15 Minuten**

Materialien

• weißes Papier • kleiner Stempel mit einfachem Symbol • herbstliche Naturmaterialien mit unterschiedlichen Anfangsbuchstaben • Stift

Diese Tätigkeit fördert die Lesefähigkeit Ihres Kindes und bereitet es gut auf das Schreiben vor. Sie schult außerdem das Allgemeinwissen und die Feinmotorik.

Vorgehensweise:

1. Nutzen Sie einen Herbstspaziergang, um mit Ihrem Kind Herbstmaterialien mit unterschiedlichen Anfangsbuchstaben zu sammeln: Eicheln, Kastanien, Hagebutten, Ahornblätter etc.
2. Sprechen Sie schon beim Sammeln über die Anfangsbuchstaben der Materialien und nennen Sie Beispiele für weitere Dinge, die ebenfalls mit diesem Buchstaben beginnen.
3. Wieder daheim platzieren Sie vor Ihrem Kind weißes Papier, einen kleinen Stempel mit möglichst einfachem Symbol und die gesammelten Naturmaterialien.
4. Ihr Kind wählt ein Objekt aus, nennt den Anfangsbuchstaben und stempelt diesen auf das Papier, indem es den Stempel immer wieder nebeneinander aufsetzt, sodass die für den Buchstaben nötigen Linien entstehen.
5. Hat Ihr Kind dabei Schwierigkeiten, können Sie den Buchstaben einmal vorzeichnen oder vorstempeln.
6. Ist der Buchstabe fertig gestempelt, malt es ihn mit einem Stift noch nach. Danach geht es mit dem nächsten Objekt weiter.

57 Mit Naturmaterialien ein herbstliches Kunstwerk erschaffen

6+

Schwierigkeitsgrad: **leicht**
Zeitaufwand: **15 Minuten**

Materialien

• Zeichenpapier • Tablett mit Rand • Fingerfarben • flache Teller • Zapfen • Kastanien • Eicheln • Walnüsse • Hagebutten • Haselnüsse

Diese Bastelarbeit spricht die Koordination und die Kreativität Ihres Kindes an. Um ein kleines Kunstwerk zu erschaffen, muss es genau überlegen, welche Bewegungen es mit den Händen ausführt.

Vorgehensweise:

1. Legen Sie weißes Papier auf das Tablett mit dem höheren Rand. Daneben platzieren Sie flache Teller mit Fingerfarben in Grün, Orange, Braun, Rot und Gelb sowie die gesammelten Naturmaterialien.
2. Ihr Kind kann die einzelnen Objekte jetzt in die Farben eintauchen und auf das Papier auf dem Tablett legen.
3. Sind alle Materialien platziert, nimmt Ihr Kind das Tablett in beide Hände und bewegt es seitlich und frontal hin und her. Schnell wird es herausfinden, ob es seine Hände lieber langsam und fließend oder schnell und ruckartig bewegen muss, um ein schönes, herbstliches Kunstwerk zu erschaffen.

---

58 Blätter richtig zuordnen

6+

Schwierigkeitsgrad: **mittel**
Zeitaufwand: **15 Minuten**

Materialien

• schwarz-weiße Vorlagen von Blättern

Mit dieser Übung können Sie Ihrem Kind ein erstes Wissen zum Thema Botanik vermitteln. Gleichzeitig übt es das genaue Schauen und Vergleichen – und hat jede Menge Spaß im Freien.

Vorgehensweise:

1. Suchen Sie im Internet nach einer schwarz-weißen Vorlage zu verschiedenen Blättern von bei uns beheimateten Bäumen und drucken Sie diese aus. Sie können auch die Blätter auf weißes Papier zeichnen. Für eine bessere Haltbarkeit können Sie die Vorlage noch laminieren – das ist aber kein Muss.
2. Nehmen Sie die Blätter-Vorlage mit zu einem Park- oder Waldspaziergang. Ihr

Kind soll nun die abgebildeten Blätter finden und richtig zuordnen.

3. Nutzen Sie die Gelegenheit, um genauer über die jeweiligen Bäume zu sprechen und schauen Sie sich auch die Stämme und die Früchte an.
4. Danach geht es mit dem nächsten Objekt weiter.

59 Fossilien selbst herstellen 6+

Schwierigkeitsgrad: **leicht**
Zeitaufwand: **20 Minuten**

Materialien

• Blätter • Schneckenhäuser • Eicheln • Kastanien • Stöcke oder andere Naturmaterialien mit interessantem Muster • Knete • leere Joghurtbecher • Gips • Stock zum Rühren • Wasserfarben

Diese Bastelarbeit ist ideal, um Ihrem Kind erste Grundlagen zu Fossilien zu vermitteln. Es lernt, was Fossilien überhaupt sind und wie diese entstehen. Außerdem werden seine Feinmotorik und seine Kreativität geschult.

Vorgehensweise:

1. Ihr Kind drückt auf den Boden eines Joghurtbechers eine dicke Schicht Knete.
2. Nun presst es das gewählte Objekt, das zum Fossil werden soll, fest in die Knete hinein, sodass ein Abdruck entsteht. Danach wird der Gegenstand wieder herausgeholt.
3. In einem anderen Joghurtbecher können Sie den Gips anrühren.
4. Diesen muss Ihr Kind dann über die Knete gießen – und zwar möglichst schnell, denn er härtet nach kurzer Zeit. Die Gipsschicht sollte eine Dicke von einen Zentimeter aufweisen.
5. Nach einigen Stunden ist der Gips komplett fest. Nun können Sie die Knete und den Gips vorsichtig aus dem Becher lösen. Fertig ist das Fossil, das Ihr Kind jetzt noch anmalen kann, wenn es möchte.

60 Kastanien weben 6+

Schwierigkeitsgrad: **leicht**
Zeitaufwand: **20 Minuten**

Materialien

• Kastanien • Wolle • Zahnstocher • Kastanienbohrer

Diese Übung ist eine echte Herausforderung für die Feinmotorik Ihres Kindes. Sie verbessert die Augen-Hand-Koordination und erfordert außerdem jede Menge Geduld, Fleiß und Ausdauer. Die eingewebten Kastanien eignen sich hervorragend als Dekoration, Geschenk oder Kreisel zum Spielen.

Vorgehensweise:

1. Bohren Sie mit dem Kastanienbohrer rundherum auf einer Ebene sechs bis sieben Löcher in eine Kastanie. Ihr Kind kann die Zahnstocher in die Löcher stecken, sodass die Kastanie, wenn sie auf dem Tisch liegt, wie ein Stern aussieht.
2. Nun knoten Sie die Wolle an einem der Zahnstocher fest. Danach kann das Weben beginnen: Gegen den Uhrzeigersinn wickelt Ihr Kind die Wolle einmal um jeden Zahnstocher und geht dann zum nächsten über.
3. Nach einigen Reihen kann die Farbe gewechselt werden, indem der aktuelle Wollfaden abgeschnitten und ein andersfarbiger daran angeknotet wird. Danach geht das Weben weiter.

SPECIAL: 10 Montessori-Ideen für Halloween

Halloween kommt ursprünglich aus Irland. Die Kelten glaubten, an diesem Tag – dem 31. Oktober – sei der Tod besonders nahe. Daher verkleideten sie sich gruselig, um dem Tod vorzugaukeln, sie seien bereits gestorben. Außerdem sollen sie abends auch kleine Geschenke vor ihre Haustür gelegt haben, um die Geister dieser Nacht zu besänftigen.

Daher verkleiden sich an Halloween heutzutage Kinder gerne in gruseligen Kostümen, ziehen von Haus zu Haus und versuchen mit dem Spruch „Süßes, sonst gibt's Saures" allerhand Süßigkeiten abzustauben. Kein Wunder, dass sie den 31. Oktober herbeisehnen. Mit den folgenden 10 Montessori-Ideen speziell für Halloween können Sie Ihrem Kind die Wartezeit versüßen und es nebenbei spielerisch fördern.

1 Schaurige Spinnen auf Geschenkpapier stempeln

2+

Schwierigkeitsgrad: **leicht**
Zeitaufwand: **10 Minuten**

Materialien

• Klopapierrollen • Wackelaugen • Filzstift • einfarbiges Einpackpapier • schwarze Fingerfarbe

Diese einfache Übung fördert die Kreativität der Kleinsten, schult die Feinmotorik und die Augen-Hand-Koordination. Das fertige Geschenkpapier eignet sich hervorragend für kleine Präsente am Halloween-Abend.

Vorgehensweise:

1. Geben Sie die schwarze Fingerfarbe auf einen flachen Teller.
2. Zeigen Sie Ihrem Kind, wie es die Klopapierrolle in die Fingerfarbe tauchen und dann auf das Papier drücken kann, um einen runden Umriss zu stempeln.
3. Kleben Sie die Wackelaugen auf, zeichnen Sie acht Beine dazu und fertig ist die erste kleine Spinne. Ältere Kinder können diese Aufgabe selbst übernehmen.
4. Ihr Kind kann danach so viele Spinnen stempeln, wie es möchte.

2 Gespenstisches Steckspiel

2+

Schwierigkeitsgrad: **mittel**
Zeitaufwand: **20 Minuten**

Materialien

• alte Kiste aus Pappe • weißes Papier • Cutter • Stift • Kleber • Holzbausteine

Das Steckspiel eignet sich hervorragend, um Ihr Kind an unterschiedliche Formen heranzuführen, die Feinmotorik zu schulen und das Zuordnen zu üben. Gleichzeitig macht sie definitiv Lust auf Halloween!

Vorgehensweise:

1. Schneiden Sie aus dem weißen Papier ein Gespenst aus und kleben Sie es auf den Karton.
2. Wählen Sie einige Bausteine aus, aus denen Sie dem Gespenst ein schauriges Gesicht legen.
3. Legen Sie die Bausteine auf das Gespenst und zeichnen Sie die Umrisse mit dem Filzstift ab.

4. Schneiden Sie die angezeichneten Konturen mit dem Cuttermesser aus dem Karton heraus.
5. Ihr Kind hat nun die Aufgabe, die Bausteine durch die richtigen Öffnungen im Gespenstergesicht zu stecken und sie so in der Kiste verschwinden zu lassen.

---

3 Bananen-Geister basteln

2+

Schwierigkeitsgrad: **leicht**
Zeitaufwand: **10 Minuten**

Materialien

• Bananen • Schokolinsen oder Zuckeraugen • Holzstäbchen • Schokolade • Backpinsel

Sie benötigen noch eine schnelle Idee für den Nachtisch am Halloween-Abend? Dann sind diese Bananen-Geister perfekt. Das Beste daran: Ihr Kind kann bei den Vorbereitungen helfen und gleichzeitig seine feinmotorischen Fähigkeiten verbessern und selbst kreativ werden.

Vorgehensweise:

1. Schmelzen Sie die Schokolade im Wasserbad.
2. Lassen Sie Ihr Kind die Banane schälen und einmal in der Mitte halbieren.
3. Danach kann es das Holzstäbchen an der Unterseite hineinstecken.
4. Nun bestreicht es die Bananen mit der geschmolzenen Schokolade und gibt zwei Zuckeraugen oder alternativ Schokolinsen darauf. Fertig sind die Bananen-Gespenster!

---

4 Kürbisse stempeln

2+

Schwierigkeitsgrad: **leicht**
Zeitaufwand: **15 Minuten**

Materialien

• weißes Papier • Fingerfarbe (orange) • Pinsel • Filzstifte • (alter) Apfel

Dies ist eine schöne Halloween-Übung für die Kleinsten, mit welcher Sie die feinmotorischen Fähigkeiten, die kreative Arbeitsweise und die Augen-Hand-Koordination fördern können. Auch ältere Kinder haben daran noch viel Freude.

Vorgehensweise:

1. Sammeln Sie auf einen Herbstspaziergang einen oder mehrere heruntergefallene Äpfel auf. Alternativ können Sie einen gekauften, alten Apfel verwenden.
2. Halbieren Sie die Äpfel.
3. Ihr Kind kann nun die Schnittseiten des Apfels mit der Fingerfarbe bepinseln und anschließend auf das weiße Papier pressen. So entsteht die typische Kürbisform.
4. Nach dem Trocknen zeichnen Sie noch den Kürbisstiel und unterschiedliche Kürbisgesichter dazu.
5. Statt auf weißes Papier kann Ihr Kind auch auf braunes Einpackpapier stempeln, das Sie dann für kleine Halloween-Geschenke verwenden können.

---

5 Kleine Taschentuchgespenster basteln

3+

Schwierigkeitsgrad: **leicht**
Zeitaufwand: **15 Minuten**

Materialien

• Taschentücher • Schnur • Watte • Wackelaugen • Stifte • Kleber

Diese Bastelarbeit ist schnell erledigt und bietet sich daher schon für kleine Kinder gut an. Die erforderlichen Handgriffe wirken sich positiv auf die Feinmotorik und die Augen-Hand-Koordination aus. Auch die Geduld und der Fleiß werden geschult. Die fertigen Gespenster eignen sich gut zum Spielen oder einfach als schauerliche Halloween-Dekoration.

Vorgehensweise:

1. Zeigen Sie Ihrem Kind, wie es aus der Watte ein paar runde Kugeln formen kann.
2. Lassen Sie Ihr Kind eine Wattekugel mittig auf ein Taschentuch legen und fassen Sie dieses unterhalb der Kugel zusammen. So entsteht der Gespensterkopf.
3. Umwickeln Sie den Hals des Gespenstes mit der Schnur und knoten Sie diese fest.
4. Nun können die Wackelaugen aufgeklebt und mit einem Filzstift Mund und Nase dazu gemalt werden.

6 Gespenster-Labyrinth basteln

4+

Schwierigkeitsgrad: **mittel**
Zeitaufwand: **20 Minuten**

Materialien

• Pappteller • Cuttermesser • Filzstifte • weißer Tonkarton • Schere • Kleber • Magnet • Magnetstab oder zweiter Magnet

Dieses Gespenster-Labyrinth ist eine perfekte Beschäftigung vor und an Halloween. Es fördert die Augen-Hand-Koordination und die Geduld Ihres Kindes. Älteren Kindern können Sie zusätzlich mit dieser Übung erste physikalische Grundlagen über die Wirkweise von Magneten vermitteln.

Vorgehensweise:

1. Zeichnen Sie mit schwarzem Filzstift ein einfaches Labyrinth auf den Pappteller. Es sollte einen Start- und einen Zielpunkt besitzen, welche Sie farbig markieren.
2. Bei kleineren Kindern bietet es sich an, den richtigen Weg mit einer dünnen Linie einzuzeichnen, ältere Kinder finden den Weg dann selbst.
3. Außerdem benötigen Sie noch ein Gespenst: Zeichnen Sie es auf weißen Tonkarton, schneiden Sie es aus und kleben Sie einen Magnet auf die Rückseite.
4. Ausgerüstet mit dem Magnetstab oder dem zweiten Magnet kann Ihr Kind nun beginnen, das Gespenst durch das Labyrinth zu führen. Dafür bewegt es den Magnetstab unter dem Pappteller entlang.

---

7 Spinnenbeine zählen

4+

Schwierigkeitsgrad: **mittel**
Zeitaufwand: **15 Minuten**

Materialien

• Holzklammern • schwarze Wasserfarbe • Pinsel • schwarzes Buntpapier • Wackelaugen • Schere • weißer Kreidemarker

Dieses gruselige Zählspiel hilft Ihrem Kind dabei, seine Zählfähigkeit auszubauen und die Zahlen richtig zu lesen. Gleichzeitig wird die Feinmotorik durch das Befestigen der Spinnenbein-Klammern trainiert.

Vorgehensweise:

1. Malen Sie die Wäscheklammern mit schwarzer Wasserfarbe an.
2. Schneiden Sie die Körper einiger Spinnen aus dem schwarzen Buntpapier aus und kleben Sie jeweils zwei Wackelaugen darauf.
3. Mit dem Kreidemarker schreiben Sie auf die Spinnenkörper je eine Ziffer von 1 bis 10.
4. Nun soll Ihr Kind die Zahlen richtig lesen und die geforderte Anzahl an Spinnenbeinen hinzufügen, indem es die Klammern am Spinnenkörper festklammert.

8 Zählen üben mit Monstern

4+

Schwierigkeitsgrad: **mittel**
Zeitaufwand: **20 Minuten**

Materialien

• weißer Tonkarton • Schere • Filzstifte • kleine Holzklammern

Diese Aktivität passt gut in die schaurige Zeit vor und an Halloween. Damit trainieren Sie das Zahlenverständnis und die Zählfähigkeit Ihres Kindes. Es lernt, zu zählen und die passenden Ziffern zu finden. Darüber hinaus fördert die Übung durch das Anklammern der Wäscheklammern die Feinmotorik.

Vorgehensweise:

1. Schneiden Sie aus weißem Tonkarton einige gleich große, rechteckige Kärtchen zu.
2. In den oberen Bereich der Kärtchen zeichnen Sie einige Monster, die jeweils eine unterschiedliche Anzahl an Augen haben.
3. Im unteren Bereich geben Sie drei Ziffern zur Auswahl vor.
4. Ihr Kind soll die Augen der Monster zählen und dann unten an der richtigen Ziffer die Holzklammer befestigen.

9 Halloweenmotive tanzen lassen

5+

Schwierigkeitsgrad: **mittel**
Zeitaufwand: **10 Minuten**

Materialien

• Wasserlöslicher Whiteboard-Marker • Krug mit Wasser • Strohhalm • weißer Teller mit höherem Rand

Dieses Spiel wird Ihr Kind zum Staunen bringen und seine Experimentierfreude stillen. Gleichzeitig trainiert es die Mundmotorik, die sehr wichtig für die Aussprache Ihres Kindes ist.

Vorgehensweise:

1. Zeichnen Sie mit einem Whiteboard-Marker ein paar Halloweenmotive auf einen weißen Teller – zum Beispiel Fledermäuse, Gespenster, Kürbisse, Hexenhüte oder schwarze Raben. Wichtig ist, dass diese komplett ausgemalt werden.
2. Die gezeichneten Motive müssen gut trocknen.
3. Nun kann Ihr Kind mit dem Wasserkrug seitlich von unten das Wasser auf den Teller gießen, bis alle Motive bedeckt sind. Wichtig ist, dass es dabei sehr langsam und vorsichtig vorgeht.
4. Die Bilder lösen sich jetzt vom Teller und können zum Tanzen gebracht werden, indem Ihr Kind vorsichtig mit dem Strohhalm ins Wasser pustet.

10 Spinnennetze weben

6+

Schwierigkeitsgrad: **mittel**
Zeitaufwand: **5Minuten**

Materialien

• Wolle in Weiß oder Schwarz • Eisstäbchen • Wasserfarben (schwarz oder weiß) • Pinsel • Kleber • Spielzeug-Spinnen

Sie suchen noch nach einer gruseligen Halloween-Dekoration? Dann weben Sie gemeinsam mit Ihrem Kind diese Spinnennetze. Nebenbei fördern Sie die Feinmotorik und die Geduld Ihres Kindes.

Vorgehensweise:

1. Zunächst soll Ihr Kind die Eisstäbchen in Weiß oder in Schwarz anmalen.
2. Nach dem Trocknen werden immer drei der Stäbchen in der Mitte zusammengeklebt, sodass ein Stern entsteht.
3. Danach kann das Wickeln mit der Wolle beginnen: Am besten wickelt Ihr Kind die Wolle einige Male um die Mitte der Stäbchen und dann Reihe für Reihe von innen nach außen – oder einfach so, wie es Lust hat.
4. Zum Schluss setzt es noch eine Spinne auf das Netz und fertig ist die Halloween-Deko.

SPECIAL:
5 Montessori-
Ideen für
Sankt Martin

Jahr für Jahr ziehen um den 11. November herum zahlreiche Kinder in großen Gruppen mit ihren Laternen durch die Straßen und singen Lieder wie „Laterne, Laterne, Sonne, Mond und Sterne". Denn: An diesem Tag ist der Martinstag, der an den Heiligen Martin erinnern soll. An einem kalten Herbsttag gab der römische Soldat seinen Mantel an einen Bettler weiter, um ihn vor dem Tod zu retten.

Später wurde er zum Bischof von Tours geweiht – doch zuvor soll er sich in einem Gänsestall versteckt haben, denn er war zu bescheiden, um das Amt anzunehmen. Seitdem ist Sankt Martin der Schutzpatron der Gänsezucht und sein Ehrentag wird am 11. November gefeiert. Möchten Sie die typischen Sankt-Martin-Traditionen mit Ihrem Kind beibehalten, gibt es einige an Montessori angelehnte Aktivitäten, die Sie im Vorfeld gemeinsam durchführen können.

1 Upcycling-Laternen mit Seidenpapier basteln

3+

Schwierigkeitsgrad: **mittel**
Zeitaufwand: **20 Minuten**

Materialien

• leere Konservengläser • Leim • Seidenpapier • Perlen • Draht • Schere • Pinsel • Kerzen (echt oder mit LEDs)

Diese schöne Upcycling-Idee für den Martinsumzug vermittelt Ihrem Kind allerhand Positives: Zunächst lernt es, dass es aus vermeintlichem Müll noch etwas Schönes erschaffen und die scheinbar unbrauchbaren Dinge weiterverwenden kann. Zudem schult die Bastelarbeit die Kreativität, die Ausdauer und die Feinmotorik.

Vorgehensweise:

1. Lösen Sie die Etiketten des alten Konservenglases ab.
2. Ihr Kind kann Seidenpapier zerrupfen und mit Kleber auf die Laterne kleben.
3. Um der Laterne einen Griff zu verleihen, fädelt es Perlen nach Belieben auf einen Draht auf.
4. Diesen befestigen Sie dann am Hals des Glases.
5. Zum Schluss stellt Ihr Kind noch ein (LED-)Teelicht in das Glas und fertig ist die Upcycling-Laterne.

2 Martinsgans tupfen

3+

Schwierigkeitsgrad: **leicht**
Zeitaufwand: **20 Minuten**

Materialien

• schwarzes Buntpapier • weiße und orange Fingerfarbe • schwarzer Filzstift • zwei Teller • Bleistift • Wattestäbchen

Die Martinsgans hat an Sankt Martin einen besonderen Stellenwert. Da bietet sich diese Aktivität für Ihr Kind an, um sich etwas näher mit dem interessanten Tier zu beschäftigen. Sie vermittelt Ihrem Kind Konzentrationsvermögen, Fleiß und Ausdauer und ist ein sehr gutes Training für die Feinmotorik.

Vorgehensweise:

1. Zeichnen Sie Ihrem Kind auf das schwarze Buntpapier mit Bleistift den Umriss einer Gans vor. Je nach Alter kann es diese Aufgabe auch selbst erledigen.
2. Geben Sie die Fingerfarben auf zwei unterschiedliche Teller.

3. Nun kann Ihr Kind das Wattestäbchen in die weiße Farbe eintauchen und den Körper der Gans Stück für Stück tupfen. Für die Füße und den Schnabel nimmt es die orange Farbe, die Augen können zum Schluss mit Filzstift ergänzt werden. Fertig ist die Martinsgans!

3 Pappmaschee-Laternen selbst gestalten

3+

Schwierigkeitsgrad: **leicht**
Zeitaufwand: **15 Minuten**

Materialien

• Luftballon • Kleister • Seidenpapier • (LED-)Teelicht • Draht

Mit einer selbst gemachten Laterne macht der Laternenumzug gleich doppelt so viel Spaß. Diese Bastelarbeit ist sehr einfach umzusetzen und daher auch für kleine Kinder ideal. Sie regt die Kreativität an, fördert die Augen-Hand-Koordination und stärkt das Selbstvertrauen.

Vorgehensweise:

1. Blasen Sie einen Luftballon auf.
2. Lassen Sie Ihr Kind das Seidenpapier in Streifen rupfen oder schneiden.
3. Mit dem Kleister kann Ihr Kind das Seidenpapier nun Schicht für Schicht auf den Luftballon kleben. Den oberen Bereich lässt es dabei frei, damit noch genügend Platz bleibt, um das Teelicht hineinzustellen.
4. Geben Sie zum Schluss noch eine Schicht Kleister über das Seidenpapier.
5. Nach ein paar Tagen ist die Pappmaschee-Laterne komplett ausgetrocknet. Dann können Sie den Luftballon zum Platzen bringen und herausholen.
6. Mit Draht basteln Sie zum Schluss noch einen Tragegriff und stellen ein Teelicht hinein. Dann kann der Martinsumzug beginnen.

4 Gans aus Papptellern basteln

4+

Schwierigkeitsgrad: **leicht**
Zeitaufwand: **15 Minuten**

Materialien

• zwei große Pappteller • ein kleiner Pappteller • oranges und weißes Buntpapier • wasserfester Stift • Kleber • Locher • Schnur

Vermitteln Sie Ihrem Kind etwas Allgemeinwissen zum Thema Sankt Martin und basteln Sie gemeinsam eine Gans, die hervorragend als Dekoration im Kinderzimmer geeignet ist. Die Bastelübung ist einfach umzusetzen, sodass Ihr Kind schon viele Schritte alleine übernehmen kann – das erfüllt es mit Stolz und Selbstvertrauen.

Vorgehensweise:

1. Erklären Sie Ihrem Kind, was die Gans mit Sankt Martin zu tun hat und schlagen Sie ihm vor, eine Gans zum Aufhängen zu basteln.
2. Zeichnen Sie auf das weiße Buntpapier einen Gänsehals von etwa 15 Zentimetern Länge. Fordern Sie Ihr Kind auf, diesen auszuschneiden.
3. Nun kann es den Hals von hinten auf die Pappteller kleben und somit den kleinen Teller (Kopf) mit einem großen Teller (Körper) verbinden.
4. Den übrigen Teller schneidet Ihr Kind einmal in der Mitte durch. Je eine Hälfte wird als Flügel von hinten an den großen Pappteller geklebt.
5. Nun wird das Gesicht gestaltet: Die Augen können Sie oder Ihr Kind mit einem wasserfesten Stift darauf zeichnen. Der Schnabel wird aus dem orangefarbenen Buntpapier ausgeschnitten und aufgeklebt.
6. Zum Schluss folgen noch die zwei Gänsefüße, die ebenfalls aus dem orangefarbenen Buntpapier ausgeschnitten und an den Körper der Gans geklebt werden.
7. Mit dem Locher stanzt Ihr Kind oben in den Gänsekopf ein Loch hinein und fädelt einen Faden durch. Und schon darf es die Gans aufhängen.

---

5 Martinsgans backen

5+

Schwierigkeitsgrad: **mittel**
Zeitaufwand: **25 Minuten**

Materialien

• Zutaten je nach Rezept • Gans-Ausstechform • Rosinen für die Augen • eventuell weiteres Dekorationsmaterial wie Zuckerschrift

Nicht immer muss am Martinstag eine echte Gans auf den Tisch, gebackene Martinsgansplätzchen sind eine tolle Alternative. Das Schöne daran: Diese Tradition kann Ihr Kind schon im Alter von etwa fünf Jahren (fast) allein umsetzen und dann Jahr für Jahr fortführen. Wenn dann alle Familienmitgliedern von den Keksen naschen, lernt es, für andere zu sorgen und bekommt ein gutes Verantwortungsbewusstsein. Das Dekorieren der Kekse schult zudem seinen Schönheitssinn und seine Kreativität.

Vorgehensweise:

1. Entscheiden Sie sich gemeinsam mit Ihrem Kind für ein schönes Rezept für die Martinsganskekse. Fündig werden Sie im Internet oder in einem Backbuch.
2. Zeigen Sie ihm, wie es die Zutaten für den Teig mischt. Danach kann es den Teig dünn ausrollen und die Gänse ausstechen.
3. Übertragen Sie Ihrem Kind so viel Verantwortung wie möglich: Lassen Sie es auch den Backofen einstellen und während der Backzeit nach den Keksen schauen.
4. Demonstrieren Sie, wie es die Kekse herausnehmen kann, ohne sich zu verbrennen.
5. Danach darf Ihr Kind die Martinsganskekse noch nach Herzenslust verzieren.

45 MONTESSORI-IDEEN FÜR DEN WINTER, WEIHNACHTEN, SILVESTER UND KARNEVAL

Der Winter ist kalt, dunkel und nass – aber dennoch eine wunderschöne Jahreszeit mit vielen tollen Seiten. Besonders zauberhaft ist der Winter natürlich, wenn viel Schnee fällt. Er umgibt die Landschaft wie eine weiße Decke, lässt alles malerischer und stiller wirken. Außerdem bietet er hervorragende Voraussetzungen für allerhand Outdoor-Aktivitäten, die bei Kindern für große Begeisterung sorgen: Schneemann bauen, Schlitten fahren, eine Schneeballschlacht machen …

So schön die Natur in der Winterzeit aber auch sein mag: Aufgrund der Kälte ziehen Sie sich mit Ihrem Kind wahrscheinlich etwas mehr als sonst in Ihre eigenen vier Wände zurück. Das ist aber kein Grund für Langeweile. Im Gegenteil: Sie haben nun reichlich Zeit, um mit Ihrem Kind allerhand abwechslungsreiche und förderliche Montessori-Aktivitäten auszuprobieren. Die 75 schönsten Ideen für den Winter, Weihnachten, Silvester und Karneval haben wir hier für Sie zusammengestellt – und zwar für drinnen und für draußen.

1 Schneemann-Glas mit Watte füllen

2+

Schwierigkeitsgrad: **mittel**
Zeitaufwand: **15 Minuten**

Materialien

• leeres Konservenglas • wasserfeste Stifte • Watte • Schüssel • Holzzange

Diese Aktivität ist eine echte Herausforderung für die feinmotorischen Fähigkeiten Ihres Kindes. Gleichzeitig bereitet es schon den Kleinsten viel Freude, auf einfache Weise einen Indoor-Schneemann zu „bauen".

Vorgehensweise:

1. Bemalen Sie ein altes Konservenglas mit einem schönen Schneemanngesicht.
2. Bereiten Sie die Übung vor: Platzieren Sie das Schneemannglas, eine Schüssel mit der Watte und die Holzzange vor Ihrem Kind.
3. Zeigen Sie ihm nun einmal ganz langsam, wie es mit der Holzzange die Watte in der Schale greifen und in das Glas befördern kann.
4. Danach probiert Ihr Kind es selber und transportiert so lange Watte in das Glas, bis es komplett gefüllt ist. Das fertige Schneemannglas gut als Dekoration verwendet werden.

---

2 Mit Rasierschaum und Eis experimentieren

2+

Schwierigkeitsgrad: **leicht**
Zeitaufwand: **15 bis 20 Minuten**

Materialien

• flache Kunststoffkiste oder Wanne • Rasierschaum • Lebensmittelfarbe • Sandspielzeugförmchen • weiteres Sandspielzeug nach Bedarf

Mit diesem Sensorik-Spiel geben Sie Ihrem Kind die Möglichkeit, kaltes Eis in der warmen und geschützten Wohnung kennenzulernen. Dies fördert die taktile Wahrnehmung. Gleichzeitig wird der natürliche Entdeckerdrang Ihres Kindes bedient und die Kreativität angeregt. Um eine größere Sauerei zu vermeiden, lassen Sie Ihr Kind am besten im Badezimmer spielen – gerne auch ohne Kleidung.

Vorgehensweise:

1. Füllen Sie die Sandförmchen mit Wasser und färben Sie dieses mit bunten Lebensmittelfarben ein. Danach stellen Sie die Förmchen über Nacht in das Tiefkühlfach – oder in entsprechend kalten Nächten gerne vor die Tür.
2. Die Kiste oder Wanne füllen Sie mit Rasierschaum. Legen Sie die gefrorenen Sandförmchen und weiteres Sandspielzeug wie kleine Schaufeln, Harken und Förmchen daneben.
3. Ihr Kind darf nun nach Herzenslust experimentieren und die neuen Materialien entdecken. In der geheizten Umgebung schmelzen die bunten Förmchen schnell und sorgen für interessante Farbeffekte im Rasierschaum.

---

3 Schnee färben

2+

Schwierigkeitsgrad: **leicht**
Zeitaufwand: **20 Minuten**

Materialien

• Kunststoffkiste • Schnee • Kinder-Pipette, drei Gläser • Lebensmittelfarben in Rot • Gelb und Blau

Spielen Kinder draußen im Schnee, tragen sie meist dicke Handschuhe, damit die Hände warm bleiben. Ermöglichen Sie Ihrem Kind mit dieser Indoor-Aktivität, Schnee auch ohne zusätzliche Kleidungsschicht direkt mit den Händen zu erkunden und fördern Sie damit seine taktile Wahrnehmung. Gleichzeitig ist diese Übung gut für die Kreativität und die feinmotorischen Fähigkeiten Ihres Kindes.

Vorgehensweise:

1. Füllen Sie draußen gemeinsam mit Ihrem Kind die Kunststoffkiste mit Schnee.
2. Wieder im Haus, bereiten Sie drei Gläser mit etwas Wasser vor und färben diese mit der Lebensmittelfarbe in Rot, Gelb und Blau.
3. Nun kann Ihr Kind mit der Pipette das bunte Wasser entnehmen und damit den Schnee einfärben.
4. Außerdem kann es den Schnee mit den Händen erkunden und beobachten, wie er langsam taut.
5. Für ältere Kinder eignet sich das Spiel gut, um mit dem Mischen von Farben zu experimentieren: Welche Farben entstehen, wenn Rot und Gelb oder Blau und Rot gemischt werden?

4 Badesalz selbst herstellen

2+

Schwierigkeitsgrad: **mittel**
Zeitaufwand: **20 Minuten**

Materialien

• grobes Meersalz, Baby-Öl • Lebensmittelfarben • Pipette • drei Schüsseln • Schraubglas

Was gibt es im Winter Schöneres als ein warmes Bad? Wenn Ihr Kind sein eigenes Badesalz selbst herstellen und dann damit baden kann, ist es in der Badewanne gleich noch einmal doppelt so schön. Diese Aktivität spricht die Kreativität, die Feinmotorik und den Schönheitssinn Ihres Kindes an. Auch die Experimentierfreude wird geförde rt.

Vorgehensweise:

1. Fordern Sie Ihr Kind auf, das Meersalz in drei verschiedene Schüsseln aufzuteilen.
2. Danach kann es zu jeder Schüssel mit einem Teelöffel etwas Baby-Öl hinzugeben. Ungefähr zwei Teelöffel Baby-Öl kommen dabei auf fünf Esslöffel Meersalz.
3. Mit der Pipette und der Lebensmittelfarbe färbt Ihr Kind nun das Meersalz tropfenweise in unterschiedlichen Farben ein.
4. Lassen Sie das Badesalz offen eine Weile trocknen. Danach kann Ihr Kind das Salz aus den einzelnen Schüsseln in das Schraubglas umschütten und verschließen.
5. Beim nächsten Bad darf Ihr Kind mit dem selbst gemachten Badesalz baden und beobachten, wie es sich langsam im Wasser auflöst.

---

5 Mit dem Handabdruck Eisbären gestalten

2+

Schwierigkeitsgrad: **leicht**
Zeitaufwand: **15 Minuten**

Materialien

• Buntpapier in dunklen Farben • weiße Fingerfarben • Pinsel • weißes Papier • Stifte, Kleber

Gestalten Sie mit Ihrem Kind einige Eisbären zum Dekorieren des Kinderzimmers oder zum Verschenken. Damit fördern Sie die Kreativität, den Schönheitssinn, das Selbstvertrauen und die Feinmotorik Ihres Kindes.

Vorgehensweise:

1. Geben Sie weiße Fingerfarbe auf einen flachen Teller.
2. Ihr Kind soll seine Hand in die Farbe drücken und damit seinen Handabdruck auf das Buntpapier stempeln.
3. Drehen Sie das Blatt nun um und malen Sie aus dem Daumen und der Handfläche Ihres Kindes den Körper des Eisbären mit der Fingerfarbe aus. Die anderen vier Finger Ihres Kindes bilden die Beine des Tieres. Mit schwarzer Farbe können hier noch die Krallen drangemalt werden.
4. Aus weißem Papier schneiden Sie den Kopf des Eisbären zu, zeichnen diesem ein Gesicht und Ohren und kleben ihn an den gestempelten Körper.
5. Die Kleinsten können bei dieser Bastelarbeit wahrscheinlich nur ihren Handabdruck stempeln, aber je älter Ihr Kind ist, desto mehr Aufgaben übernimmt es selbst.

---

6 Eine Winterlandschaft mit Salzteig erschaffen

2+

Schwierigkeitsgrad: **leicht**
Zeitaufwand: **30 Minuten**

Materialien

• Salzteig (zwei Tassen Mehl, ein Teelöffel Öl, eine Tasse Salz, eine Tasse Wasser) • Waldtiere aus Holz oder Kunststoff (Bär, Fuchs, Eichhörnchen, Wildschwein) • winterliche Naturmaterialien (Nadelbaumzweige, Zapfen, Nüsse, Steine) • passende Keksausstecher (Tannenbaum, Pilz, Nuss) • kleine Schüssel mit Mehl, Nudelholz

Bei dieser Übung handelt es sich um eine typische Sensorik-Aktivität, mit der Sie die Kreativität Ihres Kindes fördern können. Es kann hierbei frei oder unter Ihrer Anleitung spielen, Neues entdecken und Rollenspiele entwickeln.

Vorgehensweise:

1. Mischen Sie aus den angegebenen Zutaten den Salzteig an und rollen Sie diesen flach auf dem Tisch aus.
2. Die anderen Materialien bieten Sie Ihrem Kind in möglichst geordneter Form an – zum Beispiel auf einem Tablett.
3. Ihr Kind kann nun beginnen, eine Winterlandschaft in dem Salzteig zu schaffen, indem es die Nadelbaumzweige und Zapfen als Bäume sowie die Steine als Hügel draufstellt
4. Die Bäume und Hügel können mit Mehl bestäubt werden, um sie „einzuschneien“.
5. Mit den Keksausstechern kann es schöne Formen ausstechen.

6. Die Spielzeug-Tiere dürfen auch gerne über die Salzteig-Landschaft laufen und hinterlassen dabei ganz unterschiedliche Fußspuren.
7. Beobachten Sie, welche Ideen Ihr Kind noch hat. Der Kreativität sind keine Grenzen gesetzt.

7 Mit Zapfen spielen

2+

Schwierigkeitsgrad: **mittel**
Zeitaufwand: **15 Minuten**

Materialien

• Eierkarton • Zapfen in unterschiedlicher Größe • Körbchen • Holzzange

Diese Anregung ist perfekt, um die Feinmotorik Ihres Kindes zu fördern. Außerdem kann es das genaue Schauen, das Vergleichen und das Sortieren nach Größe trainieren.

Vorgehensweise:

1. Sammeln Sie mit Ihrem Kind bei einem Winterspaziergang einige Zapfen in unterschiedlicher Größe.
2. Wieder zu Hause, legen Sie alle Zapfen in ein Körbchen und platzieren dieses neben dem leeren Eierkarton. Bieten Sie auch eine Holzzange an.
3. Ihr Kind kann nun erst einmal den Umgang mit der Zange üben und versuchen, die Zapfen damit vom Körbchen in ein leeres Fach im Eierkarton zu legen.
4. Klappt das gut, kann es dann die Zapfen der Größe nach sortieren.
5. Eine schöne Idee für etwas ältere Kinder ist es auch, die Zapfen aus einiger Entfernung zu werfen und zu versuchen, dabei ein freies Fach im Eierkarton zu treffen.

8 Mit einer Eis-Sensorik-Landschaft spielen

2+

Schwierigkeitsgrad: **leicht**
Zeitaufwand: **20 Minuten**

Materialien

• Kunststoffkiste mittlerer Größe • Eisbrocken aus dem Garten • Spielzeugtiere • die im Wasser leben (Seelöwe, Robbe, Walross, Wal) • weiße Pompons • Watte • Krug • Schale mit warmem Wasser

Bei dieser Sensorik-Übung kann Ihr Kind seine taktile Wahrnehmung, die Kreativität, die Feinmotorik und die Augen-Hand-Koordination trainieren sowie seinem natürlichen Entdeckerdrang nachkommen. Es begreift, wie Schnee sich verändert, wenn er taut und wie schnell aus Eis wieder Wasser wird.

Vorgehensweise:

1. Wenn der Schnee im Laufe des Winters schmilzt und dann wieder friert, entstehen in der Natur regelrechte Eisbrocken. Sammeln Sie einige davon mit Ihrem Kind in einer geeigneten Kunststoffkiste.
2. Zu Hause kann Ihr Kind dann eine interessante Eis-Sensorik-Landschaft gestalten und bespielen. Legen Sie dafür die Spielzeugtiere, die weißen Pompons und die Watte sowie die Schale mit dem warmen Wasser und den Krug bereit.
3. Ihr Kind kann nun frei spielen und mit dem Krug warmes Wasser in die Eislandschaft füllen, die Tiere darin schwimmen lassen oder auf den Eisblöcken abstellen und mit der Watte und den Pompons experimentieren.
4. Die meisten Kinder benötigen bei dieser Aktivität keine Anleitung, sondern entwickeln eigene, kreative Ideen und kleine Rollenspiele.

---

9 Winterliches Reis-Memory spielen

2+

Schwierigkeitsgrad: **mittel**
Zeitaufwand: **15 Minuten**

Materialien

• Kunststoffkiste • Reis • Abbildungen von winterlichen Objekten in jeweils doppelter Ausführung • Tablett

Diese einfache Übung ist für vielerlei Fähigkeiten Ihres Kindes förderlich: Sie schult den natürlichen Entdeckerdrang, stärkt die taktile Wahrnehmung und trainiert das genaue Schauen und Vergleichen. Außerdem hilft sie dabei, spielerisch den Wortschatz Ihres Kindes zu erweitern.

Vorgehensweise:

1. Für diese Übung benötigen Sie Bilder einiger Winterobjekte – und zwar jeweils zweimal. Geeignet sind zum Beispiel Schlitten, Mütze, Schal, Schneemann, Tannenbaum, Schlittschuhe und so weiter. Sie können sich entsprechende Fotos ausdrucken oder einfache Gegenstände selbst zeichnen.
2. Verstecken Sie von jedem Bildpärchen eines in der mit Reis gefüllten Kunststoffkiste. Das andere legen Sie mit der Abbildung nach unten daneben auf ein Tablett.
3. Ihr Kind wählt nun ein Kärtchen aus, dreht es um und sucht in der Reis-Kiste nach dem passenden Gegenstück.

10 Schneeballschlacht mit Dosenschneemännern nachspielen

2,5+

Schwierigkeitsgrad: **mittel**
Zeitaufwand: **30 Minuten**

Materialien

• zehn alte Konservendosen • weißes Papier • Stifte • Wollreste • Kleber • Tennisball • weiße Fingerfarbe

Draußen liegt mal wieder kein Schnee? Dann können Sie mit dieser Aktivität eine lustige „Schneeballschlacht" für Ihr Kind simulieren. Sie eignet sich für trockenes Wetter im Freien ebenso wie für die Wohnung, wenn ausreichend Platz vorhanden ist. Ihr Kind trainiert beim Basteln seine Kreativität und beim späteren Dosenwerfen seine Augen-Hand-Koordination. Gleichzeitig kann es seinem natürlichen Bewegungsdrang nachkommen.

Vorgehensweise:

1. Basteln Sie mit Ihrem Kind einige Dosenschneemänner: Bekleben Sie die Konservendosen mit weißem Papier, malen Sie Schneemanngesichter darauf und legen Sie ihnen mit den farbigen Wollfäden einen „Schal" um.
2. Lassen Sie Ihr Kind einen Tennisball mit weißer Fingerfarbe einfärben.
3. Sobald dieser getrocknet ist, kann die Schneeballschlacht beginnen: Stapeln Sie alle Schneemanndosen in einem Dreieck übereinander.
4. Mit dem Tennisball versucht Ihr Kind sich nun im Dosenwerfen und probiert, so viele Dosen wie möglich zu treffen und umzuwerfen.

---

11 Mit dem Schneemann Farben üben

2,5+

Schwierigkeitsgrad: **mittel**
Zeitaufwand: **20 Minuten**

Materialien

• Wattepads • weißer Tonkarton • Stifte • Kleber • Schere • Bastelknöpfe • Körbchen

Bei dieser Übung geht es darum, Farben zuzuordnen und zu benennen. Sie schult aber nicht nur das Farbverständnis, sondern auch die Feinmotorik und die Augen-Hand-Koordination.

Vorgehensweise:

1. Schneiden Sie einige gleich große, rechteckige Kärtchen aus dem weißen Tonkarton zu.
2. Auf jedes Kärtchen malen Sie einen Schneemann mit vier bis fünf Knöpfen. Die Knöpfe färben Sie auf jeder Karte anders ein.
3. Basteln Sie aus den Wattepads einen Schneemann, aber lassen Sie die Knöpfe weg.
4. Legen Sie farblich passende Bastelknöpfe in einem Körbchen bereit.
5. Ihr Kind hat die Aufgabe, ein Schneemannkärtchen zu ziehen.
6. Dann nimmt es die Knöpfe aus dem Körbchen und legt diese in der richtigen Farbreihenfolge auf den Schneemann.

---

12 Das Schmelzen eines Schneemanns beobachten

2.5+

Schwierigkeitsgrad: **leicht**
Zeitaufwand: **10 Minuten**

Materialien

• Gefrierbeutel • wasserfeste Stifte • oranges Buntpapier • Schere • Kleber • großer Löffel oder Sandspielzeugschaufel • Teller

Dieses einfache Experiment ist perfekt, um Ihrem Kind ein erstes Wissen über die unterschiedlichen Aggregatzustände von Wasser zu vermitteln und ihm zu erklären, warum der Schneemann im Haus – oder eben im Frühling – schmilzt. Die Übung stärkt die Experimentierfreude, die Auffassungsgabe und die Geduld Ihres Kindes.

Vorgehensweise:

1. Bereiten Sie zunächst den Schneemann vor: Zeichnen Sie dem Gefrierbeutel ein Gesicht, ein paar Knöpfe und ein kleben Sie eine Nase aus orangefarbenem Tonpapier auf. Natürlich kann Ihr Kind hier gerne mithelfen.
2. Nehmen Sie den Beutel und gehen Sie nach draußen. Mit dem Löffel oder der Sandspielzeugschaufel soll es den Beutel nun mit Schnee füllen und dann verschließen.
3. Wieder im Haus stellen Sie den Schneemann auf den Teller.
4. Beobachten Sie nun mit Ihrem Kind, was mit dem Schneemann passiert. Fordern Sie es auf, seine gewonnenen Erkenntnisse zu beschreiben.
5. Besonders viel Spaß macht das Experiment mit mehreren Kindern, denn dann können sie wetteifern, welcher Schneemann am längsten noch steht.

13 Eisanhänger mit Sandförmchen gestalten

2.5+

Schwierigkeitsgrad: **leicht**
Zeitaufwand: **30 Minuten + eine ganze Nacht Wartezeit**

Materialien

• Sandförmchen • Krug mit Wasser • Lebensmittelfarben • Pipette • Dekomaterial wie Glitzer • Knöpfe • kleine Steine • Faden • eine kalte Winternacht

Diese Aktivität spricht zum einen den Schönheitssinn und die Kreativität Ihres Kindes an und vermittelt ihm zum anderen interessante Erkenntnisse über die unterschiedlichen Aggregatzustände des Wassers.

Vorgehensweise:

1. Wählen Sie mit Ihrem Kind einige Sandförmchen aus, mit denen es Eisanhänger für einen Baum im Garten gestalten möchte.
2. Lassen Sie Ihr Kind mit dem Krug Wasser in die Sandförmchen gießen und mit der Pipette einige Tropfen Lebensmittelfarbe dazugeben.
3. Nun kann Ihr Kind in den Förmchen noch Glitzer und anderes Dekomaterial verteilen und einen Faden hineinlegen, sodass er ein Stück über den Rand ragt.
4. Stellen Sie die Förmchen am Abend nach draußen.
5. Am nächsten Tag kann Ihr Kind danach schauen. Es wird überrascht sein, dass das Wasser gefroren ist. Lösen Sie die Eisanhänger vorsichtig aus den Förmchen und befestigen Sie diese in einem Baum.
6. Nehmen Sie die Anhänger wieder ab, bevor sie tauen, falls Sie Dekomaterialien verwendet haben, die nicht biologisch abbaubar sind.

---

14 Eine Kerze anzünden

3+

Schwierigkeitsgrad: **mittel**
Zeitaufwand: **5 bis 15 Minuten**

Materialien

• Kerzenständer • Kerze • längere Streichhölzer

Ab einem Alter von ungefähr drei Jahren können Sie Ihrem Kind zutrauen, mit Streichhölzern (unter Aufsicht selbstverständlich) eine Kerze anzuzünden. Erläutern Sie ihm bei dieser Aktivität die korrekte Vorgehensweise und die Verhaltensregeln und lassen Sie es nicht unbeaufsichtigt. Die Übung fördert die Feinmotorik, die

Unabhängigkeit und Selbstständigkeit sowie die Konzentrationsfähigkeit. Wie stolz wird Ihr Kind sein, wenn es in der Winter- und Weihnachtszeit die Kerzen in den Laternen und Leuchtern selbst anzünden kann.

Vorgehensweise:

1. Fragen Sie Ihr Kind, ob es Lust hat, selbst mit einem Streichholz eine Kerze anzuzünden.
2. Führen Sie die Handgriffe vor: Ziehen Sie das Streichholz über die Reibefläche und halten Sie die Flamme an den Kerzendocht.
3. Ihr Kind darf nun die Flamme des Streichholzes und die Kerze wieder auspusten und es selbst probieren.
4. Die Übung kann so oft wiederholt werden, wie Ihr Kind dazu Lust hat.

---

15 Mit Zauberschnee experimentieren

3+

Schwierigkeitsgrad: **leicht**
Zeitaufwand: **20 Minuten**

Materialien

• zwei Tassen Maisstärke • eine halbe Tasse Kokosöl • Glitzer • ein Tablett aus Kunststoff • kleine Sandförmchen oder Dekomaterialien nach Bedarf

Ihr Kind wartet sehnsüchtig auf den ersten Schneefall? Wenn die Natur wieder einmal nicht mitspielen möchte, können Sie Ihrem Kind mit diesem Zauberschnee eine Freude bereiten. Damit lassen sich ähnlich wie mit kinetischem Sand tolle Kunstwerke erschaffen. Das Spielen mit dem Zauberschnee fördert die Kreativität und die Feinmotorik – und macht jede Menge Spaß.

Vorgehensweise:

1. Mischen Sie die Maisstärke mit dem Kokosöl und dem Glitzer und rühren Sie, bis eine homogene, formbare Masse entsteht.
2. Bieten Sie Ihrem Kind den Zauberschnee auf einem Tablett aus Kunststoff oder einem flachen Teller an.
3. Nun kann Ihr Kind mit dem Formen beginnen und zum Beispiel einen Schneemann bauen oder mit Sandförmchen und dem Zauberschnee experimentieren – je nachdem, wie es Lust hat und welche Materialien Sie ihm noch zur Verfügung stellen.

16 Tischservietten falten

3+

Schwierigkeitsgrad: **schwer**
Zeitaufwand: **15 Minuten**

Materialien

- fünf gebügelte und vorgefaltete Tischservietten

In vielen Familien werden die gemeinsamen Mahlzeiten im Winter mehr zelebriert als im Sommer – und das nicht nur zur Weihnachtszeit. Wenn Ihr Kind für das Essen selbst Tischservietten falten darf, spricht das nicht nur seinen Schönheitssinn an, sondern entwickelt auch seine Koordination, seine Kreativität und sein Selbstvertrauen.

Vorgehensweise:

1. Breiten Sie die Servietten der Reihe nach vor Ihrem Kind aus und schlagen Sie ihm vor, die Servietten zu falten.
2. Beginnen Sie mit der linken Serviette und legen Sie Ihren Finger auf die gedachte mittlere Falzlinie.
3. Zeigen Sie Ihrem Kind nun einmal, wie es die Serviette auf einfache Weise falten kann, indem es die vier äußeren Ecken zum Mittelpunkt führt. Nun ist Ihr Kind dran.
4. Fahren Sie mit den weiteren Servietten fort und demonstrieren Sie Ihrem Kind andere einfache Falttechniken – am besten mit aufsteigendem Schwierigkeitsgrad.
5. Sie können die Übung variieren, indem Sie Ihr Kind die Servietten nicht falten, sondern aufrollen und in Serviettenringe einstecken lassen.

---

17 Schneeflockenpuzzle zusammensetzen

3+

Schwierigkeitsgrad: **mittel bis schwer**
Zeitaufwand: **30 Minuten**

Materialien

- weißes Papier • Zirkel, Bleistift • Schere • Pappe • Kleber

Schneeflocken sind für Kinder sehr faszinierend. Beim Zusammensetzen unterschiedlicher Schneeflockenpuzzles verbessert Ihr Kind sein Vorstellungsvermögen, seine Beobachtungsgabe und seine Ausdauer.

Vorgehensweise:

1. Nutzen Sie die Scherenschnitttechnik, um einige Schneeflocken aus weißem Papier zu basteln. Entsprechende Vorlagen finden Sie auch im Internet. Dabei gilt: Je detaillierter und aufwendiger Sie die Schneeflocke ausschneiden, desto schwieriger wird das Puzzle. Für kleinere Kinder sollten die Schneeflocken daher eher einfach gehalten und möglichst unterschiedlich sein. Ältere Kinder können hierbei natürlich schon mithelfen.
2. Kleben Sie Ihre Kunstwerke auf möglichst gleich große Pappzuschnitte. Jede Schneeflocke wird einmal in der Mitte durchgeschnitten.
3. Mischen Sie die Puzzleteile. Ihr Kind soll die zueinander passenden Hälften finden und wieder zusammensetzen.

---

18 Schuhe putzen

3+

Schwierigkeitsgrad: **mittel**
Zeitaufwand: **10 Minuten**

Materialien

• Schuhe Ihres Kindes • Schuhbürste • je nach Art der Schuhe Imprägnierspray • Schuhcreme • Tücher • Schürze

Fast täglich kommt Ihr Kind in der Winterzeit mit dreckigen Schuhen nach Hause. Das ist eine gute Gelegenheit, ihm beizubringen, wie es seine Schuhe selber putzen und polieren kann. Damit fördern Sie seine Selbstständigkeit, die feinmotorischen Fähigkeiten und seinen Fleiß. Am Ende wird es stolz sein, seine eigenen Schuhe wieder hübsch hergerichtet zu haben. Tipp: Sehr gut geeignet ist diese Übung natürlich für den Abend vor dem Nikolaustag.

Vorgehensweise:

1. Schlagen Sie Ihrem Kind vor, seine Schuhe zu putzen und gegebenenfalls zu polieren (falls es Lederschuhe sind).
2. Zum Schutz der Kleidung sollte Ihr Kind dafür eine Schürze tragen.
3. Zeigen Sie ihm nun, wie es mit der Bürste den Dreck von den Schuhen entfernen und gegebenenfalls – je nach Material – mit einem feuchten Tuch nachwischen kann. Tragen Sie dann das Imprägnierspray auf.
4. Fordern Sie Ihr Kind auf, es Ihnen nachzumachen.
5. Falls es sich um Lederschuhe handelt, zeigen Sie ihm, wie die Schuhcreme aufgetragen und der Schuh damit zum Glänzen gebracht wird.

19 Upcycling-Schneemänner basteln

3+

Schwierigkeitsgrad: **leicht**
Zeitaufwand: **15 Minuten**

Materialien

• leere Klopapierrollen • weiße Wasserfarbe • Pinsel • kleine Joghurt- oder Kaffeesahnebecher • Buntstifte • Kleber • Schere

Upcycling-Bastelideen vermitteln schon den ganz Kleinen, dass nicht immer alles weggeworfen werden muss, was nach Müll aussieht, sondern sich vieles noch weiterverwenden lässt. Das stärkt das Umweltbewusstsein und die Kreativität. Diese kleinen Upcycling-Schneemänner kann Ihr Kind als Kinderzimmer-Dekoration verwenden oder verschenken.

Vorgehensweise:

1. Halbieren Sie eine Klopapierrolle für den Schneemann-Kopf und verwenden Sie eine ganze Rolle für die unterste „Schneemann-Kugel". Die Klopapierrolle für die mittlere „Kugel" schneiden Sie so zurecht, dass die Rollen von unten nach oben gleichmäßig kleiner werden.
2. Nun können Sie mit Ihrem Kind die Rollen weiß anmalen und trocknen lassen.
3. Dann werden sie zusammengeklebt und mit Knöpfen und Gesichtern bemalt.
4. Verwenden Sie einen kleinen Joghurt- oder Kaffeesahnebecher als Hut und kleben diesen am Kopf des Schneemanns fest.

---

20 Schlittenbahn für Murmeln bauen

3+

Schwierigkeitsgrad: **mittel**
Zeitaufwand: **20 Minuten**

Materialien

• leere Küchenpapierrollen • Klebeband • kleine Kiste • Papprollen • freie Wand

Wenn Ihr Kind aufgrund von Schneemangel draußen nicht selbst Schlitten fahren kann, bauen Sie mit ihm gemeinsam einfach eine Indoor-Schlittenbahn für Murmeln! Damit stärken Sie das logische Denkvermögen, die räumliche Wahrnehmung, die Konstruktionsfähigkeit und die Ausdauer auf spielerische Weise.

Vorgehensweise:

1. Schlagen Sie Ihrem Kind vor, eine Rutschbahn für Murmeln selbst zu basteln und diese dann „Schlitten fahren“ zu lassen.
2. Lassen Sie Ihr Kind dafür einige leere Küchenpapierrollen mit Klebeband an der Wand befestigen. Überlegen Sie zusammen, wie die Rollen befestigt werden müssen, damit die Murmeln dann auch ungehindert rollen können.
3. Ans Ende der Murmel-Schlittenbahn stellen Sie eine Kiste, in der die Murmeln aufgefangen werden.
4. Nun kann Ihr Kind die erste Murmel „Schlitten fahren“ lassen und austesten, ob die Bahn funktioniert oder ob noch Verbesserungsbedarf besteht. Lassen Sie Ihr Kind die etwaigen Schwachstellen selbst herausfinden und beheben, um seine Problemlösefähigkeit zu stärken.

---

21 Schneeflocken mit Glasnuggets nachlegen

3+

Schwierigkeitsgrad: **mittel**
Zeitaufwand: **10 Minuten**

Materialien

• einige Vordrucke von Schneeflocken • Glasnuggets • alternativ: kleine, weiße Steine, Schüssel oder Korb

Um die Feinmotorik, die Geduld und die Augen-Hand-Koordination Ihres Kindes zu trainieren, können Sie ihm diese Übung anbieten. Während der Durchführung übt es, eine Aufgabe vom Anfang bis zum Ende auszuführen.

Vorgehensweise:

1. Drucken Sie einige Schneeflocken-Vorlagen aus dem Internet aus oder zeichnen Sie diese auf Papier.
2. Legen Sie eine einfache Vorlage vor Ihr Kind und platzieren Sie daneben einen Korb oder eine Schale mit weißen Glasnuggets oder kleinen, weißen Steinen.
3. Demonstrieren Sie Ihrem Kind einmal, wie es die Struktur der Schneeflocke mit den Glasnuggets oder Steinen nachlegen kann.
4. Danach ist Ihr Kind an der Reihe. Wenn es mit einer Schneeflocke fertig ist und noch Lust hat, können Sie ihm weitere Vorlagen mit aufsteigendem Schwierigkeitsgrad anbieten.

22 Mit Wattepad-Schneemännern zählen

4+

Schwierigkeitsgrad: **leicht**
Zeitaufwand: **15 Minuten**

Materialien

• Wattepads • weiße Flaschendeckel • Buntpapier • wasserfeste Stifte

Bringen Sie Ihrem Kind mit dieser winterlichen Übung das Zählen näher und trainieren Sie gleichzeitig das Zahlenlesen. Nebenbei schult die Aktivität die Feinmotorik durch das Legen der Wattepads.

Vorgehensweise:

1. Malen Sie auf fünf Flaschendeckel mit wasserfesten Stiften jeweils ein Schneemann-Gesicht. Legen Sie die Gesichter nebeneinander auf Buntpapier in einer beliebigen Farbe. Über die Gesichter schreiben Sie auf das Buntpapier die Ziffern von 1 bis 5.
2. Legen Sie nun einige Wattepads bereit.
3. Ihr Kind hat die Aufgabe, mit der richtigen Anzahl an Wattepads Schneemänner zu bauen: Unter die Ziffer 1 legt es ein Wattepad an den Schneemannkopf, unter der Ziffer 2 dann zwei Wattepads und so weiter.
4. Beim Legen zählen Sie oder Ihr Kind am besten laut mit.
5. Klappt das Zählen von 1 bis 5 schon gut, können Sie die Schwierigkeit steigern, indem Sie andere Ziffern verwenden.

---

23 Eine Schneeflocke untersuchen

4+

Schwierigkeitsgrad: **leicht**
Zeitaufwand: **15 Minuten**

Materialien

• Schnee • Lupe • schwarzer • wasserdichter Stoff

Für Kinder ab etwa vier Jahren ist es eine interessante Aufgabe, eine Schneeflocke aus nächster Nähe zu betrachten. Ihre perfekte Symmetrie und die reine weiße Farbe werden den Schönheitssinn Ihres Kindes anregen und zugleich sein Interesse an den winzig kleinen Dingen des Alltags steigern.

Vorgehensweise:

1. Diese Übung kann nur an einem Tag mit frischem Schneefall durchgeführt werden.

2. Sie benötigen ein Stück dunklen, wasserdichten Stoff, den Ihr Kind unter den fallenden Schnee legt. Geeignet ist zum Beispiel eine Wachstuchtischdecke.
3. Beobachten Sie die Schneeflocken, die auf den Stoff fallen, gemeinsam. Zeigen Sie Ihrem Kind, dass die Flocken ganz unterschiedliche Größen haben.
4. Sobald eine etwas größere Flocke auf den Stoff gefallen ist, schlagen Sie Ihrem Kind vor, diese genauer zu betrachten.
5. Zunächst soll es nur mit dem bloßen Auge schauen, dann kann es auch die Lupe zur Hand nehmen.
6. Schmilzt die Schneeflocke oder wird von einer anderen überdeckt, wechselt es einfach zum nächsten Beobachtungsobjekt.
7. Machen Sie Ihr Kind darauf aufmerksam, dass jede Schneeflocke eine sechseckige Form und eine perfekte Symmetrie aufweist.

---

24 Schneeflocke mit Pfeifenputzern und Perlen basteln

4+

Schwierigkeitsgrad: **leicht**
Zeitaufwand: **20 Minuten**

Materialien

• blaue und weiße Pfeifenputzer • Dekoperlen in Weiß • Blau • Silber

Diese Aktivität vertieft das Wissen Ihres Kindes über die Schneeflocke. Sie bietet sich an, nachdem Ihr Kind schon einmal eine echte Schneeflocke in der Natur beobachtet hat (siehe Übung 22). Gleichzeitig ist sie ideal, um die Feinmotorik und die Geduld Ihres Kindes zu trainieren sowie den Schönheitssinn und die Kreativität anzuregen.

Vorgehensweise:

1. Legen Sie die Pfeifenputzer und die Dekoperlen auf einem Tisch vor Ihrem Kind bereit.
2. Ihr Kind soll drei Pfeifenputzer in der Mitte übereinanderlegen und im Mittelpunkt miteinander verdrehen, sodass die typische sechseckige Form der Schneeflocke entsteht.
3. Nun kann es beginnen, die Dekoperlen aufzufädeln.
4. Damit die Perlen nicht herunterrutschen können, schlägt Ihr Kind die Pfeifenputzer am Ende einmal um und führt sie zurück in die letzte Perle, um eine Schlaufe zu bilden.
5. Das fertige Kunstwerk eignet sich gut als Dekoration für das Kinderzimmerfenster und kann natürlich auch verschenkt werden.

25 Einen Gletscher entdecken

4+

Schwierigkeitsgrad: **mittel**
Zeitaufwand: **45 Minuten**

Materialien

• Wanne • Kunststoffschale • Spielzeug-Polartiere aus Kunststoff • blaue Lebensmittelfarbe • drei Schalen • Schüssel mit warmem Wasser • Pipette • Kelle • Krug

Stärken Sie das Allgemeinwissen Ihres Kindes über Gletscher, Polartiere und unterschiedliche Aggregatzustände des Wassers mit dieser spannenden Aktivität. Sie ist auch gut für die taktile Wahrnehmung, da Ihr Kind mit warmen und kalten Materialien experimentiert.

Vorgehensweise:

1. Die Übung sollte schon am Vortag vorbereitet werden, da einige Gefrierzeit notwendig ist.
2. Färben Sie Wasser mit Lebensmittelfarbe in drei verschiedenen Blautönen ein: in Hell-, Mittel- und Dunkelblau.
3. Gießen Sie das dunkelste Wasser in die Plastikschale. Legen Sie einige – aber noch nicht alle! – Spielzeugtiere hinein. Der Füllstand des Wassers sollte ausreichend sein, damit die Tiere bedeckt sind.
4. Lassen Sie das Wasser einige Stunden lang im Gefrierfach gefrieren. Danach nehmen Sie die Schale wieder heraus, legen weitere Tiere hinein und gießen das mittelblaue Wasser dazu, bevor auch diese Wasserschicht gefroren wird. Verfahren Sie ebenso mit der letzten, hellblauen Wasserschicht.
5. Vor dem Spiel stürzen Sie die Plastikschale und lösen den Gletscher heraus. Stellen Sie die Plastikschale umgedreht in die größere Wanne, damit das Tauwasser dort aufgefangen wird.
6. Ihr Kind kann nun experimentieren und mit der Pipette, einer Kelle oder dem Krug warmes Wasser auf den Gletscher geben. So wird das Eis schmelzen und Ihr Kind kann entdecken, welche Tiere sich dort verbergen.

26 Mit Schneemannknöpfen zählen üben

4+

Schwierigkeitsgrad: **mittel**
Zeitaufwand: **20 Minuten**

Materialien

• weißes Papier • Buntpapier in Schwarz • Schere • Kleber • weißer Marker • Stifte • Korb • verschiedene Knöpfe

Eine schöne winterliche Montessori-Übung zur Förderung der Zählfähigkeit und des Zahlenlesens besteht darin, Schneemännern ihre Knöpfe zurückzugeben.

Vorgehensweise:

1. Schneiden Sie fünf Schneemänner aus weißem Papier zu und malen Sie jedem ein Gesicht. Die Hüte basteln Sie aus schwarzem Buntpapier. Mit weißem Marker schreiben Sie auf jeden Hut eine Ziffer von 1 bis 5 und kleben ihn auf den Schneemannkopf.
2. Legen Sie die Schneemänner der Reihe nach vor Ihrem Kind aus und stellen Sie einen Korb mit Knöpfen bereit.
3. Ihr Kind soll nun die Zahl auf dem Schneemannhut lesen und die richtige Anzahl von Knöpfen auf den Schneemann legen. Dabei kann es mitzählen.
4. Steigern Sie später den Schwierigkeitsgrad der Übung, indem Sie andere Zahlen auf die Schneemannhüte schreiben. Alternativ können Sie Ihr Kind dazu auffordern, die Knöpfe mit der Pinzette zu platzieren, um seine feinmotorischen Fähigkeiten zu trainieren.

27 Schneeflocken aussieben

4+

Schwierigkeitsgrad: **mittel**
Zeitaufwand: **15 Minuten**

Materialien

• Linsen • Nudellöffel • kleine Schneeflocken aus Holz (oder andere winterliche Streudeko) • große Schüssel • kleine Schüssel

Bei dieser Aktivität wird die Feinmotorik Ihres Kindes auf die Probe gestellt. Gleichzeitig schult sie die Geduld und den Fleiß.

Vorgehensweise:

1. Füllen Sie Linsen in die große Schüssel und verstecken Sie einige Schneeflocken aus Holz darin.
2. Zeigen Sie Ihrem Kind, wie es mit dem Nudellöffel eine Schneeflocke einfängt und dann durch vorsichtige Handbewegungen die Linsen durch das kleine Loch in der Nudelschaufel aussiebt.
3. Die Schneeflocke wird dann in die kleine Schüssel gegeben.
4. Jetzt ist Ihr Kind an der Reihe und soll versuchen, alle Schneeflocken zu entdecken und auszusieben.

28 Mit dem Schneemannspiel die Farben üben

4+

Schwierigkeitsgrad: **leicht**
Zeitaufwand: **15 Minuten**

Materialien

• blanke Holzwürfel und Farbpunkte zum Kleben • alternativ Farbwürfel • sechs leere Konservengläser • Wackelaugen • wasserfeste Stifte • Wollreste in zu dem Farbwürfel passenden Farben • Verpackungschips • Schüssel • Pinzette

Üben Sie mit diesem Spiel zusammen mit Ihrem Kind die Farben und seine feinmotorischen Fähigkeiten. Das Spiel macht besonders viel Spaß, wenn mehrere Kinder zusammenspielen können.

Vorgehensweise:

1. Basteln Sie sechs Schneemanngläser mit lustigen Gesichtern, indem Sie diese bemalen und mit Wackelaugen verschönern. Hier kann Ihr Kind schon fleißig mithelfen.
2. Binden Sie jedem Schneemannglas einen Schal in einer anderen Farbe um.
3. Danach gestalten Sie mit den Klebepunkten einen Farbwürfel – passend zu den Farben, die Sie für die Schals der Schneemänner gewählt haben. Sie können auch fertige Farbwürfel verwenden und die Schneemannschals darauf abstimmen.
4. Füllen Sie eine größere Schüssel mit Verpackungschips und legen Sie daneben die Pinzette.
5. Ihr Kind würfelt nun eine Farbe und benennt diese. Dann nimmt es mit der Pinzette einen Verpackungschip aus der Schüssel und befördert diesen in das Schneemannglas mit dem farblich passenden Schal.
6. Bei diesem Spiel können Sie jederzeit die Farben variieren, die Sie üben möchten, indem Sie neue Schneemannschals und einen anderen Farbwürfel verwenden.

---

29 Einen Abwaschbürsten-Schneemann stempeln

4+

Schwierigkeitsgrad: **mittel**
Zeitaufwand: **20 Minuten**

Materialien

• Buntpapier • weiße Fingerfarbe • schwarze Fingerfarbe • zwei Teller • Abwaschbürste • Wattestäbchen • Wackelaugen • Schere • Kleber

Lassen Sie Ihr Kind mit einer Abwaschbürste einen Schneemann stempeln und gestalten. Die einfache Bastelarbeit gelingt schnell und steigert dadurch das Selbstvertrauen Ihres Kindes. Zugleich regt sie die Kreativität an und fördert die Feinmotorik.

Vorgehensweise:

1. Legen Sie ein Blatt dunkles Buntpapier (am besten in Schwarz oder Dunkelblau) auf einen Tisch vor Ihr Kind. Daneben stellen Sie einen Teller mit weißer Fingerfarbe und einen Teller mit schwarzer Fingerfarbe.
2. Zeigen Sie Ihrem Kind, wie es mit der Abwaschbürste einen Schneemann stempeln kann: Drücken Sie die Bürste in die weiße Farbe und pressen Sie diese dann auf das Papier, um die unterste Kugel zu stempeln. Danach ist Ihr Kind mit den zwei übrigen Kugeln an der Reihe.
3. Nun kann es mit einem Wattestäbchen noch einige Schneeflocken neben den Schneemann stempeln. Die Knöpfe und der Mund lassen sich ebenfalls mit einem Wattestäbchen und schwarzer Fingerfarbe realisieren.
4. Während das Kunstwerk trocknet, schneidet Ihr Kind aus Buntpapier einen Hut, eine Nase und die Arme zurecht. Zum Schluss klebt es die restlichen Teile und die Wackelaugen an – fertig ist der Schneemann!
5. Mit ein wenig mehr Hilfestellung Ihrerseits ist diese Bastelarbeit auch schon für kleinere Kinder geeignet, da sie sehr einfach ist und zu schnellen Erfolgserlebnissen führt.

30 Mit dem Schneemänner-Sensorik-Spiel die Feinmotorik schulen

4+

Schwierigkeitsgrad: **mittel bis schwer**
Zeitaufwand: **30 Minuten**

Materialien

• vier kleine Schalen • Reis • Beluga-Linsen • schwarze Knöpfe • oranges Buntpapier • Klopapierrollen • Pappreste • Heißkleber • Pinzette • kleine Löffel

Mit diesem Spiel stellen Sie nicht nur die Augen-Hand-Koordination und die Feinmotorik Ihres Kindes auf die Probe, sondern auch seinen Fleiß, die Geduld und die Kreativität.

Vorgehensweise:

1. Zerschneiden Sie Klopapierrollen in mehrere, kleinere Ringe, aus denen Sie einige Schneemänner legen. Aus Pappresten eines alten Kartons können Sie die

passenden Hüte basteln. Kleben Sie alles mit Heißkleber auf einem Stück Pappe fest. Schneiden Sie zum Schluss aus orangem Buntpapier die Nasen zu.

2. Füllen Sie die vier kleinen Schalen mit unterschiedlichen Materialien: In die erste kommt der Reis, in die zweite die Beluga Linsen, in die dritte die schwarzen Knöpfe und in die vierte die kleinen Karotten-Nasen aus Tonpapier.
3. Breiten Sie alle Spielmaterialien sowie eine Pinzette und einen kleinen Löffel vor Ihrem Kind aus.
4. Es kann nun die Schneemannkugeln mit weißem Reis und die Hüte mit den Beluga-Linsen füllen. Mit der Pinzette platziert es die Knöpfe auf den Körpern. Dann kann es den Pinzettengriff trainieren, indem es einzelne Linsen für Mund und Augen auf die Schneemannköpfe legt. Zum Schluss platziert es noch die Nase.

31 Eine Schneemann-Malgeschichte entwickeln

4+

Schwierigkeitsgrad: **leicht**
Zeitaufwand: **10 Minuten**

Materialien

- Buntstifte, zwei weiße Blätter

Malgeschichten sind förderlich für die Sprache, die Konzentrationsfähigkeit Ihres Kindes und die Ausdauer. Zudem bereiten sie große Freude. Malen Sie am besten zeitgleich mit Ihrem Kind, damit es bei Ihnen abschauen kann und schnell ein Erfolgserlebnis hat.

Vorgehensweise:

1. Legen Sie ein Blatt vor sich und ein Blatt Papier vor Ihr Kind. Nehmen Sie beide einen Stift in die Hand und beginnen Sie mit dem Malen. Fordern Sie Ihr Kind auf, es Ihnen nachzutun.
2. Zeichnen Sie zunächst drei Kreise für den Schneemann, die von oben nach unten kleiner werden, und sagen Sie: „Drei weiße Kugeln brauchen wir, die bringen wir nun auf das Papier."
3. Jetzt zeichnen Sie dem Schneemann mit den Worten „Ein Hut fehlt noch auf dem Kopf und am Körper so mancher Knopf" erst den Hut und dann die Knöpfe am Körper.
4. Malen Sie noch das Schneemanngesicht und sagen Sie: „Eine Nase noch, Mund und Augen dazu, fertig ist unser Schneemann im Nu!" Den fertigen Schneemann kann Ihr Kind ausmalen.
5. Auch Pinguine und Eisbären können einfach gezeichnet und mit Malgeschichten verbunden werden. Lassen Sie sich einen eigenen, schönen Reim einfallen.

32 Fäustling dekorieren

4+

Schwierigkeitsgrad: **mittel**
Zeitaufwand: **20 Minuten**

Materialien

• Pappe • Klebefolie • Filzstift • Cuttermesser • wasserfester Stift • Kleber • Dekomaterial wie Pompons • Knöpfe • Perlen • klein geschnittene Pfeifenputzer

Diese winterliche Aktivität wirkt sich positiv auf die Feinmotorik, die Geduld und die Konzentrationsfähigkeit Ihres Kindes aus. Es lernt hierbei, ein Muster fortzusetzen und eine Reihenfolge einzuhalten.

Vorgehensweise:

1. Zeichnen Sie einen Fäustling auf die Pappe und schneiden Sie ihn mit dem Cuttermesser aus, sodass das Innere des Handschuhs leer ist. Auf der Rückseite der Pappe kleben Sie die Klebefolie fest, sodass die klebende Seite nach oben zeigt. Malen Sie einige Wellen, Zickzacklinien und Kreise auf die Rückseite der Folie.
2. Beginnen Sie nun damit, die einzelnen Linien mit jeweils einem Dekomaterial nachzulegen.
3. Bieten Sie Ihrem Kind dann die Vorlage und das Dekomaterial an und fordern Sie es auf, die Linien mit den entsprechenden Objekten fortzuführen.

---

33 Schneemann mit Pinnnadeln nachstecken

5+

Schwierigkeitsgrad: **leicht**
Zeitaufwand: **10 Minuten**

Materialien

• Korkuntersetzer • Pinnnadeln in Weiß • Schwarz • Braun und Orange • Filzstift

Diese Aktivität bietet sich an, um die feinmotorischen Fähigkeiten Ihres Kindes zu trainieren und die Augen-Hand-Koordination zu stärken. Auch das Farbverständnis wird geschult. Außerdem muss Ihr Kind hier behutsam vorgehen, um sich nicht zu stechen, was ebenfalls eine wertvolle Erfahrung ist.

Vorgehensweise:

1. Zeichnen Sie einen Schneemann auf den Korkuntersetzer.
2. Bieten Sie Ihrem Kind die Pinnadeln farblich sortiert an.
3. Es soll nun die Kontur des Schneemanns in Weiß, die Augen, den Mund und die Knöpfe in Schwarz, die Nase in Orange und die Arme in Braun nachstechen.

---

34 Schneeflocken zuordnen mit der Lupe

5+

Schwierigkeitsgrad: **mittel**
Zeitaufwand: **15 Minuten**

Materialien

• Vorlagen von Schneeflocken • weißes Tonkartonpapier • Lupe

Bei dieser Aktivität muss Ihr Kind ganz genau hinschauen. Sie schult das genaue Beobachten und Vergleichen sowie die Ausdauer Ihres Kindes. Gleichzeitig kann es den Umgang mit der Lupe üben.

Vorgehensweise:

1. Für diese Übung benötigen Sie mehrere gleich große Kärtchen, auf denen Schneeflocken abgebildet sind. Jede Schneeflocke kommt dabei dreimal in unterschiedlicher Größe vor.
2. Fertigen Sie zunächst die Schneeflocken-Karten an: Suchen Sie sich im Internet unterschiedliche Vorlagen von Schneeflocken aus und drucken Sie diese einmal formatfüllend im DIN-A6-Format auf das weiße Tonkartonpapier aus. Danach verkleinern Sie die Schneeflocke ein wenig, sodass diese nur noch die Mitte des DIN-A6-Kärtchens ausfüllt. Zum Schluss benötigen Sie noch eine Miniversion, die wirklich nur noch mit der Lupe genau erkennbar ist.
3. Legen Sie die Karten mit den großen Schneeflocken zur Seite. Die anderen Kärtchen mischen Sie gut durch.
4. Wählen Sie nun eine Karte mit einer großen Schneeflocke aus und zeigen Sie diese Ihrem Kind.
5. Es soll unter den anderen Kärtchen die zwei dazu passenden, kleineren Schneeflocken finden. Bei Bedarf kann es dafür auch die Lupe verwenden.
6. Diese Übung ist umso anspruchsvoller, je ähnlicher sich die einzelnen Schneeflocken einander sind.

35 Mit dem Schneemann schneiden üben

5+

Schwierigkeitsgrad: **mittel**
Zeitaufwand: **15 Minuten**

Materialien

• Buntpapier • weißes Papier • Stift • Kleber • Kinderschere

Das gezielte Schneiden ist eine gute Übung für die Feinmotorik und die Augen-Hand-Koordination. Es fördert die Konzentrationsfähigkeit und die Geduld. Außerdem bereitet es optimal auf den Schuleintritt vor.

Vorgehensweise:

1. Basteln Sie einige Schneemänner aus Buntpapier. Auf die untere Kugel kleben Sie jeweils eine lange Lage weißes Papier.
2. Auf dem weißen Papier zeichnen Sie gestrichelte Linien vor, die je nach Schneemann ein anderes Muster haben: Der erste Schneemann bekommt gerade Linien, der zweite eine Zickzacklinie, der dritte eine Wellenlinie und so weiter.
3. Ihr Kind soll nun mit der Schere beim Schneiden möglichst exakt das Muster der Linie verfolgen.

---

36 Formen kennenlernen mit dem Schneemannspiel

3+

Schwierigkeitsgrad: **leicht**
Zeitaufwand: **15 Minuten**

Materialien

• weißer Tonkarton• Stifte• Schere• Tablet

Ziel dieser Übung ist es, Formen zu erkennen und gleichartige Formen zuzuordnen. Sie schult auch die Augen-Hand-Koordination und die Konzentration.

Vorgehensweise:

1. Fertigen Sie einige Schneemänner aus weißem Tonkarton an, deren „Kugeln" aus verschiedenen Formen bestehen: Der erste Schneemann ist zum Beispiel dreieckig, der zweite viereckig, der dritte rund und der vierte sternförmig.
2. Malen Sie den Schneemännern identische Gesichter und Knöpfe, sodass sie sich nur in der Form unterscheiden.

3. Stellen Sie den Kindern die einzelnen Schneemannteile unsortiert auf einem Tablet bereit.
4. Ihr Kind soll nun die Teile finden, die von der Form her zusammenpassen, und die Schneemänner korrekt zusammensetzen.
5. Je älter die Kinder, desto geringer dürfen die Formunterschiede sein, damit die Kinder umso genauer hinschauen und vergleichen müssen.

37 Dem Schneemann Knöpfe annähen

5+

Schwierigkeitsgrad: **schwer**
Zeitaufwand: **20 Minuten**

Materialien

• leichter Stoff in Weiß • Textilmarker • große Knöpfe • Faden • große Nähnadel mit großer Öse • Fingerhut • Stoffschere

Dies ist für viele Kinder zunächst eine schwierige Aufgabe, aber einen Knopf selbst annähen zu können, ist für das spätere Leben Ihres Kindes sehr praktisch. Darüber hinaus vermittelt diese Tätigkeit viele wertvolle Erfahrungen. Ihr Kind lernt das präzise und konzentrierte Arbeiten, verbessert seine Feinmotorik und steigert nebenbei sein Selbstvertrauen.

Vorgehensweise:

1. Schneiden Sie einen Schneemann aus Stoff zu, malen Sie ihm ein Gesicht und markieren Sie mit schwarzen Punkten die Position der Knöpfe.
2. Schlagen Sie Ihrem Kind vor, dem Schneemann die Knöpfe anzunähen.
3. Zeigen Sie Ihrem Kind das Vorgehen mit dem ersten Knopf. Führen Sie zunächst vor, wie der Faden durch die Öse eingefädelt und verknotet wird. Danach kann Ihr Kind es selbst probieren.
4. Demonstrieren Sie ihm dann, wie der Knopf vorsichtig angenäht wird – langsam, gleichmäßig und Stück für Stück.
5. Im Anschluss kann Ihr Kind die anderen Knöpfe annähen. Bleiben Sie bei ihm, um gegebenenfalls zu helfen oder Fragen zu beantworten.

38 Eine Antarktislandschaft entdecken

5+

Schwierigkeitsgrad: **leicht**
Zeitaufwand: **30 Minuten**

Materialien

• flache Auflaufform • Unterlage für den Tisch • Wasser • Lebensmittelfarbe in Blau • Dosen • Zauberschnee (s. Aktivität 15) • Spielzeug-Pinguine aus Kunststoff • weiteres Dekorationsmaterial nach Bedarf (Steine, Pompons, Glasnuggets…)

Lassen Sie Ihr Kind die Antarktis entdecken! Mit diesem Spiel sprechen Sie die taktile Wahrnehmung, die Kreativität, den Entdeckerdrang und das Allgemeinwissen Ihres Kindes an.

Vorgehensweise:

1. Als Vorbereitung für diese Übung können Sie mit Ihrem Kind über Pinguine und deren Lebensraum sprechen sowie einige Bücher und Videos anschauen. Dann fällt es ihm später leichter, sein Wissen im Spiel umzusetzen und kreativ zu spielen.
2. Füllen Sie eine Auflaufform mit Wasser und färben Sie dieses mit blauer Lebensmittelfarbe ein.
3. Stellen Sie Eisschollen her, indem Sie einige Dosen mit Wasser füllen und im Gefrierfach gefrieren lassen. Geben Sie die Schollen in das Wasser und dekorieren Sie den Bereich um die Auflaufform mit Zauberschnee (s. Aktivität 15), den Pinguinen und weiterem passenden Dekorationsmaterial.
4. Nun kann Ihr Kind die Pinguine im Schnee spielen lassen.
5. Tipp: Das Spiel funktioniert ebenso gut mit der Arktis – dann entsprechend mit Eisbären statt Pinguinen.

---

39 Seifenblasen gefrieren

5+

Schwierigkeitsgrad: **leicht**
Zeitaufwand: **10 Minuten**

Materialien

• Seifenblasen • ein kalter Wintertag ab etwa minus 10 Grad Celsius ohne Wind und Schneefall • eventuell Lupe oder Kamera

Kleine Forscher werden mit viel Freude beobachten, wie Seifenblasen an einem kalten Wintertag gefrieren. Dieses Experiment fördert die Allgemeinbildung, den Entdeckerdrang und die Mundmotorik.

Vorgehensweise:

1. Schlagen Sie Ihrem Kind an einem kalten Wintertag vor, draußen einige Seifenblasen zu machen. Diskutieren Sie, was wohl bei den kalten Temperaturen mit den Seifenblasen geschehen wird. Gehen Sie dann nach draußen, um die Vermutungen Ihres Kindes zu überprüfen.
2. Ihr Kind kann erst einmal einige Seifenblasen erzeugen und beobachten, was passiert. Dann soll es ganz vorsichtig eine Seifenblase auf einen weichen Untergrund pusten.
3. Wenn es kalt genug ist, kann Ihr Kind beobachten, wie sich direkt einige Eiskristalle bilden. Nach ein paar Sekunden erstarrt die Seifenblase dann komplett.
4. Ihr Kind kann nun noch die Lupe nehmen, um die Seifenblase genauer zu betrachten und Ihnen seine Beobachtungen mitteilen. Wenn es möchte und den Umgang mit der Kamera schon geübt hat, kann es auch einige Fotos aufnehmen, um sein Kunstwerk später mit anderen zu teilen.

---

40 Tierspuren im „Schnee" erforschen

6+

Schwierigkeitsgrad: **mittel**
Zeitaufwand: **20 Minuten**

Materialien

• Salzteig (zwei Tassen Mehl • ein Teelöffel Öl • eine Tasse Salz • eine Tasse Wasser) • alternativ: weiße Knete, Nudelholz, einige Spielzeugtiere aus Kunststoff mit realistischen Tierspuren, passende ausgedruckte Vorlagen der jeweiligen Tierspuren

Mit dieser Aktivität stärken Sie das Allgemeinwissen Ihres Kindes in puncto Heimatkunde, die Verbundenheit zur Natur und den Entdeckerdrang.

Vorgehensweise:

1. Stellen Sie den Salzteig her und rollen Sie diesen – oder alternativ die weiße Knete – flach auf dem Tisch aus.
2. Platzieren Sie die Spielzeugtiere und die ausgedruckten Tierspuren-Vorlagen vor Ihrem Kind.
3. Es wählt nun ein Tier aus und lässt es über den „Schnee" aus Knete oder Salzteig laufen, sodass es darauf Spuren hinterlässt.
4. Danach sucht es die Vorlage mit der passenden Tierspur aus und platziert das Tier darauf. Im Anschluss ist das nächste Tier dran.
5. Nach dieser Übung können Sie auch an einem schneereichen Tag im Wald spazieren gehen und die Augen nach Tierspuren offen halten. Vielleicht kann Ihr Kind ein Tier anhand seiner Spur wiedererkennen.

41 Schnee wiegen

6+

Schwierigkeitsgrad: **mittel**
Zeitaufwand: **zweimal 10 Minuten**

Materialien

• Pulverschnee • Pappschnee • analoge Waage • Notizbuch • Stift oder Kamera

Führen Sie Ihr Kind in die unterschiedlichen Arten von Schnee ein und vergleichen Sie das Gewicht von Pulver- und Pappschnee. Diese Übung spricht vor allem neugierige und experimentierfreudige Kinder an.

Vorgehensweise:

1. Erklären Sie Ihrem Kind die Unterschiede zwischen Pulver- und Pappschnee: Pulverschnee fällt, wenn die Temperatur unter null Grad liegt. Er ist leicht, trocken und feinkörnig und nicht so gut geeignet, um einen Schneemann zu bauen. Pappschnee ist schwerer, nasser und lässt sich leicht zusammenballen. Er fällt bei Temperaturen um den Nullpunkt.
2. Gehen Sie mit Ihrem Kind und der Waage an einem Tag mit Pulverschnee nach draußen. Es soll einen Schneeball formen, diesen in eine Schüssel legen und wiegen. Notieren Sie das Gewicht oder fotografieren Sie die Anzeige der analogen Waage.
3. Wiederholen Sie das Vorgehen noch einmal an einem Tag mit Pappschnee.
4. Nun kann Ihr Kind die Werte vergleichen und wird feststellen, dass der Pappschnee schwerer ist als der Pulverschnee. Erläutern Sie Ihrem Kind die Gründe für dieses Phänomen und beantworten Sie all seine Fragen zum Thema.

---

42 Die winterliche Stille entdecken

6+

Schwierigkeitsgrad: **leicht**
Zeitaufwand: **mindestens fünf Minuten**

Materialien

• ein ruhiger Platz in der Natur • dicke Decke

Genießen Sie mit Ihrem Kind einfach die winterliche Stille in der freien Natur. So trivial das auch klingen mag, ist diese Aktivität in vielerlei Hinsicht förderlich für Ihr Kind: Sie stärkt die Sinneswahrnehmung auf allen Ebenen und fördert die Konzentrationsfähigkeit. Gleichzeitig entwickelt Ihr Kind ein besseres Ausdrucksvermögen, wenn es seine Empfindungen beschreibt.

Vorgehensweise:

1. Ziehen Sie sich und Ihr Kind warm an und suchen Sie einen ruhigen und abgelegenen Platz in der Natur auf. Ein Wald ist hierfür sicher ideal. Breiten Sie die Decke auf dem Boden aus.
2. Setzen Sie sich mit Ihrem Kind bequem im Schneidersitz hin. Schlagen Sie ihm vor, die Augen zu schließen und sich ganz auf seine Sinne zu konzentrieren.
3. Nach einigen Momenten der Stille können Sie gezielte Fragen stellen: Was hört Ihr Kind? Was riecht es? Was fühlt es?
4. Fordern Sie es dann auf, seine Augen wieder zu öffnen. Ihr Kind kann nun beschreiben, was es sieht.

---

43 Eis und Schnee um die Wette schmelzen lassen

6+

Schwierigkeitsgrad: **leicht**
Zeitaufwand: **30 Minuten**

Materialien

• zwei identische Gläser • Wasser • Schnee

Dieses einfache Experiment ist perfekt, um die Beobachtungsgabe, die Geduld und die Experimentierfreude Ihres Kindes zu fördern. Gleichzeitig erweitert es das Allgemeinwissen zu einfachen physikalischen Grundsätzen.

Vorgehensweise:

1. Lassen Sie Ihr Kind am Vortag des Experiments eines der Gläser mit Wasser füllen und in das Tiefkühlfach stellen.
2. Am nächsten Tag füllt Ihr Kind das zweite Glas draußen mit derselben Menge an Schnee.
3. Beide Gläser werden jetzt nebeneinandergestellt, damit Schnee und Eis um die Wette schmelzen können.
4. Ihr Kind kann beobachten, dass der Schnee schneller schmilzt als das Eis. Am Ende befindet sich im Glas mit dem Eis außerdem fast die doppelte Menge an Wasser als im Glas mit dem Schnee.
5. Fragen Sie Ihr Kind, wodurch sich die Unterschiede begründen lassen.
6. Erklären Sie ihm dann, woran es liegt: Eis ist kompakter und fester, sodass die warme Luft weniger „Angriffsfläche“ hat als beim Schnee. Es benötigt länger zum Schmelzen und bildet dabei viel mehr Wasser. Schnee hingegen hat viele mit Luft gefüllte Zwischenräume. Deswegen ist er auch formbar.

44 Kerzen selber ziehen

6+

Schwierigkeitsgrad: **leicht**
Zeitaufwand: **45 bis 60 Minuten**

Materialien

• hohes Konservenglas • großer Topf • Kerzendocht • Wachsreste alter Kerzen • alternativ Bienenwachs und farbige Wachsplättchen • Klammer • Holzstab zum Rühren • scharfes Messer

Es ist nicht schwer, Kerzen selber zu ziehen, erfordert aber jede Menge Geduld. Die Aktivität stärkt das Selbstvertrauen Ihres Kindes, seine Kreativität und die feinmotorischen Fähigkeiten. Es wird Ihr Kind mit Stolz erfüllen, die fertigen, selbst gezogenen Kerzen dann an einem Winterabend selbst anzuzünden oder zum Weihnachtsfest zu verschenken.

Vorgehensweise:

1. Ihr Kind stellt das Glas in ein heißes Wasserbad und lässt darin die Wachsreste schmelzen.
2. Schneiden Sie vom Kerzendocht ein etwa 30 Zentimeter langes Stück ab und klammern Sie es zwischen der Klammer fest, damit Ihr Kind den Docht besser halten kann.
3. Während das Wachs schmilzt, sollte Ihr Kind immer mal wieder umrühren. Ist es vollständig geschmolzen, taucht es den Docht hinein, nimmt ihn wieder heraus und zieht ihn an beiden Enden kurz straff. Dann bleibt der Kerzendocht gerade, wenn das Wachs trocknet.
4. Ihr Kind taucht den Docht nun wieder in das Wachs, nimmt ihn heraus und lässt das Wachs trocknen. Dieser Vorgang wird wiederholt, bis die Kerze dick genug ist.
5. Schneiden Sie die Kerze am unteren Ende einmal mit einem scharfen Messer glatt. Fertig ist die erste selbst gezogene Kerze Ihres Kindes.

45 Die Bildung von Blitzeis verstehen

6+

Schwierigkeitsgrad: **leicht**
Zeitaufwand: **20 Minuten**

Materialien

• flacher Teller • Krug mit Wasser • Pipette • kleiner Löffel

Erläutern Sie Ihrem Kind, wie schnell bei Blitzeis Unfälle passieren können und erklären Sie ihm mit diesem einfachen Versuch, was die Bildung von Blitzeis begünstigt. Das Winterexperiment stärkt das Allgemeinwissen, den Forscherdrang und die Feinmotorik Ihres Kindes.

Vorgehensweise:

1. Stellen Sie einen Teller über Nacht in das Gefrierfach oder nach draußen, wenn es dort kalt genug ist.
2. Führen Sie das Experiment im Freien durch, damit der Teller lange kalt bleibt.
3. Auf den kalten Teller gibt Ihr Kind mit dem Löffel, der Pipette oder den Fingern tropfenweise das Wasser, um Regen zu simulieren.
4. Lassen Sie Ihr Kind fühlen, wie sich das Wasser auf dem Teller nun anfühlt.
5. Stück für Stück tropft Ihr Kind immer mehr Wasser darauf und lässt es über den Teller laufen, indem es ihn vorsichtig hin und her bewegt und schräg hält.
6. Zwischendurch fühlt Ihr Kind immer wieder, was mit dem Wasser auf dem kalten Teller geschieht.
7. Anfangs werden die Wassertropfen schnell zu Eis erstarren und eine dünne Eisschicht bilden. Nimmt die Wassermenge zu, erstarrt es aber nicht mehr und auch die einstige Eisschicht schmilzt wieder.
8. Lassen Sie Ihr Kind Vermutungen für das Phänomen anstellen: Anfangs ist der Teller so kalt, dass die Temperatur des Wassers sofort sinkt und es zu Eis erstarrt. Später ist die Wassermenge aber zu groß, sodass die Temperatur des Tellers steigt und das Eis zum Schmelzen bringt.
9. Erklären Sie Ihrem Kind auch, dass eine Straße noch kälter ist als der dünne Teller und die Kälte länger speichern kann. Daher bildet sich Blitzeis hier noch schneller und bleibt länger bestehen als bei dem Experiment.

SPECIAL: 20 Montessori-Ideen für Weihnachten

Jedes Jahr ersehnen Kinder die Weihnachtszeit: Endlich wird das erste Türchen am Adventskalender geöffnet, die Wohnung dekoriert, der Adventskranz gebastelt, Plätzchen gebacken, weihnachtliche Musik gehört... Es gibt zahlreiche schöne Bräuche und Rituale, die Sie gemeinsam mit Ihren Kindern ein- und fortführen können, um den Zauber der Adventszeit zu erhalten.

Langeweile kommt in der Weihnachtszeit also ganz gewiss nicht auf. Und mit unseren 20 durch Maria Montessori inspirierten Anregungen können Sie die Vorweihnachtszeit für Ihr Kind noch schöner gestalten und es nebenher spielerisch fördern.

1 Den Tannenbaum in den richtigen Farben schmücken

2+

Schwierigkeitsgrad: **mittel**
Zeitaufwand: **15 Minuten**

Materialien

• Flaschendeckel in verschiedenen Farben • Pompons in ebendiesen Farbtönen • Gefäß • Buntstifte • weiße Farbe • Kleber • Pinzette oder Zange

Dies ist eine schöne weihnachtliche Aktivität, mit der Sie die Feinmotorik und das Farbverständnis Ihres Kindes fördern können. Sie ist schnell vorbereitet, beschäftigt viele Kinder aber vergleichsweise lange.

Vorgehensweise:

1. Zeichnen Sie einen Tannenbaum auf weißes Papier und malen Sie ihn grün aus.
2. Als „Weihnachtskugeln" kleben Sie nun die Flaschendeckel mit der Öffnung nach oben auf den Tannenbaum.
3. Legen Sie farblich passende Pompons in einem Gefäß sowie eine Zange oder Pinzette bereit.
4. Nun kann Ihr Kind die Pompons mit der Zange greifen und farblich korrekt in die Flaschendeckel legen. Sagen Sie dabei immer den Namen der Farbe, damit sich Ihr Kind diese besser einprägen kann.

---

2 Weihnachtsplätzchen ausstechen und backen

2+

Schwierigkeitsgrad: **mittel**
Zeitaufwand: **45 Minuten**

Materialien

• Zutaten für Plätzchenteig • Nudelholz • Mehl, Ausstechformen • Backblech • Backpapier • Dekomaterialien für die Plätzchen (Glasur, Streusel, Eigelb ...)

Schon ab einem Alter von etwa zwei Jahren können Kinder beim Ausstechen und Backen der Weihnachtsplätzchen tatkräftig mithelfen. Diese Aufgabe macht nicht nur Spaß, sondern stärkt auch das Selbstvertrauen und hilft Ihrem Kind, neue Handgriffe zu erlernen und seine Kraft richtig zu dosieren. Beim Dekorieren der Kekse vertieft Ihr Kind zudem seinen Schönheitssinn und seine Kreativität.

Vorgehensweise:

1. Je nachdem, wie alt Ihr Kind ist, kann es selbst einen Plätzchenteig vorbereiten oder Sie übernehmen diese Aufgabe. Sicher kann Ihr Kind zumindest helfen.
2. Zeigen Sie ihm, wie es den Teig ausrollen kann und bitten Sie es dann, diese Tätigkeit zu übernehmen.
3. Nun kann Ihr Kind einige Ausstechformen auswählen und damit Plätzchen ausstechen.
4. Die Kekse löst es vorsichtig aus den Förmchen und legt sie auf das Backblech.
5. Ihr Kind darf so viele Kekse ausstechen, wie es möchte.
6. Schieben Sie diese dann gemeinsam in den Ofen, stellen Sie die Backzeit ein und warten Sie, bis die Plätzchen fertig sind.
7. Nach dem Abkühlen kann Ihr Kind sie noch dekorieren.
8. Bei älteren Kindern bietet es sich an, gemeinsam in einem Backbuch zu stöbern und Ihr Kind ein Rezept für Plätzchen aussuchen zu lassen, die es gerne backen möchte.

3 Keksausstecher auffädeln

2+

Schwierigkeitsgrad: **leicht**
Zeitaufwand: **10 Minuten**

Materialien

• Dose mit Keksausstechern • Band aus Stoff

Diese einfache Aktivität bereitet den Kleinsten große Freude. Sie schult die Augen-Hand-Koordination, die Geduld und die Kreativität Ihres Kindes.

Vorgehensweise:

1. Stellen Sie eine Dose mit verschiedenen Keksausstechern und ein Band aus Stoff bereit.
2. Ohne viele weitere Worte zu verlieren, lassen Sie Ihr Kind einfach mit den Ausstechern spielen. Wahrscheinlich wird es sie zunächst anschauen, die Formen und Figuren benennen, vielleicht einen Turm stapeln...
3. Nach einiger Zeit kommt es sicher auf die Idee, die Keksausstecher auf das Band zu fädeln. Falls nicht, geben Sie ihm einen kleinen Tipp.
4. Sie werden staunen, wie viel Kreativität Ihr Kind beim Auffädeln an den Tag legt: Vielleicht gruppiert es die Ausstecher nach ähnlichen Formen, sortiert sie der Größe nach oder ordnet sie thematisch.

4 Geschenkpapier selbst gestalten

2+

Schwierigkeitsgrad: **leicht**
Zeitaufwand: **20 Minuten**

Materialien

• Einpackpapier • Fingerfarben • Glitter • Pinsel • ablösbares Markierungsband

Es wird Ihr Kind mit Stolz und Freude erfüllen, seine selbst gebastelten Bastelwerke mit eigens von ihm gestalteten DIY-Geschenkpapier zu gestalten und dann zu verschenken. Diese kleine Malerarbeit eignet sich schon für die Allerkleinsten und fördert die Kreativität sowie die Augen-Hand-Koordination.

Vorgehensweise:

1. Breiten Sie das Einpackpapier vor Ihrem Kind auf dem Tisch aus und kleben Sie in willkürlichen Streifen das Markierungsband darauf.
2. Mischen Sie den Glitter in die Fingerfarben und rühren Sie gut um.
3. Nun kann Ihr Kind zum Pinsel greifen und selbst kreativ werden: Es bemalt einfach das Geschenkpapier nach Herzenslust mit den Farben.
4. Nach dem Trocknen lösen Sie das Markierungsband wieder ab. So entsteht ein tolles Muster.
5. Tipp: Es gibt noch viele andere Techniken, um Geschenkpapier selbst zu gestalten. Lassen Sie Ihr Kind beispielsweise mit Klopapierrollen Schneemänner oder mit einer Muffinform Weihnachtskugeln darauf stempeln.

---

5 Mit einem Rentier-Sensorikbeutel experimentieren

2+

Schwierigkeitsgrad: **mittel**
Zeitaufwand: **15 Minuten**

Materialien

• Zipper-Beutel • weißes Papier • Duschgel • Glitzer • Lebensmittelfarbe • Moosgummi • Pfeifenputzer • Wackelaugen • Klebeband

Diese Aktivität ist ideal, wenn Sie die Sinneswahrnehmung Ihres Kindes fördern möchten, aber keine Lust auf große Kleckerei haben. Die Kleinsten können sich hiermit meist lange beschäftigen. Nebenbei spricht die Übung die Feinmotorik, die Geduld und die Augen-Hand-Koordination an.

Vorgehensweise:

1. Zeichnen Sie ein einfaches, lachendes Rentiergesicht auf Papier.
2. Schneiden Sie Moosgummi zurecht, sodass sich verschiedene Elemente des Rentiers damit nachlegen lassen – zum Beispiel einen Kreis für die rote Nase und zwei weiße Dreiecke für die Ohren. Für den Mund eignet sich ein zerschnittener und gebogener Pfeifenputzer, für die Augen können Sie die Wackelaugen verwenden.
3. Füllen Sie das Duschgel und die Kleinteile zum Dekorieren, den Glitzer und ein paar Tropfen rote Lebensmittelfarbe in den Zipper-Beutel und verschließen Sie ihn.
4. Legen Sie das Papier mit dem Rentier auf den Tisch und den Sensorik-Beutel darüber. Befestigen Sie beides mit Klebeband auf der Unterlage, sodass nichts verrutschen kann.
5. Ihr Kind kann nun versuchen, mit den Fingern die Kleinteile an die richtige Position zu bewegen.

---

6 Geschenkanhänger mit Kartoffeln selber machen

2+

Schwierigkeitsgrad: **mittel**
Zeitaufwand: **15 Minuten**

Materialien

• Kartoffel • Fingerfarbe • Wackelaugen • kleine rote Perlen • Kleber • Pappe • Schnur • Pinsel • Schere • Locher

Basteln Sie gemeinsam mit Ihrem Kind weihnachtliche Anhänger und fördern Sie dabei seine Kreativität, steigern sein Selbstvertrauen und schulen seine Hand-Augen-Koordination.

Vorgehensweise:

1. Halbieren Sie die Kartoffel einmal längs.
2. Nehmen Sie eine Hälfte und zeigen Sie Ihrem Kind, wie es kleine Weihnachtsmänner damit stempeln kann: Streichen Sie den oberen Bereich rot und den unteren Bereich weiß an. Dazwischen lassen Sie ein Stückchen frei.
3. Pressen Sie die Kartoffel auf die Pappe und fertig ist ein Weihnachtsmann mit roter Mütze und Bart.
4. Ihr Kind kann nun selbst die Kartoffeldrucktechnik ausprobieren und einige Weihnachtsmänner stempeln.
5. Kleben Sie nach dem Trocknen noch die Wackelaugen und eine kleine rote Perle für die Nase auf, lochen Sie die Anhänger und fädeln Sie den Faden durch.

7 Rentier-Weihnachtskarten basteln

3+

Schwierigkeitsgrad: **mittel**
Zeitaufwand: **15 Minuten**

Materialien

• weißes Papier • Fingerfarben • Filzstift • Wattestäbchen • Wackelaugen

Selbstgebastelte Weihnachtskarten Ihres Kindes erfreuen nicht nur die Familie und die Freunde, sondern erfüllen vor allem Ihr Kind mit viel Stolz. Diese weihnachtliche Bastelaktivität ist einfach umzusetzen und sorgt für schnelle Erfolgserlebnisse. Dadurch wird das Selbstvertrauen Ihres Kindes gestärkt.

Vorgehensweise:

1. Falten Sie das Papier einmal in der Mitte und lassen Sie Ihr Kind auf die Vorderseite einige Rentiergesichter stempeln.
2. Dafür taucht es seinen Finger in braune Farbe und presst ihn dann auf das Papier.
3. Jetzt kann es das Wattestäbchen in rote Farbe tauchen und dem Rentier eine Nase verleihen.
4. Den letzten Schliff bekommt es durch die Wackelaugen und ein mit Filzstift gemaltes Geweih.

---

8 Mit Korken eine Weihnachtskugel gestalten

3+

Schwierigkeitsgrad: **leicht**
Zeitaufwand: **15 Minuten**

Materialien

• Korken • Fingerfarben • Vorlage einer Weihnachtskugel mit vorgezeichnetem Muster

Diese einfache Übung fördert die Kreativität und die Augen-Hand-Koordination Ihres Kindes – und macht Lust, bald den echten Weihnachtsbaum zu schmücken.

Vorgehensweise:

1. Stellen Sie Ihrem Kind die Vorlage einer Christbaumkugel mit einem beliebigen, vorgezeichnetem Muster, Fingerfarben und einen Korken zur Verfügung.
2. Es kann nun den Korken in die Farbe tauchen und das Muster nach Herzenslust damit nachstempeln und so der Weihnachtskugel seine ganz eigene Note verleihen.

---

9 Adventsspirale basteln

3+

Schwierigkeitsgrad: **leicht**
Zeitaufwand: **60 Minuten**

Materialien

• Salzteig (zwei Tassen Mehl, ein Teelöffel Öl, eine Tasse Salz, eine Tasse Wasser) • Schale mit 24 Murmeln • Teelicht

„Wann ist endlich Weihnachten?“ Mit dieser Adventsspirale findet Ihr Kind es selbst heraus. Es kann täglich eine Murmel in die Spirale legen. So können Sie die Tage visualisieren, die Ihr Kind noch bis Weihnachten warten muss.

Vorgehensweise:

1. Stellen Sie den Salzteig her und formen Sie daraus eine Spirale, in deren Mitte ein Teelicht passt.
2. Lassen Sie Ihr Kind mit der Murmel 24 Mulden in die Spirale drücken.
3. Backen Sie die Adventsspirale etwa 40 Minuten bei 150 Grad Celsius im Ofen.
4. Stellen Sie ein Teelicht in die Mitte der fertigen Adventsspirale und platzieren Sie daneben die Murmeln.
5. Erinnern Sie Ihr Kind täglich daran, eine Murmel aus dem Körbchen zu nehmen und in die Spirale zu legen.

10 Weihnachtsbäume aus Holzstäbchen basteln

3+

Schwierigkeitsgrad: **mittel**
Zeitaufwand: **20 Minuten**

Materialien

• Bastelstäbchen aus Holz • grüne Farbe • Dekomaterialien wie Pompons • Sterne • Glitzersteine und Pfeifenputzer • Kleber • gelbes und braunes Buntpapier

Dies ist eine schöne und einfache Bastelarbeit für kleinere Kinder, welche die Feinmotorik, den Schönheitssinn und die Kreativität fördert. Ihr Kind hat schnelle Erfolgserlebnisse und stärkt sein Selbstvertrauen.

Vorgehensweise:

1. Ihr Kind soll einige Bastelstäbchen aus Holz mit grüner Farbe anmalen.
2. Nach dem Trocknen werden die Stäbchen als Dreieck übereinandergelegt und festgeklebt.
3. Nun kann Ihr Kind nach Herzenslust kleine Dekoartikel auf die Holzstäbchen kleben und Pfeifenputzer um den Tannenbaum wickeln.
4. Aus dem braunen Buntpapier schneiden Sie einen Stamm und kleben ihn unten an das Holzstäbchen.
5. Schneiden Sie zum Schluss noch einen Stern aus gelbem Buntpapier zu und kleben Sie diesen auf die Spitze des Christbaums.

---

11 Einen Tannenbaum auf den Boden kleben

3+

Schwierigkeitsgrad: **leicht**
Zeitaufwand: **5 Minuten Vorbereitung, dann beliebig**

Materialien

• Kreppband

Mit dieser einfachen Idee animieren Sie Ihr Kind dazu, selbst kreativ zu werden und sich eigene Aktivitäten zu überlegen. Meist geschieht das von ganz allein. Sie werden staunen, auf was für Einfälle Ihr Kind kommt!

Vorgehensweise:

1. Kleben Sie mit Kreppband auf den Fußboden im Spielbereich Ihres Kindes einen großen Tannenbaum.
2. Lehnen Sie sich zurück und beobachten Sie, was Ihr Kind damit tut.
3. Vielleicht wird Ihr Kind die Linien nachgehen oder -hüpfen, mit Autos darauf entlangfahren, sie mit Bausteinen nachlegen, den inneren Bereich als Tierstall verwenden oder den Baum mit Materialien aus seinem Kinderzimmer schmücken.
4. Lassen Sie den Baum ruhig bis zum Weihnachtsfest auf dem Boden, damit sich Ihr Kind immer wieder etwas Neues überlegen kann.

---

12 Weihnachtsbäume stempeln

3+

Schwierigkeitsgrad: **leicht**
Zeitaufwand: **15 Minuten**

Materialien

• weißes Papier • Fingerfarbe • flache Teller • leere Klopapierrolle

Kreative Stempelarbeiten sind für kleinere Kinder perfekt, weil sie damit schnell eigene Kunstwerke erschaffen können, auch wenn es mit dem Malen noch nicht so gut klappt. Das stärkt das Selbstbewusstsein. Diese Anregung eignet sich auch gut, um Weihnachtskarten für die Familie zu gestalten.

Vorgehensweise:

1. Stellen Sie Ihrem Kind Fingerfarbe auf mehreren flachen Tellern sowie ein weißes Blatt Papier und eine Klopapierrolle bereit.
2. Zeigen Sie ihm, wie es die Klopapierrolle in die grüne Farbe eintauchen und damit einen Tannenbaum auf das Papier bringen kann. Dafür stempeln Sie mehrere, nach oben hin kleiner werdende Reihen aus Ringen übereinander. Danach kann Ihr Kind es anhand Ihrer Vorlage selbst probieren.
3. Die grünen Ringe darf es mit Fingerfarbe und seinen Fingerabdrücken ausmalen.
4. Zeichnen Sie noch einen Stamm und fertig ist der schön geschmückte Tannenbaum.

13 Nikolausmütze verzieren

3+

Schwierigkeitsgrad: **leicht**
Zeitaufwand: 20 **Minuten**

Materialien

• Nikolausmütze oder roter Filzstoff • Kleber • Dekomaterialien wie Sterne • Glitzersteine • Knöpfe • Pfeifenputzer und Glitter nach Belieben • Pinsel

Dies ist eine tolle Aktivität, um den Schönheitssinn und die Kreativität Ihres Kindes zu fördern. Die Arbeit mit den kleinen Dekomaterialien schult außerdem die Feinmotorik.

Vorgehensweise:

1. Stellen Sie Ihrem Kind eine Nikolausmütze zur Verfügung oder schneiden Sie aus rotem Filzstoff die Umrisse einer solchen Mütze aus.
2. Ihr Kind soll nun den Kleber auf die Mütze geben und mit dem Pinsel etwas verstreichen.
3. Jetzt darf es die Nikolausmütze nach Belieben mit den Dekomaterialien verzieren.
4. Die fertige Mütze kann dann als Weihnachtsdeko im Kinderzimmer aufgehängt werden.

14 Nikolaus als Salzteig basteln

3.5+

Schwierigkeitsgrad: **mittel**
Zeitaufwand: 90 **Minuten**

Materialien

• Salzteig (zwei Tassen Mehl, eine Tasse Wasser, eine Tasse Salz, ein Teelöffel Öl) • Nudelholz • Messer • Acrylfarbe • Pinsel

Dies ist eine tolle Anregung für kleine Bastler, bei der sie ihre Kreativität, die Augen-Hand-Koordination und den Schönheitssinn weiterentwickeln können. Die fertigen Bastelwerke zu bestaunen, wird außerdem ihr Selbstvertrauen steigern.

Vorgehensweise:

1. Stellen Sie den Salzteig her, kneten Sie ihn gut durch und rollen Sie ihn aus, sodass er etwa zwei bis drei Zentimeter dick ist.
2. Ihr Kind kann nun einen Handabdruck machen.
3. Schneiden Sie die Handkontur aus und lassen Sie diese bei 140 Grad Celsius

etwa eine Stunde lang im Ofen backen. Am besten macht Ihr Kind direkt mehrere Handabdrücke, um mehrere Nikolause herzustellen.

4. Nach dem Trocknen im Ofen können die Nikolaus-Gesichter angemalt werden: Drehen Sie den Handabdruck so, dass der Daumen nach oben zeigt. Er wird rot angemalt, denn er stellt die Mütze des Nikolaus dar. Die restlichen, nach unten zeigenden Finger, malt Ihr Kind als Bart weiß an. In die Mitte können Sie noch ein Gesicht zeichnen.
5. Tipp: Wenn Sie vor dem Backen oben noch ein kleines Loch hineinstechen, lassen sich die Nikolaus-Gesichter super als Weihnachtsbaumanhänger verwenden.

15 Den Weg zur Krippe zeigen

4+

Schwierigkeitsgrad: **leicht**
Zeitaufwand: **10 Minuten Vorbereitung, dann täglich einige Minuten**

Materialien

• eine Krippe • Buntpapier • Schere • großes Holztablett • eventuell Dekomaterial wie Deko-Schnee • kleine Tannenbäume • Heu • Zweige

Mit dieser Anregung haben Sie die Möglichkeit, Ihrem Kind zu visualisieren, wie lang die Wartezeit bis Heiligabend noch ist. Gleichzeitig können Sie Ihrem Kind jeden Tag etwas über die Weihnachtsgeschichte erzählen und ihm so wertvolles Allgemeinwissen vermitteln. Auch das Zählen lässt sich mit dieser Idee gut üben.

Vorgehensweise:

1. Schneiden Sie 24 identische Sterne aus gelbem Papier zu. Wenn Sie möchten, können Sie diese mit Ziffern von 1 bis 24 beschriften.
2. Verteilen Sie den Deko-Schnee auf dem Holztablett und bauen Sie in der hinteren Ecke die Krippe auf.
3. Legen Sie nun mit den 24 Sternen einen Weg, der von einer Ecke des Holztabletts bis zur anderen Ecke, in der die Krippe steht, führt.
4. Dekorieren Sie das Tablett mit den zur Krippe gehörenden Figuren und Tieren sowie bei Bedarf mit einigen Holz-Tannenbäumen oder Zweigen aus der Natur.
5. Die Figuren, die Maria und Josef darstellen, sowie den Esel stellen Sie ganz am Anfang des Weges auf den ersten Stern.
6. Ab dem ersten Dezember kann Ihr Kind die drei Figuren täglich einen Stern weiterrücken. Erzählen Sie ihm dabei immer wieder etwas über die Weihnachtsgeschichte und zählen Sie gemeinsam die Sterne, die auf dem Weg zur Krippe noch übrig sind. Dann weiß Ihr Kind, wie viele Tage es noch bis Weihnachten warten muss.

16 Weihnachtskarten mit Pastellkreide gestalten

4+

Schwierigkeitsgrad: **mittel**
Zeitaufwand: **20 Minuten**

Materialien

• eweißes Papier • Pastellkreide • dunkles Buntpapier • Schere, Buntstifte

Zeigen Sie Ihrem Kind, wie es mit einfachen Mitteln wunderschöne Weihnachtskarten für die Familie gestalten kann. Es wird begeistert sein und ein gutes Selbstvertrauen entwickeln.

Vorgehensweise:

1. Schneiden Sie aus dunklem Buntpapier einige weihnachtliche Formen zu – wie etwa einen Tannenbaum, einen Pfefferkuchenmann, einen Stern oder eine Zuckerstange.
2. Legen Sie die Form auf das weiße Papier und halten Sie diese fest.
3. Ihr Kind sucht sich eine Pastellkreide aus und malt damit den Umriss der Form auf das weiße Papier. Zwischendurch kann es auch die Farbe wechseln.
4. Jetzt verwischt Ihr Kind die Pastellkreide, indem es mit dem Finger von innen nach außen über die Umrisse wischt.
5. Nehmen Sie die Vorlage weg. Gemeinsam mit Ihrem Kind können Sie jetzt noch ein paar passende Details einzeichnen und schon sind die Weihnachtskarten fertig.

---

17 Zuckerstangen verschönern

3+

Schwierigkeitsgrad: **mittel**
Zeitaufwand: **15 Minuten**

Materialien

• Karton • Klebefolie • Legematerialien (Knöpfe, Perlen, Pfeifenputzer, Pompons) • Cutter • wasserfester Stift

Diese Übung eignet sich gut, um die Konzentrationsfähigkeit und die Feinmotorik der Kinder zu trainieren. Gleichzeitig spricht sie die Kreativität und den Schönheitssinn an.

Vorgehensweise:

1. Zeichnen Sie eine große Zuckerstange auf den Karton und schneiden Sie diese mit dem Cutter aus.
2. Auf der Rückseite befestigen Sie die Klebefolie, sodass die klebende Seite nach oben zeigt.
3. Wenn Sie möchten, können Sie auf die Folie mit einem wasserfesten Stift noch verschiedene Muster aufmalen, welche die Kinder nachlegen sollen.
4. Die Kinder nutzen dann die Legematerialien, um entweder die Muster nachzulegen oder die Zuckerstange nach ihren Vorstellungen zu verschönern – ganz, wie es ihnen beliebt.
5. Das fertige Kunstwerk kann als Weihnachtsdekoration verwendet werden.

18 Lichterkette am Tannenbaum bunt tupfen

5+

Schwierigkeitsgrad: **leicht**
Zeitaufwand: **15 Minuten**

Materialien

• Papier • schwarzer Filzstift • Buntstifte • Fingerfarben • Wattestäbchen

Diese kleine Zeichenübung erfordert etwas Geduld, ein genaues Hinschauen, ein präzises Arbeiten und eine gute Augen-Hand-Koordination. Gleichzeitig fördert sie das kreative Arbeiten Ihres Kindes und seinen Schönheitssinn.

Vorgehensweise:

1. Zeichnen Sie einen Tannenbaum auf Papier und malen Sie mehrere Reihen von runden Kreisen hinein, welche die Lichterkette darstellen.
2. Ihr Kind malt die Lichterkette bunt an, indem es ein Wattestäbchen in eine Farbe taucht und dann damit in die Kreise tupft.
3. Um den Schwierigkeitsgrad zu steigern, können Sie auch auf einem anderen Blatt eine Farbreihenfolge vorgeben, die Ihr Kind dann nachtupfen soll.

19 Mit Wachsmalstiften Weihnachtsgrüße zaubern

5+

Schwierigkeitsgrad: **leicht**
Zeitaufwand: **15 Minuten**

Materialien

• Wachsmalstifte • weißes Papier • Kugelschreiber • Weihnachtskarten

Mit dieser Aktivität schlagen Sie mehrere Fliegen mit einer Klappe: Sie stillen die Experimentierfreude Ihres Kindes, fördern seine Kreativität und gestalten nebenher schöne Weihnachtskarten für die Lieben.

Vorgehensweise:

1. Lassen Sie Ihr Kind mit Wachsmalstiften auf ein weißes Papier malen. Es kann einfach drauf los zeichnen und die Farben beliebig kombinieren. Wichtig ist nur, dass eine zusammenhängend ausgemalte Fläche entsteht.
2. Danach drehen Sie das Blatt um und legen die Innenseite der Weihnachtskarte, die Sie schreiben wollen, darunter.
3. Greifen Sie jetzt zum Kugelschreiber und gestalten Sie Ihre Weihnachtsgrüße auf der Rückseite des bemalten Blatts: am besten mit kurzen Worten und einer kleinen Zeichnung.
4. Nehmen Sie das bemalte Blatt dann weg und zeigen Sie Ihrem Kind, wie sich Ihre Weihnachtsgrüße durch die Wachsmalstifte auf die Weihnachtskarte durchgepaust haben. Es wird staunen!
5. Ältere Kinder können ihre Weihnachtsgrüße dann schon selbst in die Karte „zaubern“.

20 Mit einer weihnachtlichen Rechenmaschine das Plusrechnen üben

6+

Schwierigkeitsgrad: **mittel**
Zeitaufwand: **20 Minuten**

Materialien

• Weihnachtsgeschenkbox • Küchenrolle • Moosgummiziffern • Filzstift • Buntpapier • Pompons oder Murmeln • Schere • Kleber

Bauen Sie Ihrem Kind aus einer Weihnachtsgeschenkebox eine einfache Rechenmaschine, mit der Sie ihm zeigen können, wie einfach das Plusrechnen ist. Ihr Kind schult sein Zahlenverständnis, lernt erste mathematische Grundlagen, stärkt sein Selbstbewusstsein und hat jede Menge Freude.

Vorgehensweise:

1. Nehmen Sie den Deckel der Weihnachtsgeschenkebox herunter und platzieren Sie die Box so, dass die Öffnung nach vorn zeigt.
2. Schneiden Sie in die obere Seite zwei Löcher, in die Sie die Klopapierrollen stecken. Malen Sie das Plus-Zeichen auf ein Stück rotes Buntpapier, schneiden Sie es kreisförmig aus und kleben Sie es zwischen die beiden Klopapierrollen, sodass es nach vorne gerichtet ist.
3. Legen Sie einige Moosgummi-Ziffern parat.
4. Lehnen Sie die Ziffern, mit denen aktuell gerechnet werden soll, an die beiden Klopapierrollen auf der Rechenmaschine.
5. Um das Plusrechnen zu verstehen und zu üben, kann Ihr Kind einfach die geforderte Anzahl an Pompons oder Murmeln durch die beiden Rollen werfen und dann zusammenzählen, wie viele Pompons insgesamt unter der Box liegen.
6. Verändern Sie danach die Zahlen oder lassen Sie Ihr Kind selbst aussuchen, welche Ziffern es zusammenrechnen möchte.
7. Die Rechenmaschine passt natürlich nicht nur zur Weihnachtszeit, sondern kann mit einem Karton im neutralen Design auch jahreszeitenübergreifend verwendet werden.

SPECIAL:
5
Montessori-
Ideen für
Silvester

Ein neues Jahr beginnt – und das wollen auch Kinder schon feiern. Wenngleich die Kleinsten wahrscheinlich noch nicht bis Mitternacht wachbleiben können, lohnt es sich dennoch, sie in verschiedene Traditionen und Bräuche schon einzubeziehen.

Wir haben hier fünf Aktivitäten nach Montessori für Sie bereitgestellt, die sich perfekt für die Tage zwischen den Jahren und den Silvesterabend eignen. Damit steigern Sie garantiert die Vorfreude auf den Jahreswechsel.

1 Mit einem Pompons-Feuerwerk die Farben üben

2+

Schwierigkeitsgrad: **leicht**
Zeitaufwand: **15 Minuten**

Materialien

• Papier • Filzstifte • Pompons in den Farben der Stifte • Korb

Üben Sie mit dieser Aktivität mit Ihrem Kind das Zuordnen und Benennen der Farben. Je nach Alter können Sie dieses Spiel auch nutzen, um Ihrem Kind erstes Wissen über den Jahreswechsel und die Tradition zu vermitteln, die hinter dem Feuerwerk an Silvester steht.

Vorgehensweise:

1. Steigen Sie in die Aktivität ein, indem Sie Ihrem Kind in einem Buch oder einem Video ein Feuerwerk zeigen. Erläutern Sie ihm, wieso am Silvesterabend an vielen Orten ein Feuerwerk durchgeführt wird: Es soll die bösen Geister des alten Jahres vertreiben und die Vorfreude auf das kommende Jahr symbolisieren.
2. Zeichnen Sie dann auf ein Blatt in verschiedenen Farben ein Feuerwerk: In die Mitte setzen Sie einen größeren Kreis für die explodierte Rakete. Davon ausgehend malen Sie dann die für das Feuerwerk typischen, wegführenden Linien. Jede Rakete bekommt hierbei ihre eigene Farbe.
3. Stellen Sie in einem Korb einige Pompons bereit, die dieselben Farben haben wie Ihr Feuerwerk.
4. Ihr Kind soll nun die Pompons farblich korrekt auf den Kreis in der Mitte der Raketen legen.
5. Dabei kann Ihr Kind die Farbe benennen oder Sie übernehmen diese Aufgabe, wenn es noch sehr unsicher ist.

---

2 Ein Feuerwerk mit Klopapierrollen stempeln

2+

Schwierigkeitsgrad: **leicht**
Zeitaufwand: **15 Minuten**

Materialien

• schwarzes Buntpapier • Fingerfarben • Klopapierrolle

Ein Feuerwerk muss nicht immer laut sein. Gerade kleine Kinder mögen die Knallerei oft nicht. Dann kann ein stilles Feuerwerk eine gute Alternative sein. Diese Aktivität schult die Feinmotorik, den Schönheitssinn und die Kreativität.

Vorgehensweise:

1. Schneiden Sie die Klopapierrolle am unteren Rand mehrfach ein, sodass sie sich sternförmig auffächern lässt.
2. Geben Sie die Fingerfarben auf einen Teller.
3. Zeigen Sie Ihrem Kind, wie einfach es ein Feuerwerk selbst stempeln kann: Es taucht lediglich die aufgefächerte Klopapierrolle in die Fingerfarben und presst sie dann auf das schwarze Papier.
4. Ihr Kind kann das Papier jetzt nach Herzenslust mit einem bunten Feuerwerk füllen.

---

3 Ein Pustefeuerwerk „zünden" 3+

Schwierigkeitsgrad: **mittel**
Zeitaufwand: **15 Minuten**

Materialien

• weißes Papier • Wassermalfarben • Pinsel • Strohhalm

Ein Pustefeuerwerk ist ein besonders schönes stilles Feuerwerk. Es spricht nicht nur die Kreativität Ihres Kindes an, sondern auch seine Mundmotorik: Durch das Pusten muss es seine Lippen und die Zunge gezielt bewegen, um eine schöne Feuerwerkform zu erzielen. Das ist sehr förderlich für die Sprachentwicklung Ihres Ki ndes.

Vorgehensweise:

1. Stellen Sie Ihrem Kind alle Materialien bereit und schlagen Sie ihm vor, ein Pustefeuerwerk zu zünden.
2. Dafür tupft es mit den Wassermalfarben und dem Pinsel einige farbenfrohe Kleckse auf das Papier.
3. Nun wird das Feuerwerk „gezündet": Ihr Kind pustet mit dem Strohhalm auf die Farbkleckse, wodurch sie breitlaufen. Der typische Feuerwerkeffekt entsteht.

4 Die neue Jahreszahl mit Salz malen

4+

Schwierigkeitsgrad: **mittel**
Zeitaufwand: **15 Minuten**

Materialien

• Pappe • Frischhaltefolie • Filzstift • Kleber • Salz • Lebensmittelfarben • vier Gläser • Wasser • Pipette

Diese kleine Bastelarbeit für Silvester und Neujahr ist schnell erledigt, fördert aber dennoch die Augen-Hand-Koordination, die Feinmotorik und die Kreativität.

Vorgehensweise:

1. Schneiden Sie aus der Pappe eine beliebige Form zu – einen Kreis, ein Kleeblatt oder eine Sternschnuppe.
2. Malen Sie die Jahreszahl des neuen Jahres auf die Pappe und wickeln Sie diese danach mit Frischhaltefolie ein.
3. Zeichnen Sie die Kontur der Jahreszahl mit dem Kleber nach. Je nach Alter kann Ihr Kind diese Aufgabe auch selbst übernehmen.
4. Nun streut Ihr Kind das Salz auf den Kleber.
5. Der Kleber sollte einige Zeit trocknen. Währenddessen kann Ihr Kind vier Gläser mit Wasser füllen und jedes Glas Wasser in einer anderen Farbe einfärben.
6. Mit der Pipette träufelt es dann das gefärbte Wasser auf die einzelnen Ziffern der Jahreszahl, um sie bunt einzufärben. So entsteht ein toller Effekt.
7. Die bunte Salzmalerei eignet sich hervorragend als Silvester- oder Neujahrsdekoration.

---

5 Mit Countdown-Tüten dem neuen Jahr entgegenfiebern

5+

Schwierigkeitsgrad: **mittel**
Zeitaufwand: **ein ganzer Silvesterabend**

Materialien

• Papier • Filzstifte • Pompons in den Farben der Stifte • Korb

Ab einem Alter von fünf oder sechs Jahren möchten viele Kinder den Jahreswechsel aktiv miterleben und nicht mehr verschlafen. Verkürzen Sie Ihrem Kind die Wartezeit bis Mitternacht mit individuellen Countdown-Tüten: Zu jeder vollen Stunde darf es eine Tüte öffnen und findet dort eine Anregung für eine typische Silvester-Aktivität. Dadurch wird das Warten noch spannender und die Stunden, die bis Mitternacht vergehen, werden für Ihr Kind besser erlebbar. Nebenbei können Sie es mit den Aufgaben und Ideen in den Tüten spielerisch fördern.

Vorgehensweise:

1. Basteln Sie zunächst die Countdown-Tüten aus den Geschenkbeuteln. Zeichnen Sie die verschiedenen analogen Uhrzeiten auf weißes Papier. Es empfiehlt sich, mit einer Uhrzeit nach dem Abendessen zu beginnen. Meist ist 20 Uhr perfekt. Danach fertigen Sie für jede volle Stunde eine weitere Uhrzeitkarte an.
2. Schneiden Sie die Uhrzeitkärtchen aus und klammern Sie diese an den Geschenktüten fest.
3. Nun benötigen Sie noch für jede Countdown-Tüte eine schöne Idee. Sie können zum Beispiel unsere vorausgegangenen Silvester-Aktivitäten verwenden.
4. Weitere schöne Ideen sind: Konfetti mit dem Locher aus Buntpapier selber herstellen, Partyhüte mit Dekomaterialien verzieren, vorgebackene Jahreszahlenkekse dekorieren oder mit Kratzbildern ein stilles Feuerwerk anfertigen.
5. Natürlich kann Ihr Kind auch einfach die neuen Jahreszahlen malen, stempeln, tupfen, kneten, ausschneiden oder mit Stickern bekleben – je nach Alter, Fähigkeiten und aktuellen Interessen.

SPECIAL: 5 Montessori-Ideen für Karneval & Fasching

Fasching oder Karneval – je nach Region – wird das Fest genannt, mit dem in vielen Familien die Tage vor der Fastenzeit gefeiert werden. Kinder lieben es, sich in dieser Zeit zu verkleiden und Straßenumzüge zu bestaunen, wo sie oft allerhand Süßigkeiten aufsammeln können. Je nach Region werden zu Fasching ganz unterschiedliche Bräuche durchgeführt, die auch bei den Kleinsten schon auf großen Anklang stoßen.

Dabei ist es auch durchaus pädagogisch wertvoll, Karneval mit Ihrem Kind zu feiern: Hierbei dürfen Kinder in eine andere Rolle schlüpfen, was zu einem Perspektivwechsel führt, der zu einer gesunden Entwicklung beiträgt. Ihr Kind begreift die Unterschiede zwischen dem eigenen Charakter und der gespielten Persönlichkeit besser. Oft steigert das Verkleiden auch langfristig das Selbstvertrauen Ihres Kindes. Mit unseren fünf Montessori-Ideen für Fastnacht haben Sie die Möglichkeit, Ihr Kind in der Zeit der Narren zu fördern und seine Lust auf Fasching beim gemeinsamen Basteln und Vorbereiten der Karnevalsparty noch zu steigern.

1 Konfetti-Teelichter basteln

2+

Schwierigkeitsgrad: **leicht**
Zeitaufwand: **20 Minuten**

Materialien

• alte Marmeladengläser • Konfetti • Kleister • Pinsel • Geschenkband • Teelichter (LED oder echt)

Diese kleine Faschingsbastelei eignet sich schon für die Allerkleinsten. Sie fördert die Feinmotorik, da Ihr Kind immer wieder den Pinzettengriff anwenden muss. Außerdem schult sie den Schönheitssinn und die Kreativität. Das fertige Teelicht dann leuchten zu sehen, ist außerdem wichtig für ein gutes Selbstvertrauen Ihres Kindes.

Vorgehensweise:

1. Zeigen Sie Ihrem Kind, wie es das Konfetti mit Kleister bepinseln und dann auf das Glas kleben kann. Schlagen Sie ihm vor, es selbst einmal auszuprobieren.
2. Ältere Kinder können das Konfetti vorab auch selbst herstellen, indem sie Bunt- oder Seidenpapier zerrupfen, zerschneiden oder mit dem Locher stanzen.
3. Lassen Sie Ihr Kind nach Herzenslust kleben, bis es mit dem Ergebnis zufrieden ist.
4. Danach können Sie um den Glasrand noch eine Schleife binden.
5. Stellen Sie nach Einbruch der Dunkelheit ein Teelicht in das Glas und zünden Sie es an. Egal, ob es ein echtes oder elektrisches Teelicht ist, Ihr Kind wird begeistert von dem bunt leuchtenden Glas sein und es zur Faschingsparty mit Freude auf den Tisch stellen.

---

2 Konfettischokolade selber machen

3+

Schwierigkeitsgrad: **leicht**
Zeitaufwand: **10 Minuten Vorbereitung, 60 Minuten Wartezeit**

Materialien

• Pop It Fidget • Schokolade • bunte Schokolinsen • zwei Töpfe für ein Wasserbad • Löffel • Spritzbeutel

Suchen Sie noch nach einem süßen Nachtisch für die Faschingsparty? Dann ist die Konfettischokolade perfekt. Ihr Kind kann diese fast ohne Ihre Hilfe selber machen, was sein Selbstvertrauen stärkt. Außerdem können Sie bei mit den Vorbereitungen die Augen-Hand-Koordination und das Farbverständnis Ihres Kindes schulen.

Vorgehensweise:

1. Zur Durchführung dieser Übung benötigen Sie ein Pop It Fidget – eine bunte Silikonform mit weichen Blasen, die mit den Fingern herunter gedrückt werden können. Reinigen Sie das Spielzeug vor der Herstellung der Schokolade und dann kann es auch schon losgehen.
2. Zeigen Sie Ihrem Kind, wie es die Schokolade im Wasserbad schonend schmelzen kann.
3. Lassen Sie Ihr Kind die Schokolade immer wieder umrühren, bis sie komplett geschmolzen ist.
4. Bis es so weit ist, kann es die Schokolinsen in die Vertiefungen des Pop It Fidgets legen – entweder kunterbunt oder farblich passend zu der Silikonform.
5. Nun geben Sie die geschmolzene Schokolade in den Spritzbeutel, damit Ihr Kind diese über dem Pop It Fidget ausleeren kann.
6. Danach muss die Konfettischokolade noch für eine Stunde ins Gefrierfach. Drücken Sie diese dann vorsichtig aus der Form heraus und zerbrechen Sie diese in einzelne Reihen oder Stücke.
7. Eine gesündere Konfetti-Nachspeise können Sie herstellen, wenn Sie statt der Schokolade Joghurt verwenden.

3 Tiermasken aus Papptellern gestalten

4+

Schwierigkeitsgrad: **mittel**
Zeitaufwand: **20 Minuten**

Materialien

• Pappteller • Schere • Fingerfarben • Pinsel Tonpapier • Klebeband • Strohhalm • Pfeifenputzer • Filzstifte

Mit dieser Idee kann sich jedes Kind in Windeseile eine eigene Maske für Karneval selbst herstellen, sodass es sich verkleiden kann, selbst wenn es kein richtiges Kostüm hat. Das Basteln schult die Feinmotorik, die Kreativität, die Fantasie und den Schönheitssinn.

Vorgehensweise:

1. Schneiden Sie den Pappteller einmal in der Mitte durch.
2. In jede Hälfte schneiden Sie zwei Augen in die Mitte. Drehen Sie den Teller mit der Rückseite nach oben.

3. Nun kann Ihr Kind seinen Pappteller nach Herzenslust mit den Fingerfarben bemalen und sich zum Beispiel einen Fuchs, einen Pandabär oder einen Hasen gestalten. Fragen Sie Ihr Kind am besten, welches Tier es sich wünscht und zeigen Sie ihm entsprechende Fotos als Vorlagen, damit ihm die Gestaltung leichter fällt.
4. Die Ohren lassen sich aus Buntpapier schneiden und an der Rückseite des Tellers festkleben.
5. Für die Schnurrhaare einer Katze oder eines Kaninchens kann Ihr Kind Pfeifenputzer verwenden.
6. Als Griff zum Halten eignet sich ein Strohhalm gut, der ebenfalls hinten am Teller mit Klebeband festgeklebt werden kann.

4 Eine Partyhütchen-Girlande basteln

4+

Schwierigkeitsgrad: **mittel**
Zeitaufwand: **20 Minuten**

Materialien

• Buntpapier • Servietten • Transparentpapier • Pompons • Schnur • Schere • Kleber • Handbohrer

Basteln Sie die Dekoration für das Faschingsfest mit Ihrem Kind möglichst selbst, um sein Selbstbewusstsein zu stärken und seine Kreativität weiterzuentwickeln. Diese Partyhütchen-Girlande gelingt ohne viel Aufwand und in kurzer Zeit, weswegen sich die Bastelarbeit auch für kleine Kinder gut eignet, die noch nicht so viel Geduld haben. Sie spricht den Schönheitssinn Ihres Kindes ebenso an wie seine Feinmotorik und den Fleiß.

Vorgehensweise:

1. Aus dem Buntpapier und den Servietten werden zunächst einige identische Halbkreise zugeschnitten.
2. Diese werden dann kegelförmig zusammengerollt und festgeklebt.
3. Die farbigen Pompons kann Ihr Kind auf die Spitze der kleinen Partyhütchen kleben.
4. Aus dem Transparentpapier kann Ihr Kind einige Fransen schneiden und dann unten an den Hütchen festkleben.
5. Mit dem Handbohrer bohren Sie vorsichtig Löcher durch die Hütchen.
6. Danach soll Ihr Kind die Partyhütchen auf die Schnur fädeln.
7. Schon ist die Partyhütchen-Girlande fertig. Hängen Sie diese in der Wohnung auf, um die Vorfreude auf Karneval zu steigern oder nutzen Sie diese direkt als Deko zur Faschingsparty.

5 Mit einem Clownspiel die Geschicklichkeit trainieren

6+

Schwierigkeitsgrad: **schwer**
Zeitaufwand: **20 Minuten**

Materialien

• Holztablett • alter Karton • Filzstifte • Prickelnadel • Holzmurmeln

Dieses lustige Geschicklichkeitsspiel ist perfekt für eine Faschingsparty mit etwas älteren Kindern. Es ist nicht nur ein lustiger Zeitvertreib, sondern gleichzeitig auch eine echte Herausforderung für die Feinmotorik, die Augen-Hand-Koordination und die Geduld Ihres Kindes. Es lernt, seine Bewegungen sanft und behutsam zu dosieren, um die Murmeln in die Löcher zu bewegen.

Vorgehensweise:

1. Schneiden Sie einen alten Karton so zu, dass er in das Holztablett passt, ohne zu verrutschen.
2. Malen Sie einen Clown auf die Pappe – mit nach oben ausgestreckten Händen und fünf oder sechs bunten Bällen über sich, die er jongliert. Sie können sich auch ein passendes Bild im Internet aussuchen, es ausdrucken und auf die Pappe kleben.
3. An der Stelle, wo sich die Bälle befinden, prickeln Sie mit der Prickelnadel Löcher hinein.
4. Nun stellen Sie Ihrem Kind die passende Anzahl an Holzmurmeln bereit und das Spiel kann beginnen: Durch vorsichtiges Hin- und Herbewegen des Tabletts soll Ihr Kind versuchen, alle Holzmurmeln in die entsprechenden Löcher zu befördern. Dabei muss es sehr behutsam vorgehen, damit sich die Murmeln, die es schon erfolgreich eingelocht hat, nicht wieder lösen.
5. Nach einer Weile hat Ihr Kind sicher den Dreh raus und weiß, wie es das Tablett am besten bewegen muss, um schnell zum Ziel zu kommen. Diese Erfahrung wird sein Selbstvertrauen steigern!

Fazit

Wir freuen uns, dass Sie sich für unser Buch entschieden und unsere 300 Tipps gelesen haben. Damit haben Sie eine gute Basis an Ideen, mit denen Sie die Jahreszeiten für Ihr Kind auf besondere Weise fühl- und erlebbar machen und es nebenbei gut fördern können. Nun hoffen wir, dass es Ihnen damit gelingt, die Ideen der Montessori-Pädagogik leicht in Ihren Alltag mit Ihrem Kind zu integrieren. Bei der Umsetzung der Ideen wünschen wir Ihnen viele Erfolg und natürlich vor allem viel Freude beim Spielen, Basteln und Ausprobieren. Genießen Sie die gemeinsame Zeit und beobachten Sie, wie Ihr Kind durch die Aktivitäten lernt, profitiert und über sich hinaus wächst.

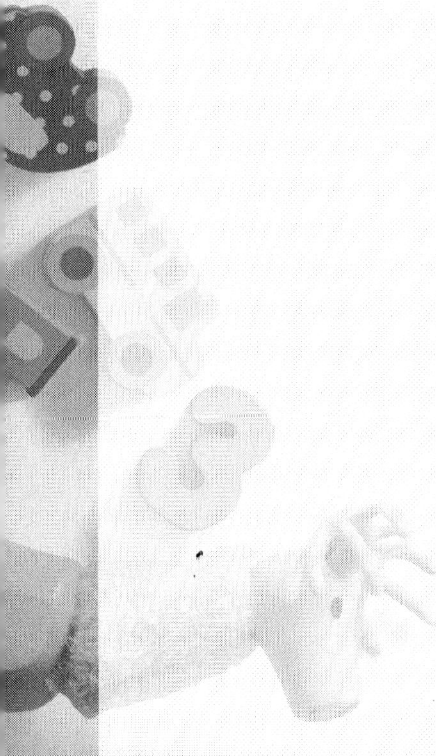

Sie haben Fragen, Kritik oder Anregungen?

Senden Sie uns ihr Feedback gerne an info@kniga-verlag.de.

Nur so können wir uns weiterentwickeln und unsere Bücher ständig verbessern.

Wenn Ihnen das Buch gefallen hat, würden wir uns außerdem sehr über eine Bewertung in dem Online-Shop freuen, in dem Sie das Buch bestellt haben. Alternativ können Sie auch eine Rezension in Ihrem Lieblings-Buchportal hinterlassen.

Ihr Feedback hilft uns dabei, weitere Werke zu schreiben und neue Leser für unsere Bücher zu finden. Vielen Dank für Ihre Unterstützung!

Hier zur Bewertung:

https://s.qrfy.mobi/p/_9kI3B-

Deutschsprachige Erstausgabe November 2021

ISBN: 978-3-9823657-4-9

Kniga Verlag
eine Marke der GZK Digital Print GmbH
Pestalozzistraße 25
22305 Hamburg

Lektorat: Tina Müller

Covergestaltung & Buchsatz
Danileoart | www.danileoart.de

Printed in Germany
by Amazon Distribution
GmbH, Leipzig

29299154R00143